明治期日本の光と影

阿部猛・田村貞雄 編

目次

第一部　明治期日本の光と影

第二部　日本近代史論への断章

第一部　明治期日本の光と影

吉田松陰の女子教育

菅野則子

聊か気になる本がある。横山達三『日本近世教育史』(1)である。本書は全五章からなり、江戸時代を四期に分けている。一期は元禄以前、二期は元禄期、三期は正徳から天明期、そして四期は寛政以降幕末までのように区分し、それぞれの時期の教育状況と特徴とを述べている。その記述内容は、それぞれの章にまたがって重複、反復されていることも少なくないが、当時の研究状況から見ると、はっきりとした主張を読み取ることが出来る。今ここで本書の論評をするつもりはない。表題に掲げたテーマとの関わりでひとことだけ述べておこう。

本書に依れば、江戸時代の女子教育は第二期に始まったが、広汎に展開して行くのは第三期以降になるという。また、本書は第四期に、全体の二章分を当て、多くのページを割いている。そして、その末尾を吉田松陰で結んでいる。私は、本書の終わり方がきわめて問題提起的であったことを看過することができなかった。本稿では横山の問題提起を承けて松陰の教育者としての、それもその段階では著者が余り意識していなかったのではないかと思われる女子教育に絞って検討してみたい(2)。

一　松陰を取り巻く人々

松陰についてはとくにここで説明をするつもりはないが、[3]本稿との関わりで松陰の家族すなわち、両親と兄妹弟については概観しておかなければならないだろう。父杉百合之助常道と母滝（子）は、長子梅太郎（兄）、次子寅次郎（松陰）、長女千代（子）、次女寿子、三女艶子（三歳で夭折）、四女文子、三男敏三郎をもうけた。天保元（一八三〇）年、次男として生まれた松陰は、これらの家族に囲まれた日々を送ることとなる。

父百合之助は、文政七（一八二四）年、二一歳で家督を継ぎ、二三歳で滝と結婚、半士半農の生活を続けながら子どもの教育にも意を注いだ。天保十四年二月に村田清風の推挙によって百人中間頭兼盗賊改方に任ぜられ、職務上の関係から城下町に寓居を構えることとなった。この時、一二歳になる長女千代を伴っていった。[4]

母滝子は、毛利志摩の家臣村田右中の三女として文化四年正月二十四日、萩城に生まれる。陪臣の子であったため婚家先の杉家と家格をそろえるために杉家と同格である児玉太兵衛寛備の養女として百合之助の許に嫁した。文政九年一二月、二〇歳の時であった。しかし、結婚当初の杉家は貧しており耕作・読書を業とする百合之助に従い「備《つぶ》さに稼穡の艱難を嘗め、或は自ら馬を牧するに至る（中略）家事を理《をさ》め田圃を耕す、其の勤労知るべし」と後年に著された「太夫人実成院行状」[5]は記している。

また、後年のことになるが福本椿水著『松陰余話』[6]は次のようにまとめている。「滝子の性格生涯を端的簡略してみると、温厚にして貞淑。和順にして堅忍。謹厳にして精励。仁慈にして勤倹。幾度かの家庭の悲痛事にも、いささかたりとも力を落さぬ勇猛心。襲来する危難に処して不動の覚悟決心。良妻賢母型の上に、さらに時世をのり切る節婦烈女の雄々しい心魂の閃き。」と。文字通り考えられる模範的女性像を修飾するのにふさわしい美辞を列挙している。いずれも母を、女性を、理想化する場合に共通して用いられる語彙であるが、それらの中で「節婦烈女」の語が盛り込まれていることに注目しておこう。これについては後述する。

文政十一年生まれの兄梅太郎は、二二歳の時藩校明倫館に、続いて郡奉行加勢暫役、その後相州御備場出張を命じられた。安政元年二八歳の時であった。しかし、松陰が国禁を犯すという行為（密航の企てなど）などで官職を辞した。松陰の一件が片づいた後、文久三年御蔵元本取締役、維新後は代官になるなど、主として民政に力を尽くした。明治四年、廃藩置県の際、山口権典事、明治九年職を辞し、十三年頃松下村塾を再興して塾主となり明治二十五年に閉塾するまでもっぱら子弟の教育に当たった。晩年には、萩私立修善女学校校長となり、女子教育に余生を捧げ、明治四十三年八四歳で没した。(7)

長女千代（子）は、天保三年生まれ、松陰とは二歳違いである。先述したように、一二・三歳頃から家を離れ、父とともに城下に別居、父の身の回りのこと一切の世話をしていたという。二〇歳ごろ母滝子の養家児玉太兵衛寛備の男祐之に嫁す。安政元年長男万吉誕生、その後生まれた長女寿子と二人の子を抱えながら七〇歳近い舅に仕えた。松陰死後、次女政子、三女富士子、次男庫三が生まれ、二男三女の母として生きるが、明治八年、夫が没し、四四歳で寡婦となる。明治十五年長男万吉が亡くなり、次男で末子の庫三が吉田家を継ぎ、東京に移住した。千代は、彼に従い行き、その隣に居を構え晩年を送り大正十三年、九三歳で没した。

次女寿子は、松陰と九歳違い、一五歳で勤皇藩儒小田村伊之助（後の正三位勲一等楫取素彦男爵）に嫁す。夫は、明倫館の都講であったが、藩主のお伴で江戸に行ったり、海岸警備の役目などで、留守がちであったため、子どもをつれて実家杉家に世話になることが多かったという。以前から、松陰は、婦人会なるものを設け婦道を説くことが多かったが、そんなとき寿子も聴講、時には男子の席にも列して聴講した寿子の態度には少しもひるみがなかったらしい。その勝ち気さを松陰は見抜いていた。寿子の方は寿子で、学問をするのに男だから女だからといったことは考えていなかったものと思われる。そのことを気遣った松陰のことばが遺されている。安政元（一八五四）年、寿子に長男篤太郎が生まれた時、「お寿少くして偏僻の気あり、この気恐らく生子の累とならん。然るに今已に子を抱く、決して前日の如くなるに至らず、温柔寛緩、以て生子を育て、以て、他日学をなすの資となせ、大に祀るなり」(8)と言ったという。これに対して、著者福本は、松陰が、寿子が「偏った性癖」となることを気遣い「円満な人格の婦人」となることを願ったものと述べている。ともあれ、このようなところに、松陰の女子教育を考えるときの一つの手がかりがあることをみておかなくてはならないだろう。

三女艶子は早世、四女文子は、安政四年に九坂玄瑞（一八四〇～一八六四、松陰門下）に嫁した。玄瑞一八歳、文子一五歳であった。玄瑞は、松下村塾では学問見識において抜きんでた者で、高杉晋作とともに並び称せられた。人格的には遙かに晋作を凌駕していたという。玄瑞は、長州藩を公武合体から尊攘に一変させ、イギリス公使館焼打、下関外国船砲撃などに参加、また禁門の変を指導したが自刃、文子は二二歳で寡婦となる。明治十四年、楫取素彦に嫁していた姉の寿子が亡くなった後、素彦に再嫁して大正十年、七九歳で没した。三男敏三郎は、生まれながらにして唖者であったため、松陰は一入心を砕いている様子が妹たち宛の書簡からもうかがえる。

二　松陰の書簡から

以上、簡単に松陰の家族を見てきたので、彼らと松陰がどのように関わっていたのか、松陰の書き残した手紙を中心に検討したい。松陰が書いた女性宛の手紙で遺されているものはそう多くはない。妹宛の六通(9)および母、養母、入江満智子宛ての数通である。また、逆に松陰に宛てられた書状については、かなりあったものと思われるが、目下、確認できるのは母滝が書いたもの一通である。したがって、きわめて限られたものであるが、それらを素材に、松陰の女子教育観をみていこう。

妹千代への手紙（一）（安政元年十二月三日）[10]

これは全体が三つの部分に分けられる。初めから「三日　大（松陰のこと）　千代どのへ」と書かれている部分（イ）、次ぎに「別にくだらぬ事三四まいしたためつかはし候間」にはじまる、いわば「追伸」に相当する部分（ロ）、この部分は、さらに三つに区切られる（ロ―1）・（ロ―2）・（ロ―3）、そして、末尾に記された「姪阿萬に与ふ」と書かれている部分（ハ）である。[11]

長文ではあるが、右の区分に従ってその内容を検討しよう。[12]

（イ）：松陰が、十一月二十七日付けの千代の手紙と差し入れに呼応したものである。先ず、手紙と差し入れに対する礼を述べた上で、自分の獄中における状況を記している。それによると、父母や兄のお陰で衣食をはじめ筆紙・書物まで何一つ不自由はないとした上で、千代の婚家先の叔母の死への気配りをしたり「赤穴のばあさま」の消息を尋ねる。[13]そして「御老人」を大切にするように、「（老人は）家の重宝と申すものにて、きんにも玉にもかえらるるものに無之候」などと敬老心の大切さを強調している。

（ロ）：前々から、松陰が考えていた理想的女性像について書き留めていたものに多少手を加えて妹たちに示そうとしたものである。千代の手紙への返書（イ）に付け加えた「追伸」に相当するものである。はじめの部分（ロ―1）は、追伸部分に関するコメントで、これから記す別紙三、四枚に書くことは、今後の千代たちの心得になるであろうから、父か兄に読みやすいように写してもらって読むようにといい、同時に千代も常日頃から手習い・読み物に心がけるようにと記す。そして、正月も近いこと、正月になれば少々時間もできるだろうから、そんな時には、つまらない遊び事をするのではなく何か心得になるような本を読んでもらうように、その場合の本としては、「貝原先生の大和俗訓、家道訓」

などがよいし、また浄瑠璃本などもよいのではないかといった忠告も忘れない。

「追伸」の後半には、いわゆる女訓（ロ―2）と杉家の家法（ロ―3）とが記される。女訓部分は、さらに前文に当たる部分と三箇条にわたる事柄とに分けられる。まず、「前文」に当たる部分には、男女児の教育について、子どもは教育次第で「賢愚善悪」となるもの、そしてそれは、皆父母の教えによるものである。男子は父、女子は母の教えを受けるのが大概であることを心得るように、しかし、一〇歳以下は、男子も女子も母親の教えを受けることが多い。だから、子どもの「賢愚善悪」は、一に母にかかっていると述べ、さらに、胎教に言及し、母親が学ぶことは勿論、言語動作に至るまで模範的であれと述べる。そして「氏よりは育ち」といわれるように、子どもの教育に関わる母の役割の重要性を強調する。

続く箇条書きの部分についてみると、一条目では、夫を敬い、舅姑に事えることは婦として当然のことであるが、重要なのは「元祖已下代々の先祖」をうやまうこと、その祥月命日には先祖のことを思い、今の生活、そしてこれからの生活を考え、わがまま勝手をしてはいけない、女は生家を出て人の家に行く身であるから、嫁ぎ先の先祖を大切にするように、また、先祖の功績などをよく心得ておき、子どもたちに昔話のように話聞かせることも有益であると記している。

二条目では、日本は神国であるから神々様をおろそかにしてはいけない。しかし、世俗での「神信心」は間違っている。大抵は、神前に詣で、柏手を打ち立身出世や長命富貴を祈ったりするがそれは大間違いである。「神と申すもの正直なる事を好み、又清浄なる事を好み給ふ。夫れ故、神を拝むには、先ず己が心を正直にし、又己が体を清浄にして、外に何の心もなく、ただ謹み拝むべし。是れ誠の神信心と申すなり」と。そして、菅原道真の歌「心だに誠の道に叶ひなば祈らずとても神や守らん」を引き、「神は正直の頭に舎る」と書き記した。このこととの関わりで、さらに仏教にも言及し、あえて仏を誹る必要はないが、信仰するにはおよばないと述べている。

三条目では、親族と睦まじくすることの大切さを強調する。父母祖父母が大切であることは言うまでもないが、兄弟や従兄弟も劣らず大切であるという。それは、世代が近いこと、それ故に師匠に教わった事柄や父母の命に背かないことをともに確認しあうことができるのだといい、赤の他人であっては出来ないことだという。そして、あらためて兄弟や親族が力を合わせることの重要性を強調した。以上、前文と三箇条とを、「先祖を尊ぶこと」・「神明を崇めること」・「親族と睦まじくすること」の「三事」にまとめ、「追伸」の（ロ―3）にはいる。

そこでは、松陰がいう「杉の家法」が披露される。彼は、それを「世に及びがたき美事」であるという。すなわち、第一に先祖を敬うこと、第二に神明を崇めること、第三に親族と睦まじくすることの「三事」（ロ―2）に加えて、第四に文学を好むこと、第五に仏法に惑わないこと、第六に田畑の仕事を自ら行うこと　の六つである。みんなこれらのことを心がけるように、それが即ち孝行というものであると結んだ。

以上、「追伸」部分についてやや詳細に見てきたが、その前半（ロ―2）は、いわゆる江戸期を通じて女性に諭された女訓書に示されていることをなぞったものであり、後半（ロ―3）は、松陰の実家に伝えられた事柄や受け継がれてきた習慣などを「杉の家法」として妹たちに実感を以て受け止められるように工夫してまとめたものである。それは、先祖を始め両親が築いてきたこれまでの杉家のあり方に対する松陰の自負であるとともに、それをなんとしてでも継承維持していってほしいという松陰の願いであった。

（ハ）：「姪《てつ》阿萬に与ふ」と記されたものである。この「姪阿萬」とは、甥の万吉、すなわち千代の長男である。そこには「万也当日長　不見又一年　已免父母懐　未立師傅前　仲父座牢狴《ろうへい》　晨夕守遺編　愛汝無助之　道古附詩篇　王尊叱九折　孟母楽三遷　分陰師陶侃　一経慕韋賢　忠孝誠可貴　学問為之先　万也汝善聴　長江有深淵」[14]というものである。いわゆる五言律詩の形をとり、決して長文におよぶものではない。しかし、全文が漢字で記されていること、詩の形をとっているものの、多くの故事を組み込むなどしていてその内容はかなり難解である。わずか二・三歳の児童に向けて書かれた文章としては想像を絶するものである。これからの杉家を、社会を背負って立つ男子に向けての松陰なりの期待を込めたものであろうか。男子たるものこのくらいのものを読めなくてはならないし、又この程度のものは理解されるべきであるという松陰の思いと、甥に対する期待感とが詰め込まれているといってよいのかも知れない。そしてまた何よりも松陰の教育に対する男女の違いが明白であることが分かる。たとえ児童であっても男には漢字、女には仮名という具合に松陰は男女を峻別している。松陰にとっては、年齢もさることながら男女の別の方がまずは第一に重視されるものであったといってよいだろう。

千代に宛てた第一の手紙から読み取っておかなくてはならないことは、縷々と述べてきた女性に向けての諸々の諭しに加えて、松陰の言外に男女の別が厳然としてあったということである。

千代への手紙（二）（安政元年十二月十六日）

これは、松陰が千代に宛てた手紙（一）を承けて、千代が松陰に返事をしたその千代の返事に呼応するものである。残念ながら、千代の手紙を見ることは出来ないが、千代は、松陰が手紙に託した事柄を実行したいと返事をしたようである。(15)

松陰は、その千代の心構えに満足している。そして、過日述べた事柄のうち、万吉の教育についての補足を記し、あらためて、「日本は武国」であるということを強調した。「殊に士は武士と申し候へば別して勇が大切にて、小供へいとけなき折からこの事ををしへこみ候事肝要に候。江戸絵や武者人形、又正月や端午に弓矢、のぼりなどかざり候様の事もまんざら遊び事にては之なく候。又軍書の中にある軍士の絵など小どもに見せ候へば、自ぜんと知らず覚えず勇気が増すものに候。楠木正成ぢゃの新田義貞の、加藤清正のといふ事、小供に覚えさせ候がよろしく候。又武者百人一首と申すものも之あり。小供に見せ候てよきものに候」と記した。松陰の武士としての意識が全面に現れている。男子は「勇」を小さいときから身にしみさせておかなければならないという松陰の観念、それを推し進めるには幼少時からの教育が重要であり、そのためには武者絵や武者人形、弓矢や幟、さらには武者百人一首などに触れさせることであるという。子どもは、日ごろから勇ましい物に囲まれていれば、自ずと勇気も身に付いていくものだと唱え、歴史上の名高い武将らの名前とその功績などを例示した。松陰が子どもに覚えさせたらよいとして例示した武将名を反復するならば、楠木正成・新田義貞・加藤清正らであった。この記述は、文字通り読めば男児教育そのものであるが、これを強調する対極に松陰の企図する女子教育の幹を読み取ることが出来る。

千代への手紙（三）（安政二年正月元日）

（一）（二）と同じく松陰が野山獄内で記したものであり、新年に当たっての心構えを教諭している。[16]「新年」つまり「新しい」ということは何か、「めでたい」ということは何か、「歳をとる」ということはなにか　といった事柄を詳細に説明している。否、説明というより講釈をしているかのようにも見える。取り立てて千代にとか、女性にというものではないが、新年が何故めでたいのか、ともすると、習慣になってしまい恰も題目を唱えるかのようになってしまっている「新年おめでとう」の意味を、年頭に当たって自らの気をも奮い立たせでもするように解説する。普段何気なく看過ごしてしまっている事柄にもそれなりの意味があることを喚起する意味合いを込めて記したものであろうか。

また、本状の末尾に「阿久（妹文子）、阿安（弟敏三郎）、手習は出精するか。書初ども見せ見せ、歳徳様（歳徳神のこと）へ上げたか上げたか」と記し、妹や弟の手習いがきちんとすすめられているか、年頭に当たり書き初めを書いたのかといったことなどを気遣っているところにも新年に当たっての松陰の思いが知られるところである。

千代への手紙（四）（安政二年十一月六日）

この書状では松陰の「家」に対する考えがよく述べられている。[17]千代の書状を承けた松陰は、萩の獄舎に移ってからはや一年（密航の企てに失敗して、安政元年四月十五日に江戸の獄舎に入れられ、同十月二十四日に萩の獄舎に移動）が経ったことを回顧した上で、義姉の安産を祝うことから始まる。そして、千代を初め妹寿子にも子どもがおり、徐々に自分に甥や姪が増えていくことを喜ぶ一方で、自分は獄舎につながれていることを恥じ入っている。また、赤穴のばあさまの消息を尋ねたり、安政の大地震のことも獄中で耳にしているようで、その災害時の親類の安否を気遣うことを忘れない。しかし、ここで注目されることは「月々のお因み会もひきつづき之ある様子、けっこうの御事に存じ候」と記されている点である。先述したように松陰は、日頃から兄妹弟や親戚の女性たちを集めては「婦人会」を催していた。そこでどのようなことが話されたのか具体的には明らかではないが、松陰が家にいなくても残された者たちが「お因み会」を持ち続けていたようで、こうしたことを通して「家」の結束がはかられていく、それはまさに松陰の意向に添うものであった。

千代への手紙（五）（安政六年四月十三日）

（四）の手紙と（五）の手紙との間には三年余の時間が過ぎている。この間の松陰の動向を年表風にたどっておこう。

・安政二年十二月十五日：野山獄囚というこれまでの松陰に対する藩府の処置は苛酷であるとの評があり、病気保養を名目として野山獄を出された松陰は、実家杉家の幽室にはいる。勿論、公には人との接触を禁ぜられてはいたが、松陰に学びたいと来訪する者が絶えなかった。

・安政三年：幽室で「孟子」を講義する。それは、終了後「講孟箚記」としてまとめられた（三年六月）。さらに、八月頃から、近隣子弟のために武教全書の講義開始（これが後の松陰主宰の松下村塾の基となる）。十月には、松陰の尽力で野山獄囚の多くが放免されたという。

・安政四年：幽室内での講義はさかんに行われ、十一月、杉家宅地内の小舎が補修拡大されたり、「松下村塾記」がまとめられる。

・安政五年：村塾の門人は日々に増加。一方、四月、井伊直弼大老就任、五月、通商条約調印、六月、条約締結と政治的な動きが活発化する。この前後から村塾で、兵の訓練がはじめられたり対外関係・時勢論がさかんにたたかわされる。十一月十六日、同志一七名と血盟して老中間部詮勝要撃策を謀る。十二月五日、投獄の藩命が下ったが、父の病気のため投獄延期、十二月二十六日、再入獄。

・安政六年：勤王責幕運動いわゆる義挙を主張する松陰と義挙尚早論をとる門人との対立が激化していく。松陰は、門人たちを通じて藩政府に働きかけるが藩は拒否、一月二十四日、藩の拒否に対して憤慨し食を断つが、父母親戚の説得で中止。幕府より江戸藩邸に松陰を東送するようにとの命が下る。この命令は長井雅楽により五月十四日頃萩に伝えられる。

以上のような経緯を経てこの（五）が記された[18]。したがって、（四）と同じく獄中で書かれたものであるが、（五）は、再投獄時、しかも出獄間近のものである。

これは、獄中の松陰に観音信仰を勧めた千代の書状への返答に当たる。かなり長文のものであるが、千代がすすめる観音信仰に対して異論ありとし、自ら把握している観音経の大意を述べることから始まる。「法華経第二十五の巻普門品《ふもんぼん》と申す篇に、悉く観音力と申す事高大《かうだい》に陳べて之あり候。大意は観音を念じ候へば、縄目にかかり候へば忽ちぶつ〳〵と縄が切れ、人屋《ひとや》へ捕はれ候へば忽ち錠鍵が外《はず》れ、首の座へ直り候へば、忽ち刀がちんぢに折れるなど申してこれあり候。（中略）夫れ故凡人は是れより有難き事はないとて信仰するも無理はなく候」という。

そしてこのような仕掛けをする仏教の教えは奇妙なものであるとして、大乗小乗のことに言及、とくに「下《げ》こんの人への教え」である小乗は、観音経を拵えて人の信を起こさせようとしたという。筆の勢いに乗って松陰は、さらに「出世」や「済世」、そして「生死」について自らの考えを披瀝していく。そして、「さて其の死なぬと申すは近く申さば、釈迦の、孔子のと申す御方々は今日迄生きて御座る故、人が尊とみもすれば有難がりもする、おそれもする。果して死なぬではないか（中略）陳《さ》て又禍福は縄の如しといふ事を御さとりがよろしく候。禍は福の種、福は禍の種に候。人間万事塞翁が馬に御座候」「拙者なんど人屋にて死に候へば禍のやうなものに候へども、又一方には学問も出来、己れのため人のため後の世へも残り、且々死なぬ人々の仲間入りも出来候へば、福此の上もない事に候。人屋を出で候へば又如何な禍の来ようやら知れ申さず候。勿論其の禍の中には又福も交り候へども、所せん一生の間難儀さへすれば先の福があるなり。何の効験もない事に観音へ頼んで福を求める様の事は必ず必ず無益に存じ候」という。まさに松陰の「死生観」が凝縮している文章である。松陰は、「死」について考えていく時に、身体のそれと精神もしくは心のそれとを峻別する。そして、「釈迦の、孔子のと申す御方々は今日迄生きて御座る故、人が尊とみもすれば有難がりもする、おそれもする」といい、歴史上に名を残しているものは、「死」んではいないという。そして松陰はいう。自分が、仮に心を折って観音経を信じて獄舎を出ても真に生きたことにはならない、獄舎にいて、充分に学問をする、それも自分のため、人のためにするのであり、それを全うすることによって自分は後世へ残る（に生きる）ものであり、「死なぬ人々の仲間入り」もできるのだという。この時すでに松陰は、「死なぬ人々の仲間入り」をすること、すなわち歴史に名を残すことを強く意識し、希っていたといってよいだろう。心を折って生きることは真の「生」ではない、だから自分は観音経などに目を向けることはしないと述べた。

彼は続ける。「御互に七人兄弟中に拙者は罪人、芳《よし》（妹）は夭折《わかじに》、敏（弟）は唖子《をし》、否様《ぶざま》の悪い様なものなれど、又跡四人は何れも可也に世を亙られ、特に兄様、そもじ（千代）、小田村（妹寿子）は両人づつも子供があれば不足は申されぬ。世の中の六、七人も兄弟のある家を見くらべよ。是れ程にも参らぬ人は多い」「兄弟内には否様の悪い人も随分あるもの、然れば父母兄弟の代りに拙者、芳、敏の三人が禍をかるうた（負うた）と御思ひ候へば、父母様の御心もすめる訳では御座らぬか」という。そして、「父母様の御苦労を知って居るもの兄弟にてもそもじまでぢゃ。小田村でさへ山宅の事はよく覚えまい。まして久坂（妹文子）なんどは尚ほ以ての事。されば拙者の気遣ひに観音様を念ずるよりは、兄弟をひめひ（甥姪）の間へ楽が苦の種、福は禍の本と申す事を得と申してきかせる方が肝要ぢゃ」「又一つ拙者不孝ながら、孝に当る事がある。兄弟内に一人でも否様の悪い人があると、跡の兄弟も自然と心が和《やはら》いで孝行でもする様になる。兄弟も睦じくなるものぢゃ。夫れで是からは拙者は兄弟の代りに此の世の禍を受け合ふから、兄弟中は拙者の代りに父母へ孝行して呉れるがよい。左様あれば縮《つづま》る所兄弟中皆よくなりて果は父母様の御仕合せ、又子供が見習ひ候へば子孫のため是程目出度い事はないではないか」と記した。

以上、反復を厭わずいうならば、我が家のことを考えてみるに、一部の無様はあれど、ずいぶん多福の家ではないか。自分の小さいときは経済的にもかなりの苦労をした、その時の父母の苦労を知るのは千代までのこと、それ以下の妹たちは、その苦労さえ知らない。そのご苦労に応えるためにも遺された兄弟たちが睦まじくして父母へ孝行をしてほしい、先ずは兄妹仲良くすることが父母への孝行であり、それを兄妹の子どもたちが見習うならば、子孫のためにもめでたいことではないかと諭すように記した。論理的でないものへの盲従的信仰の否定、肉体は死しても精神は生き続けるという松陰の死生観のもと、自らは「死なぬ人の仲間入り」することの希いをこめて述べた。

そして、この書状を「能く々々御勘弁候て、小田村、久坂なんどへも此の文御見せ。仏法信仰はよい事ぢゃが、仏法に迷はぬ様に心学本なりと折々御見候へかし。心学本に『長閑さよ願ひなき身の神詣《かみまう》で』神へ願ふよりは身で行ふがよろしく候」と結んだ。この手紙は、自らの「死」を覚悟した松陰の妹たちをはじめ家族や親族に当てた遺書であるといってよいだろう。

諸妹宛の手紙（六）（安政六年五月十四日）

幕府が松陰を江戸に召還することを決めた四月十九日、その報が、長井雅楽により萩に知らされたのが五月十四日頃といわれているが、それを関知しているかのように、獄中で記したものである。[19] このたび江戸表へ引かれていくこととなったが、その理由は定かではないという書き出しで始まるこの手紙は、先の手紙（五）を追認するかのようなものである。「先づは再帰仕らずと覚悟を詰め候事」と冒頭に記す。そして、自分としては、国家のために一命を捨てても本望であること、しかし、それが両親へ対し大不孝であることが何とも残念である、だから、妹たちに自分の代わりに父母への孝養を尽くしてほしいと懇願した。しかし、みんなも、それぞれに自分の家があるだろうから、婚家をさしおいて実家に力を尽くすのは却って道に外れるから、おのおのはその家を斉え夫を敬い、その親様を父母同様にするのが女としての道であると説くことを忘れなかった。[20]

そして、その最後に、またもや心学本を合間合間に学ぶようにと書き加えた。さらに末尾に「児玉千代様」として添え書きが付けられている。これはおそらく、松陰が、獄を出る直前に書き加えたもののようである。「己未五月」と記されているのみである。そこには「女の教」というのではないがとして、「平田家訓」[21] に学ぶことを勧めている。この「平田家訓」の内容を見ることは出来なかったが、松陰のいいたかったことは、実家の杉家、松陰の仮養子先の吉田家そして妹たちの婚家をそれぞれに、守り維持し続けてほしいということであった。

以上が、松陰が妹たちに書き遺した書翰のすべてである。その外に、松陰の女性に宛てた書簡で目下確認できるものは、母瀧宛てのもの（イ）、養母久満宛てのもの三通[22]（ロ・ハ・ニ）、入江満智子宛のもの[23]（ホ）がある。以下、簡単にみておこう。

（イ）：安政二年十一月三日、現在活字でみることのできるものは、「前略」とされていて、それ以下のことしか分からないが、まず、出産を控えている兄梅太郎の妻の無事を祈った上で「安三（弟敏三郎）も大分字が出来だし、よろこび入り参らせ候、お文（妹）は定めて成人仕りたるにて之れあるべく、仕事も追々覚え候や、間合間合に手習など精を出し候様仕り度く存じ奉り候」と弟妹たちの成長、とくに学習に関わることついて気遣っている（『吉田松陰全集』第八巻、岩波書店、一九三九年、四六八頁）。

（ロ）：嘉永四年五月二十日、松陰が江戸出立のときに見送ってくれた事への礼（同右、一一八頁）。

（ハ）：安政二年十一月七日、（イ）との関連で、兄嫁の無事出産を述べたあと、松陰への差し入れに対する礼を述べ、「尚ほ又此の品は余りけい少御無礼に存じ奉り候へども、折ふし人よりもらひ候ゆゑさし上げ申し候」として、人から寄せられた貰い物の差し回しをしているのがわかる（同右、四七三頁）。

（ニ）：安政三年六月十四日、親戚の小島氏（養母の姉の家）の不幸に対する悔やみを述べたものである（同右、五〇一頁）。

（ホ）：安政六年三月十一日、満智子の二人の息子入江杉蔵・野村和作兄弟が、松陰が打ち出したいわゆる要撃策に呼応して行動を起こしたが、失敗して獄につながれてしまう。二人の息子の安否を気遣う母満智子に対し、「そもじ両人の男子は皆お上の御ため又義理のために一命差上げ候へば、亡夫へ御対し候ても御申訳は之れある事、いづれ御奉公申上げ候からは、男子は母親の膝元につき添ひて世を送り候様にのみは相成りがたきは武家の習と御明らめ成さるべし」と記し、男子をお上に差し出すことは、「武家の習い」であるから、納得してほしいと説得している。（同右、第九巻、一九三九年、二六七頁）二人の子どもの犠牲を強い、強引ともいえる政治的行動への参加を強制、それを正当化し満智子を納得させようと躍起となっている様子が全文ににじみ出た内容のものである。松陰の企図した一件を全うするために、満智子に武士の母としての強さ、それも「士の勇」を強要するような形で「果断」であれということを言外に籠めたものであることを看過することはできない。

ともあれ（イ）～（ニ）は、一般に見られる子が母に対する気遣いが記されているのに対し、（ホ）は、その趣を異にしている。自分の母と他人の母であるという違いはいうまでもないが、後者に対しては、半ば強制するかのように、「かくあれ」という。同じ女性であっても、松陰の対応は、家族と他者との間には歴然とした違いがあった。これについては別途、松陰の「家」「家族」に対する考えの検討がなされなくてはならないが、ここでは後述することとの関連で、右のように双方の間に一線が画されていたことを指摘するにとどめておく。

以上が松陰から女性に宛てて書かれたものである。逆に、女性が松陰に書き送ったもので確認し得るのは、僅かに母瀧の書翰のみである。それは、安政六年正月二十五日に書かれたもので、松陰の主張を誰も聞き入れてくれないことに対して立腹した松陰が、抗議の意を込めて食断ちをしたが、それに対して「万一それにて御はて成され候てはふかう(不孝)第一口をしきしだいにぞんじ参らせ候（中略）たんりょ御やめ御ながらへのほどいのり参らせ候」と、食断を中止せよとの忠告を認めたものである。(24)

以上、現段階で見ることが出来る松陰が書いた女性宛の書簡、女性が松陰に宛てたもののすべてである。その外に、妹千代が、後年になって記した一文がある。大正二年一月発行の「婦人の友」に載せられた児玉芳子（千代は明治に入ってからこのように改名している）名の「家庭人としての吉田松陰」がある。それは、「松陰の幼年時代」「物に動ぜぬ気象」「他人の為めに尽くす」「美はしい友愛」「最後の江戸行き」「生別死別を兼ぬ」「不思議の夢」という項を設けて妹千代が兄松陰の思い出を語ったものである。(25)

三　女学校設立の訴え

松陰は、天保五年、五歳の時、山鹿流兵学師範として毛利家に仕えていた叔父吉田大助賢良（家禄五七石六斗）の仮養子となり、翌年、大助の死により吉田家を嗣ぐこととなる。松陰は、すでにこの時、藩の兵学師範となることを運命づけられた。そして、天保十年、一〇歳にして藩校明倫館で家学を教授、翌十一年には藩主毛利敬親の面前で『武教全書』を講じたという。このように、松陰は幼少時から書物を通して山鹿素行から少なくない影響を受けている。たとえば「武教全書」「武教小学」などがそれである。松陰が密航に失敗して江戸の獄舎、次いで萩野山獄に投じられ、その後、病気を理由に実家の杉家に幽閉という形で時を過ごすこととなったが、その間に彼は『武教全書』の学びをさらに深めながら周囲の者たちに講義をした。それは、安政三年八月二十二日から十月六日まで続けられた。この間の講義録が『武教全書講録』としてまとめられた。以下、それに依ってみていこう。(26)

本講習会の「開講主意」は、松陰が信仰に近いほどまでに傾倒している師である山鹿素行の教えを伝えることであり、志すことは「皇国の大恩に報い、武門武士の職分を勤むる」ことであった。この講義録の冒頭に記されている「武教小学序」に、素行が「武教小学」を著した経緯と素行が唱えている「士道」と「国体」について以下のようにまとめた。まず「士道とは（中略）真武真文を学び、身を修め心を正しうして、国を治め天下を平かにすること、是れ士道なり」「国体と云ふは、神州は神州の体あり、異国は異国の体あり」と先師（素行）は、我が国体を慮って「武教小学」を作った。ゆえに「これを以て国体を考ふべし」「扨その士道国体は甚だ切要の事なれば、幼年の時より心掛けさせ工夫すべき事、是れ小学の本意にて詰まり志士仁人と成る様にとの教戒なり」と素行のねらいをまとめ、松陰もこの線に沿った講義を行う。

講義の本論にはいる。上の巻には、夙起《しゅくき》夜寐《やび》・燕居・言語応対・行住坐臥が、下の巻には、衣食居・財宝器物・飲食色欲・放鷹狩猟・与受の項目が続き、最後を「子孫教戒」で結んでいる。冒頭の「夙起夜寐」で、全体の枠組みをおさえ、以下の項で、それぞれの項目に沿った内容について語り、最後の項で、それまでの九項目を子々孫々に伝えていくための教戒を述べるようなかたちで構成されている。

本稿では、女子教育について検討することを意図しているので、最後の項である「子孫教戒」に絞ってみていく。先ず、松陰は、講義の必要をあらためて次のようにいう。「今や皇道衰微し、国威廃弛して、醜夷陸梁す」という嘆かわしい現状を眼前にして、本来の「神国」を立て直すには、「武道を講究してその時を」迎えなくてはならないとした。「武道の眼目は大丈夫となることなり」「士は大丈夫を以て勇と為す」と述べ、眼前にある士道を軌道修正すべきであるとした上で、女性に対する訓戒を展開していく。

「女子の教戒の事」に始まる段落を見ていこう。「夫婦は人倫の大綱」であり、「一家盛衰治乱の界」は、ここにあるから、先ずは、女子を教戒する事が先決である、男子がどれほど士道を守っても、女性が「婦人道」を失ってしまえば一家の治まりは成り立たないし、子孫に対する教戒も為される事はない、それなのに、最近ではこうした女子への教戒を重視する者がいないと述べる。その上で、松陰は彼なりの女子教育論に言及する。

まず「女教大略三様あり」として　①源氏物語・伊勢物語などの俗書淫逸のことを教えるもの　②和歌・俳諧・茶湯等の遊芸を楽しむもの　③貝原氏の書・心学者流の書を教えるもの　をあげる。そして、①は、先師（素行）も嘆いているように全く教えるに値しないという。②は、それなりの娯楽として行われているけれども、この女教は「貴人大家」では行われているかも知れないが、「平士以下」ではそう多くはないだろう。ともあれこれもまた取りたてて教えとするには当たらない。それに対し③を「尤も正しく尤も善し」とする。いわゆる「女大学」式の教えであり、松陰が妹たちに度々説き勧めてきた心学の教えである。「しかし」と松陰はいう。最良とするこの③は、柔順・幽閑・清苦・倹素の教えはあるけれども「節烈果断」の訓には乏しいという。「太平無事」の時ならばこれでもよいだろうが「変故の際」（幕末の非常時）である現在、これだけでは不十分である、先師が「柔順を以て用となし、果断を以て制と為す」と言っているように「柔順」と「果断」の双方が揃っていなくてはならないという。また「士の妻室たる者は、士常に朝に在りて内を知らず、故に夫に代わりて家業を戒む。豈に懦弱を以てせんや」という師の教えもまた「実に至言なり」と述べた。そして、「柔順」と「果断」とを兼ね備えた女性たちについて、中国の事例をはじめ、日本の事例を列挙する。和漢古今の事例を挙げだしたらきりはないといいながらも、「皇国武将の妻室」として松陰が示したのは、武田勝頼の妻北条氏・細川忠興の妻明智氏・柴田勝家の妻織田氏・蒲生氏郷の妻明智氏や義朝・義経の妾などであった。

こうした女性たちの伝文を綴り、コメントを附けてそれを女性たちの亀鑑とすればとてもよいことだ。すでに、先例とすべきものに「列女伝」・「小学」などがあるが、いずれも漢文なので女性たちの便にはならない。日本の女性について記したものに「責而者草」(27)があり、これはとてもよいものであるが、収載事例が少なすぎる。最近伝手があって『本朝女鑑』の一部を見る事が出来た。まだ、全貌をみることはできていないが、光明皇后が記されるなど好ましくない点もあるが、その外の収載事例は女性の鑑となると記している。(28)

さらに、松陰が強調したかったのは、結婚した以上は、二夫にまみえてはならないという事である。忠臣が二君に事えないということを引き合いに出して「烈女は二夫を更へず」と強く訴えた。女性が嫁すとお歯黒を附けるのは、「深黒不変の色に象り、一適不改の義を取るとなり」だからである、しかし、近来は、「淫逸の婦」の存在は往々耳にするけれども、「貞烈の婦」については全く耳に入ってこない。聊か旧いといわれるかも知れないが、女性の義はすっかりなくってしまった、こんな状況では何とも嘆かわしい、今や「過憂して乱亡の先兆とす」るようだという。そして、今の世に果断でありかつ貞節を備えた「貞烈の婦」が乏しいのは、父兄の教戒が至らないからである、父兄たちがきちんとしていないから子どもたちも教戒を聞かない、教戒を聞かないままに人の妻となっても貞烈の節は顕れず、人の母となってその子を教戒する事を知らない。それがために「父兄女孫蒙昧にして無教戒の世界に生死す。ここに於いて烈女なく忠臣なし」と嘆息している。

ではこのような事態を打開するにはどうしたらよいのだろうか。松陰は『女子の教戒』についての一策を述べた。女学校設立の提案である。この件についてはすでに山鹿素行の書にも記されているが、それを次のようにわかりやすく説いた。すなわち、武士の寡婦で、年齢四、五十歳以上の貞節な者の中から学問に通じ女工をよくするものを選び「女学校の師長」にして学校に寄宿させること、そして八歳から一〇歳以上の「士大夫」の女子を学校に通わせること、場合によっては寄宿をさせ、手習い・学問・女功などを修業させるといった内容のものである。そして、このように女子を一堂に集めることのメリットは、すでに漢書にも言われているように共同して作業をすると、灯火代の節約になるのみならず相互に技術を磨きあって生活習慣もよくなるという中国の故事に松陰もまた賛意を表し、右のような内容のことがらを提案した。

松陰は、早速この考えを叔父の玉木文之進にも質したところ、彼も大いに賛同し、「女教の説極めて是なり。余固より茲に志あり。因って往年伊勢人津坂孝綽(29)の武家女鑑三巻を買ひ得て家に蔵す」といって松陰にその「女鑑」を渡した。それを見た松陰は、一読しそれを讃え、同時にその書から中村惕斎(30)のこと、および中村の著「姫鑑」の存在を知ったが、それを見ることは出来なかった。しかし、それに代えて『本朝列女伝』(31)十巻を借覧することが出来た。それに目を通した松陰は、次のように記している。「（本書は）寛文明暦の際、黒澤弘忠と云ふ人の著。后妃夫人に始まり奇女神女に終る、通計二百一十七人を載す、亦備はれりと云ふべし、但し其の文漢様に模して甚だ工ならず。載する所正道に詭ふ者多し。又異端に陥る者あり、怪妄に属する者あり」と。すなわち、『本朝列女伝』には、大名の妻から奇女・神女まで計二一七人の事例が収載されている。しかし、その文体は漢様でよろしくないという。また、事実に違えた点もあるし異端に陥っているものもあるとまとめた。しかし、ここに記されている事についての採択は読む人の責任なのであるから、文の稚拙は大した問題ではない、本書は総体としては有益であり、軽視すべきものではないし、もっと広く読まれるべきであると述べた。

以上、松蔭の言葉を借りながら、女子教育についての考え方をみたが、ともあれ『武教全書講録』で、松陰は師山鹿素行が提唱したように「女学校」の設立を強く訴え、それの具体案をしめしつつ、さらに女訓書の検討にも力を注いでいる事を指摘しておきたい。松陰の当面のねらいは、松陰が好ましいとする女性たちの生涯を描き、それを模範として女性たちに示すというものであった。松陰が意図する模範的女性とは、「女大学」的な女訓書に描かれた事柄を身につけるとともに、さらに「貞烈果断」をも兼備した女性であった。その具体的事例は、歴史に名を残した「果断」な武将の妻たちであり、彼女たちこそ「変故の際」にふさわしい理想的女性像であるとしたのである。

素行が提唱した女学校、女子教育の必要性を改めて反芻しながら、「女大学」的女子教育に「士道」を加味した松陰の主張は、彼のいう「変故」の状況に対応させようとした新たな提案であったとすることが出来よう。しかし、松陰の唱える好ましい女性像も武士に限られていたのであり、それがまた松陰の限界でもあった。

四　「女戒」と「烈婦」

『武教全書講録』と相前後してまとめられた「女戒訳術叙」(32)をみよう。これまた、女子教育に言及している山鹿素行の遺書（山鹿素行の著『武教小学』）の「女は柔順を以て用と為し、果断を以て制と為す」の引用からはじまる。そして松陰は、次のように話を展開させていく。すなわち、柔順と果断を基本におさえた女子教育に関する成書がないのが残念でならない、自分が何とかしたいと思うのだが、力不足で書く事が出来ない、誰か和漢古今に通じた人に依頼したいものと思い、その旨を外叔の久保翁(33)に相談してみた。すると、彼も日頃から女子教育の必要を感じ、隠居してからも女大学・女小学・女式目を教授しているが、それでは不充分であると思っていた矢先のことで松陰の意見に同意した。結果として却って松陰の方が、叔父から女戒の書の作成を促された格好となった。そこで、松陰は久保と謀って、とりあえず富永有隣(34)に請うて曹大家(35)の女戒七篇を訳述して貰うこととなった。有隣は速やかにそれを果たしてくれた。そこで松陰は、以下のように叙して本稿をまとめあげた。すなわち、大家は「男は能く自ら謀る、女は当に人に適すべし、而も漸んで訓誨せられず」といって『女誡』(36)を作ったが、自分は「節母烈婦ありて、然る後孝子忠臣あり、楠・菊池・結城・瓜生の諸氏に於て、吾れ之れを見る」と。

次いで触れておかなければならないのは、「烈婦登波」についてである。これについては「討賊始末」(37)に詳しい。それの叙に「登波の烈は二孝婦に列りて光あり」と松陰は記している。安政丙辰（一八五六）、藩が孝義者たちの旌表を掲げたが、登波は、他二人の「孝婦」、すなわち都濃郡の正（九四歳）と吉敷郡の石（六八歳）とは別格であるとしている。前者正は生涯嫁すことなく一身にて老父母を養い、後者石はやめる舅姑を奉じかつ貞節であり、確かにこの二人の行いは、貧苦艱難の中で人が堪えられないようなことをしての表彰だったが、それも「猶ほ平常の事のみ」であった。しかし、それと同列視されている大津郡の登波の場合はそうではないとして、松陰は登波に特別な賛辞を送り、碑文を編んだ。以下にその要点を記しておこう。

烈婦登波は、大津郡角山村の宮番幸吉の妻であり、父は甚兵衛・弟は勇助で、夫幸吉と同じような仕事をしていた。また、幸吉には松という妹がおり、松は、自称石見浪人枯木竜之進の妻となった。竜之進には先妻との間に一人の女子がいた。ある夜、竜之進はその女子と松とを幸吉らに託して上国しようとした。離縁であろうと察した幸吉らは、竜之進の非義を責めたが、竜之進は、居合わせた甚兵衛・勇助・松・幸吉らを刃に懸けて逃げ去った。前三人は即死、幸吉のみが一命を取り留めたが、事情を知った登波は藩に不法を働いた竜之進に復讐することを請う。しかし、許可を得たものの、登波は、疵を負った夫幸吉の介護にせわしない中に時が過ぎていった。夫が快方に向かう頃、登波は夫に復讐の件を話すと、幸吉は、登波にいった。竜之進は登波にとっては父弟の讐、自分にとっては妹の讐であるからと直ちに同意、以来、登波は東下したりして姿を消した竜之進の探索に当たる。結局、藩の追捕をうけた竜之進は彦山で捕らえられ自殺、滝部村で梟首された。登波はその首の下で「汝豈に我れを記するや、吾れは甚兵衛の女、勇助の姉、而して幸吉の妻なり。汝吾が父と吾が弟とを殺し、吾が夫を傷つけ、又吾が夫の妹を殺す。吾れ為めに讐を報いんと欲し、五畿七道、探討粗ぼ尽くす。而して一撃を汝が身に逞しうする能はざりしは、是れ吾が憾みなり。然れども天道国恩は遂に汝をここに致すを得たり。汝其れ其の罪を知れ。汝豈に我れを記するや」と罵ったという。

この一連の登波の行動は、「義」と捉えられ、「一口米」が下賜され、藩から「孝義者」として表彰された。一見すると、登波の行為は「復讐」の一点に絞られるようであるが、それが藩からは「孝義」として表彰されていることは、結局、父・弟・夫の妹への敵討ちが「義」であると公認されたのである。そして、松陰は、その登波の「義」は、さきに見た二孝婦の正や石のものとは異なり別格のものであると捉え、とくに登波を讃えた碑文をも作成したのである。(38) 松陰が登波の行為にみたのは、日ごろから松陰が必要であると感じつつも近来の女性に欠けていた「節烈・果断」そのものであった。それ故に、こうした行動をとった登波の碑文を編み、「烈婦」として讃えたのであった。

おわりに

妹千代宛の書簡を中心に松陰の女子教育に関わる事柄の検討をしてきた。それらは、一二にみたようにひたすらに「女大学」的な教育および心学に賛意を示しながら妹たちにその学びの必要を説くようなものであった。「婦人の道」を説き、「家」「家族」「先祖」を第一にすることを諭した。また、一二では触れなかったが一つ付け加えておかなければならないものがある。それは、松陰が一番年下の妹文が、久坂玄瑞と結婚する時に彼女に与えた言葉である。そこには、「貞節専心」が示された。古来からの女訓書の代表とされる『女誡』への遵守を記したあとで、その後半に松陰の妹たちとの関わりを分かりやすくまとめた。引用しておこう。「少妹の初めて生るるや、玉叔父実に撫し、之れに与ふるに其の名を以てす。阿文の称、蓋し偶然に非ざるなり。汝の姉千代は勤苦克く家道を修む、吾れ則ち之れを敬す。阿寿は敏慧、小田村氏に婦するを得たり、吾れ則ち之れを愛す。汝生るること独り晩く、吾れ最も之れを憐む。行余に書を読みて粗ぼ大義に通じ、以て阿文の称に副はば、其れ其の可なるに庶幾《ちか》からんか。然れども婦人の書をよむは男夫と同じからず。是れ則ち夫子在《いま》し、父兄在《いま》せばなり」(39)というものである。松陰は、妹千代を「敬」、寿子を「愛」、文子を「憐」という語で三人の本性を描出している。恰も松陰が抱く好ましい女性のキーワードが「敬」「愛」「憐」であるかのように。

二では主として家族、とりわけ妹との関係で描いた松陰の好ましいとする女性像が描かれていたのをみたが、三、四ではそれとは異なった女性像が求められていたことをみた。すなわち、二にみたことに加えて「果断」「烈」ということが必要であると強調されていることである。三にみたように武将の妻女たちこそ「変故」の時には鑑とされなくてはならないとし、四では、男性にも匹敵するような烈しさを全うした登波を賛美していることに象徴されているように「果断」と「烈」とを女性に求めた。それも家族ではない「一般」の女性に対して。それを、松陰のごく近くに探すならば入江満智子であった。

このようにみてくると、松陰が理想として描く女性像は、家族の女性とそれ以外の女性との間に一線が画されていたことをみないわけにはいかない。家族に対してはあくまでも「女大学」式の教育に裏打ちされた女性像を理想として掲げているのに対して、他者に対しては「果断」「烈」であることを強制するかのようにみえる。「女性」を一般化してひとくくりにするのではなく、「内」と「外」をはっきりと区別しているのである。それは、一に「家」と深く関わることであった。松陰は、「家」「家族」「先祖」を第一にすることを常に語っている。それはまさに「女大学」的なそれであった。その一方で、「果断」「烈」の必要を感じている。しかし、「果断」であることは入江満智子の場合に見られるように、行き着くところで「家」「家族」の否定に連動していくものであった。であるから「果断」「烈」であれとの言は妹たちへの手紙には一言もみられなかった。

本稿から導き出される論点は、以下の四つぐらいになろうか。一つは、松陰の抱く理想的女性像、それを現実化させるには、基本的には江戸時代を通貫した「女大学」式教育と心学を基礎に女子教育を柱に据えるものであったこと、二つには、眼前の「変故」の時に当たっては、「女大学」的な柔順のみでは不充分であるので、それに「果断」「烈」というものを加味した女性を理想像として提示したこと、三つには、「女性」を漠然と「女性一般」として扱うのではなく、家族と他者とを意識するとしないとに拘わらず明確に区別していること、それは、松陰が「家」「祖先」を重視したことに強く起因しているのではないということである。四つには、松陰の意識下にある女性は、武士の女性であることと嫁した女性であることであった。

「松陰と女性」についてみていく場合、「家」「家族」の問題をもっと全面に関わらせて検討しなくてはならないことが明らかになったが、この件については今後の課題とし、ひとまず本稿を終わる（二〇〇八年一月二十七日）。

註

（1）一九〇四年、同文館。さらに、一九七三年、臨川書店より復刻。

（2）吉田松陰についての研究は歴史も厚く山程あって、全貌を極めることはとても出来ない。その中にあって、松陰と女性との関わりを述べた書物についてみると、昭和十六・七年頃に集中してみられることが気になった。その殆どが、松陰の母にスポットを当てたもので、しかも、その母を模範的女性であると讃美評価している。たとえば、福本義亮『吉田松陰の母』（誠文堂新光社、一九四一年）、吉川綾子『吉田松陰の母』（泰山房、一九四一年）などである。とくに後者の奥付をみると、一九四三年には五版を重ね、このとき三〇〇〇部発行しているという。松陰も、明治に入って見直され、高く評価されている。このことは別途検討されなければならないが、その母が、この時期にこのような扱われ方をしていることにも留意しておこう。

（3）名は矩方、字は子義または義卿、通称ははじめ虎之助、後に大次郎、松次郎、終に寅次郎と改めた。長門萩の松本村に天保元年に生まれる。天保五年、父の弟吉田大助賢良の病中の仮養子、翌年大助の死により吉田家を嗣ぐ。

（4）百合之助については、「杉恬斎先生伝」『吉田松陰全集』第一二巻（岩波書店、一九四〇年、二一五頁）で松陰の甥吉田庫三・兄杉民治らが述べている。玖村敏雄『吉田松陰』岩波書店、一九三六年、九頁。

（5）『吉田松陰全集』第一二巻、岩波書店、一九四〇年、一三七頁。

（6）マツノ書店、二〇〇四年。

（7）松陰の蔭にあって余り語られてこなかったが、この兄梅太郎の生涯にも、女子教育との結びつきの深さの一端を見る。

（8）　福本義亮『吉田松陰の母』誠文堂新光社、一九四一年、九一頁。
（9）　六通のうち、一通は三人の妹宛に、他は二歳年下の妹千代宛になっている。すべて松陰が野山獄に投ぜられているときに書かれている。
（10）　『吉田松陰撰集』松風会、一九九六年、二〇一頁。『吉田松陰全集』第八巻、岩波書店、一九三九年、三一五頁など。
（11）　『吉田松陰全集』第八巻、岩波書店、一九三九年、によると、この部分は、別書きされた物が、ここに綴じられていたという。なお、同書第七巻にも同じ物が収載されており、収載されている他の文には年月日が記されているが、この漢詩は年月日を欠いている。
（12）　長文にわたるため松陰の「妹千代への手紙」としては（イ）の部分のみが一人歩きをしていることが多い。
（13）　赤穴は、松陰の祖母（岸田与三衛門の妻）の実家。松陰は幼少時この人から、強く影響を受けたようである。みんなから「心学ばあさん」と呼ばれており、しばしば　松陰の書簡に登場する。そうした事情もあって、松陰は、心学に強い関心を寄せている。
（14）　「万や、当《まさ》に日に長ずべく、見ざること　また一年。已に父母の懐を免《はな》れんも、未だ師傅《しふ》の前に立たざらん。仲父《ちゅうほ》牢狴《ろうへい》に座し、晨夕遺編を守れり。汝を愛するも之を助くることなければ、古を道《い》ひて詩篇に附さん。王尊は九折に叱し、孟母は三遷を楽しめり。分陰陶侃《ふんいんとうかん》に師たりて、一経韋賢《いけん》に慕はれり。忠孝は誠に貴ぶべく、学問は之れが先たり。万や汝善く聴け、長江にも深淵有るを。」と甥の万吉への期待を込めている。註（10）参照。前掲『吉田松陰撰集』二〇八頁。
（15）　註（11）に同じ。三四三頁。
（16）　註（11）に同じ。三六八頁。
（17）　註（11）に同じ。四六九頁。
（18）　前掲『吉田松陰全集』第九巻、三三七頁。
（19）　註（18）に同じ。三八八頁。
（20）　原文から関連箇所の抄出をしておこう。「拙者この度び仮令《たとひ》一命差捨て候とも、国家の御ために相成ることに候はば本望と申すものに候。両親様へ大不孝の段は先日申し候様其の許達仰せ合され、拙者代りにお尽し下さるべく候。併し両親様へ孝と申し候とも、其の許達各々自分の家之れある事に候へば、家を捨てて実家へ御力を尽され候様の事は却って道にあらず候。各々其の家其の家を斉《ととの》へ夫を敬ひ子を教へ候て、親様の肝をやかぬ様にするが第一なり」「婦人は夫を敬ふ事父母同様にするが道なり。夫を軽く思ふ事当時の悪風なり。又奢りが甚だ悪い事、家が貧に成るのみならず、子供の育ちまで悪しく成るなり」。

(21) 滝鶴台の門人平田一郎左衛門久矩著。福本春水『松陰余話』(マツノ書店、二〇〇四年)参照。また前掲『吉田松陰撰集』は以下のように記す。平田新左衛門(一七九六～一八七九)は、長州藩儒、明倫館学頭座御用取計、松陰の漢学の師という。いずれにせよ、「平田家訓」なるものをみることは出来なかった。なお、松陰が弘化四年、一八歳の時記した「平田先生に与ふる書」がある。(同書六七頁)。

(22) 松陰は五歳の時吉田家の仮養子になるが、久満は、その吉田大助の妻。森田頼寛の四女であったが、家格のつり合い上、久保五郎左衛門(家格四九石五斗)の養女となって、吉田家に嫁ぐが、大助死後は彼女の実家森田家に寄寓、松陰の書簡には「黒川北堂」と記されることがある。

(23) 松陰の弟子入江杉蔵・野村和作兄弟の母。前掲『松陰余話』によると、迷惑がかかるから松陰と手を切るようにと近所のものからいわれたが、松陰との縁を切らなかったことを誇らしく回顧していたという。

(24) 註(18)に同じ。二二〇頁。

(25) 前掲『吉田松陰全集』第一二巻、一六八頁。

(26) 前掲『吉田松陰撰集』79、三六九頁。『吉田松陰集』大日本思想全集第一七巻、先進社、一九三一年。前掲『吉田松陰全集』第四巻、二〇七頁など。

(27) 渋井大室編『せめてはぐさ』全四四巻。

(28) 光明皇后などの記事を喜ばないと記している事は、松陰が、あくまでも「節烈果断」を強く女性に求めていること、すなわち武士の妻としての模範を求めたのであり、公家の女性を引き合いに出す事は却って此の時点ではマイナスになるという事を意識していたからであろう。

(29) 一七五八―一八二五年。津藩の儒者。

(30) 一六二九―一七〇二年。京都の人、朱子学を修める。

(31) 松江藩の儒者黒沢弘忠(一六二二～一六七八)によって寛文・明暦期に著される。

(32) 安政四年閏五月一八日「丁巳幽室文稿」(前掲『吉田松陰全集』第四巻、三〇七頁、前掲『吉田松陰撰集』85、四一五頁など)。

(33)　母方の叔父久保五郎左衛門。養母久満が家格の関係で名義上久保家の養女となり養父吉田大助に嫁している。

(34)　一八二一―一九〇〇年。代々長州藩の御膳部役、野山獄囚、出獄後松下村塾の賓師として招かれる。国木田独歩の小説『富岡先生』のモデルであるといわれている。

(35)　班昭のこと。後漢の女流作家。『女誡』を著わす。

(36)　註（32）に同じ。三〇八頁。

(37)　登波の義挙を顕彰するために、時の大津代官周布政之助に依頼されて作成したもの。前掲『吉田松陰全集』第四巻、四一三頁。「烈婦登波の碑」（安政四年七月十六日に記し、その後同六年五月に加筆した。前掲『吉田松陰撰集』86、四一七頁―。）にその経緯が詳細に記されている。

(38)　註（37）に同じ。四五九頁。

(39)　前掲『吉田松陰全集』第四巻、三八九頁。

慶応四年の輪王寺宮と東征大総督による「駿府会談」について

浦井祥子

はじめに

慶応四＝明治元（一八六八）年一月七日、勅旨を受けた有栖川宮熾仁親王により、徳川慶喜を朝敵とする征討の大号令が出された。鳥羽伏見の戦いによる幕府軍の敗北後、大坂城に身を置いていた慶喜は、六日に東帰の途につき、いったん江戸城に入った後、二月十二日には上野寛永寺の子院の一つであった大慈院に入り、謹慎する。

慶喜は、輪王寺宮である公現法親王らに、自らの助命嘆願などを依頼するが、このことは、寛永寺にとって、大政奉還後の政治的な問題を寺内に持ち込まれるという複雑な状況をもたらした。とはいえ、慶喜による再三再四の懇願に折れる形で、最終的には輪王寺宮自ら慶喜の助命嘆願などに動き出すことになる。

二月二十一日、輪王寺宮とその側近らは、東征軍の派遣中止と慶喜の助命嘆願のために京へ向かった。そして、その途中三月七日・十二日の二日間にわたり、駿府城まで進軍していた東征大総督である有栖川宮らと会談を行ったのが、本稿で取り上げる輪王寺宮と東征軍大総督による「駿府会談」(1)である。

この会談については、彰義隊をはじめとした戊辰戦争や、慶喜や輪王寺宮、上野戦争において彰義隊を扇動したとも言われる覚王院義観などの研究の中で触れられることはあったが、(2)同じく三月七日に駿府城下において行われた山岡鉄太郎と西郷吉之助による会談の方がクローズアップされることが多く、これまでほとんど着目されてこなかった。また、この会談の内容について細かく記された史料が限られていたため、会談自体が、そこに記された東征軍参謀と寛永寺執当とのやり取りを中心としたものとして認識され、会談の意味合いもなどが見えにくかったこともある。

しかし、今回新たな史料により、輪王寺宮と東征大総督である有栖川宮の直接のやり取りが、具体的に明らかになった。本会談は、当時の東征軍の動向や、輪王寺宮の立場などを考えるうえで、大きな意味を持つ。本稿は、この両宮の「駿府会談」について、新たな史料を検討しつつ、その内容や意義などを見直そうと試みるものである。

一　駿府会談と輪王寺宮

（1）「駿府会談」の概要

輪王寺宮と東征大総督有栖川宮の「駿府会談」について、会談の内容や意味などを具体的に言及したものとしては、藤井徳行および長島進による研究が挙げられよう。(3)但し、藤井の研究は、輪王寺官と「東北朝廷」樹立についてを中心に論じたものであり、長島の研究は、輪王寺宮公現法親王に同行した寛永寺執当覚王院義観が、その私憤から彰義隊を扇動したとする評価などに疑問を呈し、義観についての再評価を促すことを主軸としたものである。

これまで、この会談の具体的な状況のわかる史料とされてきたのは、『能久親王事跡』と『自証院記』であった。(4)『能久親王事跡』は、明治四十一（一九〇八）年になって、森林太郎（鷗外）がまとめたものである。長嶋は、本書を発行した「階行社」が、陸軍将校や陸軍関係者の親睦を目的として明治十年に設立された団体であり、世間一般には本書の発行もほとんど知られていなかったため、『彰義隊戦史』などにも反映されていないのではないかと考察している。一方の『自証院記』は、当時市ヶ谷にあった自証院の住職亮栄が記した記録である。亮栄は、この「駿府会談」の出席者の一人であり、同席者本人の記録であるという点において、価値が高い。

本稿では、これらの史料と新たな史料との記述内容を比較しつつ、新たに明らかになった本会談の状況や意味などをあきらかにしていきたい。

（2）「駿府会談」の顔ぶれ

「駿府会談」は、後に詳しく述べる通り、慶応四（一八六八）年三月七日・十二日の両日ともに、輪王寺宮と有栖川宮という宮同士の会談と、寛永寺執当らと東征軍下参謀の会談の二段階に分かれていたようであるが、出席した人物は、総じて次の十二名であった。

まず、東征軍側からは、大総督である有栖川宮熾仁親王以下、東海道先鋒総督である橋本中納言（実梁）、同副総督である柳原侍従（前光）、さらに東征軍上参謀である正親町左中将（公董）と西四辻太夫（公業）、下参謀である西郷吉之助（後の隆盛）と林玖十郎が出席した。東征軍側は、下参謀の寺島秀之助を除けば、主な顔ぶれが揃っていることになる。

対して輪王寺宮側からは、輪王寺宮公現法親王以下、覚王院・龍王院・戒善院・自証院が出席した。輪王寺宮である公現法親王については後述するとして、ここで覚王院らの人物を確認しておきたい。覚王院・龍王院・戒善院はいずれも寺名ではなく、院室号と称される輪王寺宮から直接賜った院号である。覚王院義観と龍王院堯忍は、両名ともに当時の寛永寺執当であり、戒善院光映は、この会談に先立ち東征軍への使者として送られた人物であった。

覚王院義観についての評価は、従来、駿府会談が失敗に終わってしまったことへの私憤から彰義隊を扇動し、五月十五日の上野戦争を引き起こしたとする評価が一般的であったが、近年、先に挙げた長島による研究などにより、その評価を訂正し、公現法親王と寛永寺に罪が及ばないように身を呈した人物であるとの見方も出てきた。長島は、この会談が失敗に終わったとする評価に対し、山崎有信の『彰義隊戦史』[5]などによる評価が定説となったものであり、有信は勝海舟の『戊辰日記』[6]の覚王院らの哀訴嘆願が水泡に帰したとする記述などをそのまま取り入れてしまったため、事実とは異なるとの説を示している。[7]

自証院とは、先に挙げた自証院亮栄のことである。公現法親王は、亮栄を高く買っていたようであり、『能久親王事跡』にも、その人柄を褒めた記述が見られる。彰義隊が寛永寺境内に立てこもった際、公現法親王が、浅草の東光院を経て落ち延び、江戸を脱出するまで滞留したのも、この自証院である。亮栄は、この東征軍側との会談にあたって、先行して公現法親王の哀訴状と慶喜の謝罪状を先鋒総督に届ける役も担った。先に述べた通り、自ら記した『自証院記』は、本会談の詳細な様子を知ることのできる数少ない史料の一つである。

(3)「駿府会談」における輪王寺宮

慶応四（一八六八）年二月十二日、慶喜は朝廷への恭順の意を示すため、上野寛永寺に入った。慶喜が寛永寺を謹慎の場としたことや、その後の慶喜の処断などをめぐる政治的な会談に、寛永寺の山主である輪王寺宮や執当である覚王院義観などをはじめとした僧侶があたったことの背景には、いくつかの理由が考えられる。

まず、徳川家と寛永寺の間には、寛永寺が徳川将軍家の祈祷寺であり、且つ菩提寺であるというだけにとどまらない、密接な関係があった。寛永寺の山主は、輪王寺宮と称される法親王である。三代目の東叡山主となった後水尾天皇第三皇子の守澄法親王が、朝廷から輪王寺宮の号を賜り、以降は歴代輪王寺宮を号する法親王が寛永寺の山主となった。東叡山主は、日光山主を兼ねていたため、輪王寺宮も日光山主を兼ねる。また、やはり守澄法親王以降は、一時的に天台座主を兼ね、すぐに辞任することが通例となった。これは、「前天台座主」となり、事実上天台座主以上の地位を持つためである。このように、比叡山・東叡山・日光山の三山を管掌することから、「三山管領宮」とも呼ばれ、幕末の十五代公現法親王（後に北白川宮能久親王）に至るまで、皇子または天皇の猶子がその座に就いた。輪王寺宮は、徳川御三家と並ぶ格式と宗教的権威を持っており、寛永寺の学頭は、宮の名代として将軍と直接対話できる立場にもあるなど、寛永寺と徳川家との結びつきは強く、また徳川家あってこその寛永寺だったのである。(8)

くわえて、寛永寺の立地的な特性もあった。寛永寺には、江戸城の出城の役割を担っていたという説があるが、その真偽はともかく、高台という立地など、それなりに攻守に長けた条件の場所であったことは間違いない。また当時、現在の東京国立博物館の場所にあたる本坊より奥には、寺内の人間以外は入れないことになっていた。慶喜が謹慎した大慈院の前には学寮があり、常に寺内の人間の目が届くという意味でも、いっそう安全な場所であった。

そのうえ、万が一にも寛永寺が攻められ、そこから逃げることになった場合、行き先は水戸か日光、もしくは東北となる。いずれにせよ、寛永寺から千住宿を通り、北へ向かうことになるが、当時千住までのほとんどは寛永寺の寺領（東叡山領）であった。実際に、彰義隊が寛永寺に攻め入った際も、千住側からの攻撃や包囲はなく、公現法親王はいったん千住方面へ逃げている。

鳥羽伏見の戦いの後、慶喜が大坂から戻った際の江戸の人々の反応は、慶喜に対して好意的なものではなかったと言われている。慶喜自身だけでなく、慶喜の身を案じた人々にとっても、慶喜の謹慎の場として寛永寺を選ぶのは、道理だったわけである。

慶喜にとって、法親王すなわち皇族でもある輪王寺宮は、朝廷への執り成しを依頼する相手として、格好の人物であった。公現法親王は、伏見宮邦家親王の第九子であり、安政五（一八五八）年に仁孝天皇の猶子となって、親王宣下した。その後、第十四代輪王寺宮であった慈性法親王の附弟となり、「新宮」（次の輪王寺宮）となる。青蓮院宮尊融入道親王を戒師として得度、公現の法諱を称し、慶応三（一八六七）年十一月に第十五代輪王寺宮となった。しかし、当時、すでに世情はかなり不安定であり、朝廷側の立場から一転し、幕府側の立場に立たされることになった複雑な心情は、想像に難くない。

近年、輪王寺宮についての研究は行われつつあるが、公現法親王についての言及は少ない。また、公現法親王については、輪王寺宮を退いて以降の身の振り方などに着目されることが多い。天皇家の人間であるという立場のため、彰義隊が上野山内に立て籠もった際に、官軍側より山内からの退出を乞われて拒んだものの、情勢が悪化すると山内から出て、最終的に東北に向かったことなどから、比較的受け身の立場にあり、覚王院義観らに担ぎ上げられたとする見方が強かった。奥羽越列藩同盟の盟主として名を連ねたことも、名前を使われたように捉えられることも多い。しかし、このような評価も、宮自身の人となりを示す発言の記録などが、ほとんど見つかっていないままに下されたものであることは、認識しておかなくてはならない(9)。

本稿で取り上げる史料には、「駿府会談」における公現法親王の言動が、従来明らかにされていた史料よりも細かく記されており、その立場やあり方、さらには人となりの一端をうかがうことができる。

二　新たな史料にみる駿府会談の内容

（1）史料の性格・概要

本稿で取り上げる史料は、『王政維新関係之写』と題された文書に含まれており、史料自体には、「辰二月《（マヽ）》七日・同十二日両度駿府ニ於て両宮御応接之写」と題されている（以下、「両宮御応接之写」と略す）。「二月」とあるのは、「三月」の誤りであるが、本史料には、こうした写し間違いと思われる誤字が多い。伝来は不明であり、作成者の名前や作成の

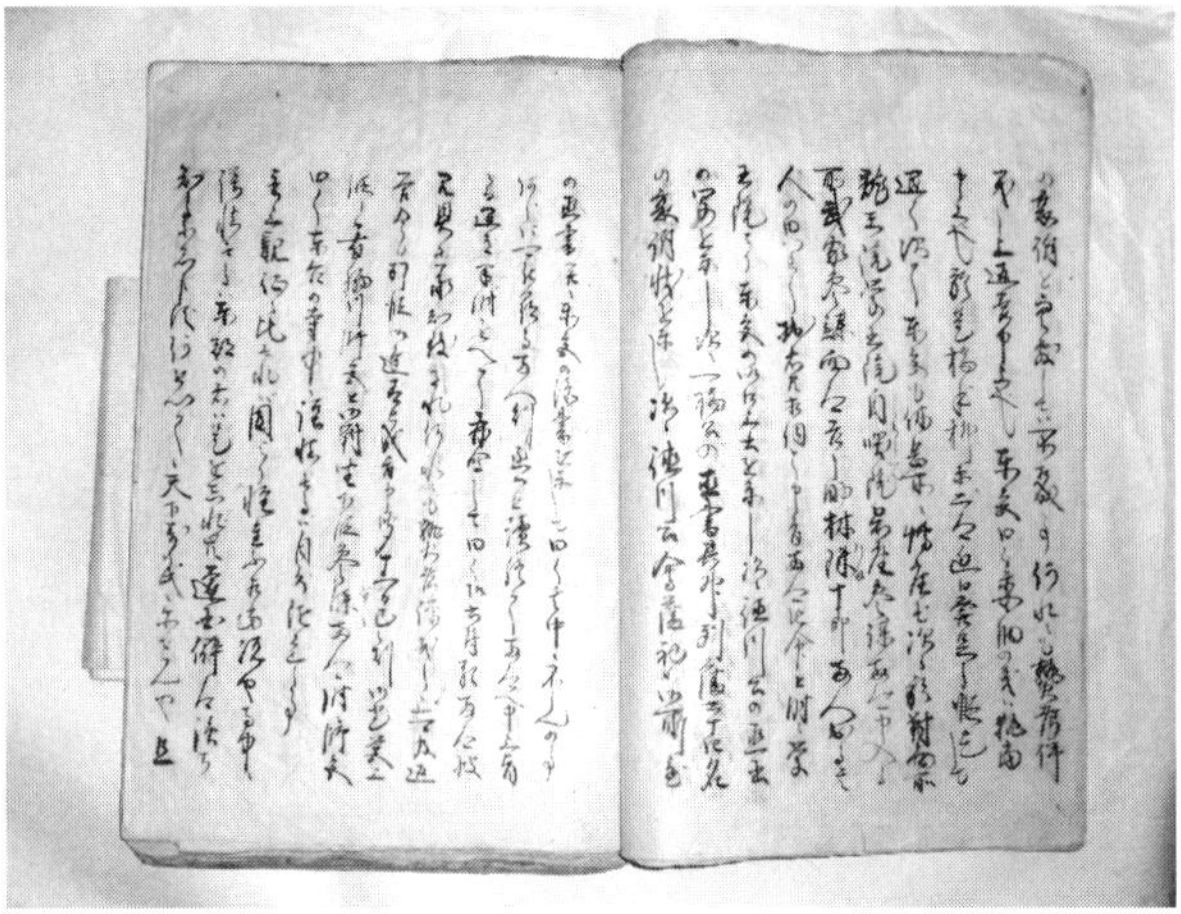

図１　「辰二（ママ）月七日・同十二日両度駿府ニ於て両宮御応接之写」
（24.9cm×16.1cm、筆者蔵）

経緯なども記されていないが、主要な人名・号・日付などにも誤字があることから、この史料を書いた人物が、対談に直接携わった人物や、寛永寺及び東征軍の直接の関係者などではなく、何らかの経緯で手に入れた史料を写し取ったものであるとも推測できる。

とはいえ、誤字については、いずれも比定できる人物や名称などがあり、会談の流れ自体も、『能久親王事跡』や『自証院記』などと比較して矛盾がない。また、『王政維新関係之写』の他の部分に記された他の史料には、慶喜の恭順の意を示したいわゆる「恭順救解依頼状」や、当時出された檄文、落書と思われるものなどの写しも見られている。

これらの文書がいつ写されたのかなど、本史料の正確な作成年代は不明であるが、写された文書の内容などから見て、慶応四（一八六八）年十二月から明治初めの頃ではないかと推測できる。本史料を含め、一部、新史料と思われる部分もあるが、他はすべて慶応四年前後に出されたものの写しであることが確認できている。したがって、この史料自体は、それなりに信用に足るものであると考える。『王政維新関係之写』との表題からも、おそらくは作成者が、維新関係のさまざまな文書などを写し取ったものと考えるのが妥当ではなかろうか。

「両宮御応接之写」は、会談で交わされた会話の内容が中心となっている。『能久親王事跡』『自証院記』の両史料が、会談当日である三月七日と十二日の二日間以外の動きも記しているのに対し、本史料は、七日と十二日の会談部分以外は、会談終了後、輪王寺宮が帰山するまでの数日の動きを、簡単に記すにとどまる。

文中には、「□□（ママ）」と四角で記された部分が四カ所あるが、文脈から判断すると、この部分には、いずれも慶喜を示す語が入ると思われる。「慶喜」という表現は、文中の他の場所で何度も使われており、おそらくは、「上様」や「公方」など慶喜を敬った表現が用いられていたため、この文書を写した時点では、その表現が適さないとの判断から、あえて文字を写さなかったものであろうか。

本史料は、輪王寺宮を「東宮」と表記するなど、特徴的な記載の仕方も見られる。「東宮」とは、次の天皇にあたる人物のことを指すのが一般的であるが、この場合は、「東叡山の宮様」もしくは「東台の宮様」の略として用いたものであろう。一方の有栖川宮は、「帥宮」と記されているが[10]、これは、有栖川宮が律令制以来続いた最後の太宰帥であり、太宰帥に就いた親王が「帥宮」と称されていたためである。

本史料は、こうした独特の表現や誤字のほか、多少文章が整理されていないところなど、文意の取りにくい部分もある。しかし、会話などを流れのままに写し取ったような形式や、これまで明らかにされていなかった有栖川宮と輪王寺宮の両宮間でのやりとりが記されている点など、非常に興味深いものと言えよう。

（2）会談内容の検討

次に、「駿府会談」の経緯を追いつつ、「両宮御応接之写」の記述内容について、具体的に検討してみたい。（なお、本史料の全文は、本稿末を参照のこと）。

・一回目の会談（慶応四〔一八六八〕年三月七日）

「両宮御応接之写」は、最初の会談である慶応四年三月七日、輪王寺宮公現法親王が駿府城に登営し、東征軍大総督有栖川宮との会談に臨む部分から始まっている。まず、その部分を従来の史料と比較しつつ、検討してみたい。

（史料1）

一七日辰刻御登城、龍王院、覚王院、自証院、戒善院随従登城也、対面所ニ控へ、宮御方案内ニ依テ、大総督有栖川宮へ御対面其間詰等不詳、徳川慶喜公謝罪状、宮御歎願書差上ラレ御哀訴懇切、書類御預、暫クシテ御下城、覚王院、自証院相残リ、一応ノ御沙汰ヲ待ツ、而〆武家参謀西郷吉之助、林玖十郎出会、覚王院ヨリ御歎願ノ次第上申シ、徳川譜代ノ大名二十一軒（ママ）御詫書連署一通ヲ呈ス此連名ヲ失念ス、西郷曰ク、篤ト相調、大総督熟考ノ義、後日回答及ハル旨云々退去

（史料2）

七日辰半刻、大総督の営に赴かせ給ふ。大総督直ちに引見させ給ふ。参謀正親町公董、西四辻太夫公業侍せり。宮慶喜の陳情書を呈して、その東叡山に閉居せる状を語り、罪を宥められんことを請わせ給ふ。

（史料1）は、『自証院記』の慶応四年三月七日の記述であり、（史料2）は、同じく三月七日の『能久親王事跡』の記述である。

会談の始まった日時については、三つの史料の記述が少しずつ異なっており、（史料1）の『自証院記』は「辰刻」、（史料2）の『能久親王事跡』は「辰半刻」、「両宮御応接之写」は、「四ツ時」としている。旧暦で三月の辰刻は、現在の午前八時過ぎにあたると考えてよい。同じくこの時期の辰半刻は午前九時過ぎ、四ツ時は巳刻にあたるから現在の午前十時過ぎとなり、約二時間の差がある。このくい違いが、どのような原因によるものかは判断しかねるが、おおむね辰刻（五ツ時）から巳刻（四ツ時）の間であったと考えるのが妥当であろうか。

（史料1）によれば、輪王寺宮らは、駿府城に着いてから、一時対面所に控え、その後案内を受けて有栖川宮と対面したようである。（史料2）の「大総督直ちに引見させ給ふ」との記述とは多少異なるが、「両宮御応接之写」には、この

部分に該当する記述はなく、残念ながら、どちらが正しいのかを確認することはできない。

会談の部屋や席次などについては、（史料2）には記述がなく、（史料1）も「其間詰等不詳」とあるのみで、これまで明らかになっていなかった。しかし、「両宮応接之写」の「御上段ニ有栖川帥宮と御対座、御下段左ニ橋本中納言・柳原従持《（侍従カ）》、右ニ正親町左中将・西四辻太夫着座」との記述により、これらの疑問も明らかになった。まず、「御上段」「御下段」とあることから、会談は駿府城の大広間もしくは御座之間で行われた可能性が高いことが分かる。また、座り方については、上段に両宮が対座し、下段左側に東海道先鋒総督および副総督の橋本と柳原、右側に上参謀の正親町と西四辻太夫が着座したとなっている。(11)

この記述を見る限り、最初の会談では、覚王院以下の輪王寺宮に随従してきた僧侶たちは、会談に同席していなかったことになる。実際に、「皆いわく」とある部分には、常に東征軍側の発言しか見られない。このことからは、同席者に、輪王寺宮以外の寛永寺側（幕府側）の人物がいなかったことが窺えよう。

『自証院記』には、（史料1）のように、「暫クシテ御下城、覚王院、自証院相残リ、一応ノ御沙汰ヲ待ツ」と記されている。従来この記述は、覚王院らも両宮の会談の場に同席しており、その後、輪王寺宮が下城した後もその場に残った、という意味で解釈されてきた。しかし、実際には、輪王寺宮が下城した後も覚王院らは駿府城内に残り、一応の御沙汰を待った、ということが書かれているのみであり、覚王院らが両宮の会談に同席したかどうかは、特に記されていない。

一方、（史料2）の通り、『能久親王事跡』にも、「参謀正親町公董、西四辻太夫公業侍せり」とあるのみで、覚王院らの名前は同席者の中に記されていない。橋本と柳原の名が見られないのが疑問であるが、『能久親王事跡』は、明治後期になってからまとめられたものであり、その意味では二次的な史料と言わざるをえない。このように見直してみると、やはり覚王院らは宮同士の会談には同席せず、会談後、輪王寺宮が、細かい交渉を彼らにまかせて下城したと考えるのが妥当ではないだろうか。(12)

さて、有栖川宮と対面した輪王寺宮は、慶喜から預かった書状を差し出す。この部分については、（史料1）には、慶喜の「謝罪状」と自身の「嘆願書」を差し上げて哀訴したとある程度で、（史料2）にも、慶喜の「陳情書」を呈して、東叡山に閉居した状況を語り、罪を宥められるように頼んだとしか記されていない[13]。

しかし、「両宮御応接之写」には、輪王寺宮の発言や、それに対する有栖川宮の発言、さらには他の同席者の発言などが、細かく記されている。その記述によれば、輪王寺宮は、慶喜（徳川公）の「直書」を有栖川宮に呈し、次のように述べたという。

すなわち、慶喜は、慶応四（一八六八）年正月に江戸に戻ってから江戸城（営中）に謹慎していたが、なお御追討使が発向されたことに深く恐れ入り、二月十二日に先祖の墳墓のある東叡山に閉居し、拙僧まで泣血哀訴してきた。どうか寛大なお裁きをいただきたいというのである。

これに対し、有栖川宮は、慶喜の「直書」を読み、その内容を四卿（橋本・柳原・正親町・西四辻）に伝え下してから、慶喜が会津・桑名を先鋒として天皇の御前に謀反を企てた態は顕らかであり、既に天皇の親征に及んでいると返答している。また、四卿も、親征は重大事であり、東叡山に閉居したことで済む軽罪と比すべきではなく、慶喜が書中で述べていることは、先段の行違いがあるなどと虚飾の趣があり、その意図がまったく分からない。ただ恭順といっても、御追討使の猶予をなどと言い、謝罪の実効はない。どうして天皇の車駕を返し、重い過ちを免ずるに足りるだろうかと、慶喜を糾弾し、輪王寺宮にも慶喜の罪状を究めるよう求めた。

これらの東征軍の返答は、従来言われているような、完全に輪王寺宮を蔑ろにした態度というわけではないものの、宮の哀訴については、全面的に受け入れる気がなかったことを示している。しかし、輪王寺宮は言葉を重ね、逆に慶喜を庇う。とくに、慶喜が事実を認識せずに哀訴に至ったのは、「法中」すなわち寺の者どもが世事に疎く、見聞を欠している故であると、自分たちにも責任があるような言葉を述べている部分は、非常に興味深い。慶喜の身柄を預かり、その助命のために一山をあげて庇おうとする輪王寺宮の、立場と覚悟がうかがえる発言とも言えよう。

輪王寺宮は、自分の行動を、もしも慶喜や徳川軍を追討すれば、数万の従子たちは必ず激し、多くの兵卒が迎合し、終いには億万の者たちが苦痛な境遇に至ってしまう、そうすれば、王政一新の専ら仁徳を行う時に、益々宸襟を悩ませることになってしまうのではないかと危惧したためであると説明する。

これに対して四卿は、誠にご殊勝でいらっしゃると応じ、それならば宸襟を安んじ、億万人を救えるのは、慶喜一身の上にあるのみであろうと返した。ある意味では、嫌味とも取られかねない言い様ではあろう。輪王寺宮が、「然らバ如何して可ならん」と、少々苛立ったとも思える返答をしたのも、仕方のない状況ではあった。

結局、四卿は、どうして充分に慶喜の人となりが知られようかと返し、有栖川宮も、輪王寺宮に対して、京都へ行くのを見合わせ、いずれにしても江戸へ戻り、このことを慶喜に告げよと、哀訴についての話を終わりにしてしまう。

会談は、特に意味のない穏やかな話なども交わされてから終了となったが、さすがにこのますげなく輪王寺宮を帰すわけにもいかなかったのであろう。四卿らは、「御門主御方の哀訴を空敷してハ不相成事」として、熟考・評義の上で返答申し上げると輪王寺宮に伝えた。これに対して宮は、委細の儀は執当に言うようにと返した。これをもって両宮の会談は終了し、橋本・柳原の二卿は、近日中に駿府城を発つ暇乞いをして退き、次いで輪王寺宮も、「休息所」に転座したというわけである。

この「輪王寺宮対東征軍」とも言えるやり取りの内容は、『能久親王事跡』にも見ることができる。

（史料3）

宮慶喜の陳情書を呈して、その東叡山に閉居せる状を語り、罪を宥められんことを請はせ給ふ。大総督答へて宣給はく。慶喜反逆の迹著く、征討の詔既に発せられたり。今これを奈何ともすべからずと。参謀等、宮に稟して云はく。征討は大事なり。慶喜恭順と称して、寺院に閉居すと雖、そは征討の大事を翻すに足らざるべし。そが上に陳情書中、前過を庇護して、前駆を生ずと云へるは、慶喜猶罪を知らざるに似たりと。宮、参謀に答へて宣給はく。予は単に慶喜一人の為めに請ふにな《(あカ)》らず。江戸の士民の困阨に陥りて、倍々宸襟を悩まし奉るに至らんことを恐る。卿らこれを思へ。事情の詳なるをば執当して告げしめんと宣給ふ。参謀の云はく。慎みて命を承りぬ。されど上叡慮を安んじ奉り、下生民を済ふは、今慶喜一人を処すること奈何に関われりと信ず。後熟慮して答へまつることあらんと云ふ。宮還御させ給ふ。

この『能久親王事跡』の記述は、大意は「両宮御応接之写」の記述と一致しており、特に前半部分は、表現のまったく同じところもある。しかし、慶喜を糾弾する有栖川宮と参謀らに対し、輪王寺宮が慶喜を擁護する部分は、多少表現が異なる。たとえば、「両宮御応接之写」にある、慶喜の事実認識の甘さを自らをはじめとした寺の世事の疎さによるものだと庇った部分などが記されていない一方で、自分は単に慶喜一人のために寛恕を請うているのではないと、はっきりと述べている。もっとも、江戸の人々の困窮などを恐れる点は変わりなく、やはり後ほど熟慮して返答する旨を約されて、退座している点も相違ない。

さて、「委細の儀ハ執当申上べし」との輪王寺宮の言もあり、両宮の会談が終わると、執当と参謀との会談が持たれることになる。対面所において、龍王院・覚王院・自証院が着座し、参謀両卿（上参謀の正親町・西四辻）との会談を申し入れたが、出て来たのは下参謀（武家参謀）の西郷吉之助と林玖十郎の両人であった。

この会談は、覚王院が預かっていた書付などを示すことから始まっている。『自証院記』には、「覚王院ヨリ御歎願ノ次第上申シ、徳川譜代ノ大名二十一軒御詫書連署一通呈ス」とあるが、「両宮御応接之写」によれば、まず輪王寺宮の口上書、次いで慶喜（徳川公）の直書の写し、一橋公の直書、その他列藩六十四名の哀訴状、慶喜（徳川公）・会津藩などの直書と順に示し、さらに輪王寺宮の添書を示した。[14] しかも、それらの中に不審なことがあれば尋ねよと申し添え、それらの価値を強調している。西郷らは、これを逐一読んでから、正親町ら両卿へ申し上げると言って、いったん退席した。その後、半時を経てから再び会談し、両卿がそれらを見て具に承知したと告げ、いずれも熟考・評義のうえ返答なさるので、別に達しがあるとして、その日の会談はすべて終了となった。

つまり、一回目である七日の会談は、輪王寺宮と有栖川宮を中心とした会談と、寛永寺執当らと東征軍下参謀を中心とした会談の二段階に分かれて行われたわけである。そして、覚王院らが会談の中心となったという従来の説に反し、前者の宮同士の会談を受け、後者は嘆願の趣旨を述べた他は、慶喜の直書以外の書状を示す程度で終了し、西郷らはあくまでも上参謀である正親町らの代理として、本人たちの意見は言わず、上参謀の指示を仰ぐ形を取っていたことがわかった。

この時、何故に正親町らが覚王院らと対面しなかったのは、覚王院らが両宮の会談に同席しなかったことを考えに入れると、東征軍側も同じく同席しなかった西郷らを出し、事実確認や書類の受け渡しなどの事務的な確認に徹するべきだと考えたためとも推測できる。

・二回目の会談（慶応四〔一八六八〕年三月十二日）

さて、一回目の会談から五日後の三月十二日、同じく駿府城において、二回目の会談が執り行われた。この日は、覚王院と自証院が輪王寺宮に随従したが、その登城時刻は、「両宮御応接之写」は「巳之刻」、『自証院記』は「四時」で一致しているものの、『能久親王事跡』には「辰之刻」とあり、やはり少々ずれがある。

七日の会談と同じく、この会談も、両宮を中心とした会談と、東征軍下参謀と寛永寺執当らを中心とした会談との二段階に分かれていたようである。

まず宮同士の会談であるが、席次は、基本的には七日と変わりなく、上段に輪王寺宮と有栖川宮が対座した。但し、下段は上参謀の正親町・西四辻の両卿が座し、橋本と柳原は同席しなかった。橋本らが同席しなかったのは、先に暇乞いをしていたことでもわかるとおり、すでに駿府城にいなかったためである。橋本は、九日に沼津へ発っていることが、『熾仁親王日記』により確認できる。

「両宮御応接之写」では、まず有栖川宮が口を開き、寛永寺内に謹慎したのは、慶喜の「自分随意之事」であり、天皇の親征と較べれば軽重が合わない。まして、寺中に謹慎するとは、江戸の者がこれを知っても、遠国僻郷では必ずしも知られないだろう。何をもって天下万民に示すのか。かつ、一紙の謝罪は、ただ一身を罰せよというのみで、謝罪の効果はない。いまだ天皇に奏聞するに堪えないと、慶喜に対して、あらためて糾弾の意見を述べた。これは、内容的には七日の会談で述べられた内容と大差ないが、仮にこの言い回しの通りであれば、かなりきつい表現であり、同時に、七日からの五日間に、何ら東征軍側が譲歩をしていなかったことを示す回答であった。

これに対する輪王寺宮の反応は、「爰ニ於て東宮憮然として曰く」とあるように、失望や不満を態度に表したものであった。宮は、有栖川宮の言はその通りではあるが、征討があれば、慶喜が恭順を貫いても、都下の数万の人民は必ず動乱するなど、終いには億万の人々が苦悩に陥り、宸襟を煩わせる。それが自分の大変恐れていることなのだと、やはり七日と同じ内容ながら、征討に対する己の危惧を強調した返答をした。そして、その意を諒察せよと、多少強い物言いもしている。

ところが有栖川宮は、再び七日と同様の内容を述べ、「鑾輿をかへし、宸襟を安じ、其罪を謝し、塗炭をすくふ、慶喜一身の上ニ有而已」と、慶喜の直書を返してしまった。

ここで、上参謀の正親町・西四辻の両卿は退座したとある。このことについては、（史料4）に挙げた『能久親王事跡』の記述からも確認できるが、これが何を意味するのかは、判断が難しい。「東宮膝を進めて、私ニ帥宮（ニ脱カ）とふて曰く」とあるところから、私的に宮同士で話をするためであろうか。

輪王寺宮は、哀訴のために遠路ここまで来たのに、どうして成果もなく帰って慶喜に会えようかというようなことを述べている。そして、数万の従子が鎮静しているのは、自分の哀訴が必ず成功すると思っているからだ、今日のことを帰って告げれば、おそらく変動するだろうとして、「敢てとふ、如何セバ謝罪をするの道たへる」と、強い言葉で問うた。しかし、有栖川宮は、「其事既ニ内談し置、先ニ何ぞ是を問わさる」と、輪王寺宮の言を一蹴してしまう。これにはさすがに輪王寺宮も、自分の言葉は受け入れられないだろうとして、口を噤んでしまっている。ここにおいて有栖川宮は、休足所で上参謀両卿（正親町・西四辻）を召して問われるようにと輪王寺宮を促し、自分は参謀らの言う通りにすると述べた(15)。つまり、有栖川宮自身は、これ以上やり取りをし、自分の意見を述べることを避けたのである。

そのため、輪王寺宮は、正親町らと話をしている。しかし、両卿は輪王寺宮に対し、「謝罪の道他なし」として、軍門に罪を謝し、城と軍器と軍艦を献ずるしか方法はないと返した。そして、そうすれば寛大に処し、慶喜を因州・備州に託してその命を助け、徳川家の社稷も立てられるだろうと述べ、詳しくは下参謀（武家参謀）から執当へ内談するようにと促した。ここでもまた、具体的な話は下参謀と寛永寺の執当らへ預けられることになったのである。

両宮を中心とした会談は、以上で終了したようである。結論から言えば、輪王寺宮の哀訴は受け入れられなかったことになる。とはいえ、これまで法親王であるとはいえ、伏見宮の出である輪王寺宮は、有栖川宮に遠慮して、言葉通り「哀訴」に徹し、東征軍からは無碍に扱われたとされてきた。ところが「両宮御応接之写」によれば、有栖川宮と上参謀らに対し、唯一幕府側の立場の人間として会談の場に臨み、単身弁舌をふるっていたわけである。公現法親王の輪王寺宮としての立場や行動は、従来考えられていた以上に積極的なものであった可能性を見直さざるを得ない。有栖川宮と同等に言葉を交わし、時には舌鋒をふるい、慶喜への対応に不機嫌な様子さえ示していたという記述は、注目に値する。この後、奥羽越列藩同盟の盟主となり、最後まで幕府側に身を置いた輪王寺宮の、人となりと覚悟の一端をうかがうこともできよう。

（史料4）

十二日辰刻、宮再び駿府城に赴かせ給ふ。大総督宣給はく。慶喜寺院に閉居し、陳情書を呈すと雖、其行未だ其罪を償ふに足らず。其言未だ其志を明すに足らず。これが為めに奏し請ふ所あらんとするに、何をか拠とすべきと。宮重ねて分疏せさせ給へども聴かれず。両参謀席を退きぬ。宮更に膝を進めさせ給ひて宣給はく。然らば慶喜にして其志を明にし、其罪を償はんと欲せば、奈何にして可ならんかと。大総督、そは参謀に諮らせ給へと宣給ふ。宮退いて両参謀の意見を叩（ママ）かせ給ふ。両参謀の云はく。慶喜居城と軍艦とを献ずべきのみと。下参謀林玖十郎の覚王院に告ぐる所も亦同じ当時西郷隆盛はすでに東下したりき。宮再び大総督を見て宣給はく、慶喜に告ぐべき事をば、使を遣わして告げしめ、予は参内せんとすと。大総督宣給はく。参内の事は思ひ留まらせ給へ、慶喜をして謝罪の道を知らしめ、江戸の人心を安んぜんには、自ら江戸に帰らせ給はざるべからずと、宮諾はせ給ひて、午刻過ぎ辞して還らせ給ひぬ。是日書を京都留守岩井左衛門に遣して、参内を止むることを告げしめ給ふ。又十四日久能山に登りて東に帰らせ給ふことを仰せ出せ給ふ。

さて、詳しくは下参謀と執当とで話し合うようにとの上参謀の言の通り、対面所において、下参謀の林玖十郎と執当の覚王院および自証院の会談が持たれた。林は、西郷は昨日登足してしまったため自分より申し述べると、西郷の不在を説明している。林のこの言葉の裏には、これから自分が告げる内容が、西郷がすでに七日の山岡との会談で話し合い、決定したことであるという事情があったものと思われる。

林と覚王院らの会談については、『自証院記』にも詳しく、「両宮御応接之写」とも、その大要は一致している。林は、蘇我入鹿や平将門、藤原純友など旧史に名だたる反逆者たちの名前を挙げ、朝敵とはこのように大変な重罪であると説くなど、その罪の重さを論し、謝罪を促している。特に、「両宮御応接之写」には、「又此度王政復古の始ニして、殊ニ外国交際の時なれハ、何事も考究して、条理の立を正論とし、条理の立ざるを不正とす、然らされバ、万国ニ推及する事不能故也」との部分もあり、林が当時の国情を鑑みつつ、覚王院らを説得する発言もみられる。

林は、正親町ら上参謀が輪王寺宮に告げた通り、徳川家が軍門に罪を謝し、謝罪の実効を立てるために、城を明け渡し、軍艦を渡し、軍器（兵器）を渡し、家従を向嶋に移すようにと話した。この四つの条件は、慶喜を備前に預けることと共に、七日の西郷・山岡の会談で、山岡が約束した条件と一致している。

そして林は、「七日・八日ニ至て断然朝敵ニ所《処》せらる」と述べ、預かっていた書状などを返してしまった。これは、ちょうど一回目の会談とその翌日にあたる七日・八日頃、官軍と甲州の兵が衝突したことを指していると思われる。東征軍は、甲州の兵に命を出したのは慶喜であったとして、やはり慶喜は朝敵であると糾弾した。輪王寺宮は、その真偽を問うべく、西郷らに使者を送るなどしており、この七日・八日頃の急激な状況の転換に振り回された感は否めない。

林の糾弾に対して覚王院は、「天朝ニ対し奉り一人も弓を引者ハ決して無之」との話だと反論するが、林は答えない。そして、慶喜がすでに恭順していたとしても、士民らの疎暴を禁ずることができないのは「恭順至らざる故也」と、慶喜の謝罪を求める言葉を重ねる。覚王院は、その後も言葉を継ぎ、慶喜と徳川家を擁護し、疎暴のことは、朝廷を怨恨してのものではなく、至情の勢いによるものだとして、何故に慶喜の責にするのかと問うている。

林は、この後も覚王院の問いに答えることはなく、慶喜が寛永寺へ謹慎したのは自分自身の意思によるもので、主上親征とは関係ないと、七日の会談で有栖川宮が輪王寺宮に話したことと同様の見解を示す。このあたりのやり取りからは、東征軍側の姿勢や態度が最初から定まっており、基本的に決まった返答を返していたことがうかがえる。

覚王院は、すでに慶喜が書中において、「何様御沙汰御座候共、聊遺憾無しといへり」として、自分一身を罪に問うてくれるならば、聊かも恨みはないと述べていることを強調し、どうしてこの他に謝罪の道があるだろうかと畳み掛けるが、林は最後まで答えない。

最終的に林は、覚王院らの言葉を受け入れることなく、速やかに江戸に戻るようにと説得する。「速ニ江戸へ帰り、此旨を報こくするにしかず、既ニ恭順を尽し玉ふ上ハ、速ニ謝罪の道を立玉ふべし」との言い様からは、恭順は受け入れたものの、謝罪については既に決められた条件以外には受け入れないという断固とした態度と共に、輪王寺宮を江戸へ戻らせることが、東征軍側にとって重要であったことを感じさせる。

林の言葉の中に、「彼是議論する内ニ、東海道の官軍ハ東宮の御哀訴ニ而、決して川崎内へハ進ミ入ざれ共、中山道甲州の方ハ追々江戸へ迫り、不都合の事もあらん」とあるが、確かにこの時、東海道方面の官軍の先陣は、川崎宿で留まっていた。輪王寺宮の御哀訴によってという表現は、輪王寺宮を立てての表現であろうか。東海道からの官軍の進軍が、輪王寺宮の哀訴によって左右されたとの事実を示す史料は、現在のところ見つかっていない。

林は、もしも輪王寺宮の御寓所すなわち寛永寺へ官軍の者が迫れば不都合なことになると諭し、慶喜に、近習を四・五十人召し連れて、軍器を帯び、小田原城まで入り、因州・備州にその身を託して、謝罪の意を先鋒総督の両人（橋本・柳原）へ申し入れよと述べる。そうすれば、速やかに道も立ち、寛大な処置がなされ、「徳川氏御自分、無別条御家も必らず立べし」と、慶喜の助命と徳川家の存続が可能であると述べている。

「又候大久保一応《(翁カ)》ニ而も、差向あらバ具ニ談判すべし」とあるが、この背景には、七日の西郷・山岡の会談の後、山岡が急いで江戸に戻り、すでにその内容を若年寄大久保一翁と軍事総裁勝安房（海舟）に報告していたという事実があると思われる。大久保が、すでに慶喜の謝罪の条件などについて了承しているという前提があってこその発言であろう。

ここで自証院が、因州や備州に慶喜を託すことに反対を申し立てる。因備両藩は、いわゆる外様大名であり、すでに官軍側についていたため、敵陣の中に慶喜を置くのは危険であるとの危惧は、至極当然のことであった。自証院は、「親藩の三家を然るべきや」と述べる。これに対して林は「宮様ニ而も宜しからん」と答え、覚王院も「此後猶内談も致すべし」として、会談は終了した。

「追而熟考ニし、断然猛省」とあるのは、後になってこの会談の内容を後悔した心情を示した部分であろうか。とすれば、この史料は寛永寺側の人物によるものであった可能性も高い。翌十三日、覚王院は一足早く駿府を発つ。『能久親王事跡』にも、覚王院は十三日に発ったとある。『自証院記』のみは、十二日の夜に発ったとしているが、これは、現在でも午前零時を過ぎ、正確には日が変わっても、「今夜」などと前日の続きのように称することがあるように、夜明け前の出立を、日付の変わる明六ツ時前ということで、十二日の夜と記述した可能性もあろう。

輪王寺宮は、十四日に駿府を発っている。(16)出立までにも、自証院が急に駿府城へ召され、旅路の安全などについてやり取りを行うなど、さまざまな混乱があったことが、『自証院記』に記されている。

覚王院は、十七日午の刻（現在の正午頃）に、寛永寺の子院の一つである大慈院（恵恩院《えおん》）にて慶喜に拝謁し、会談の次第を具に言上した。(17)輪王寺宮が寛永寺に帰山したのは、二十日になってからである。『能久親王事跡』によれば、輪王寺宮は帰路の途中、久能山徳恩院に寄り、別当社家などを引見し、「東照廟」に詣でるなどしている。このような「寄り道」は、もちろん必要があって行われたものとは考えにくい。

東征軍の出した謝罪の条件などが、決して慶喜の意向に沿うものでないことは、輪王寺宮らも承知のことであり、おそらくは輪王寺宮の顔を立てるためにも、覚王院に一足先に寛永寺に戻らせ、慶喜に会談の結果を伝える役を負ってもらったのであろう。

おわりに

本稿では、輪王寺宮公現法親王と東征大将軍有栖川宮の「駿府会談」をめぐり、新たな史料である「両宮御応接之写」を用い、会談の内容や意味合いについて捉え直そうと試みた。

従来、慶喜の処遇や謝罪の条件などが、第一回目の会談と同じ慶応四（一八六八）年三月七日に行われた西郷吉之助（隆盛）と山岡鉄太郎（鉄舟）の会談によって方向づけられたことから、本会談は、ほとんど意味がなく、輪王寺宮は哀願に徹するのみで、逆に蔑ろにされ、覚王院義観が彰義隊を扇動するきっかけとなったものと認識されてきた。

しかし、今回新たに輪王寺宮が、これまで知られていた以上に積極的に慶喜や徳川家を擁護し、有栖川宮ともほぼ対等の立場でやり取りをしていた可能性がでてきた。これは、今まで明らかにされてこなかった輪王寺宮公現法親王の一面としても、非常に興味深い。

また、会談自体の意義も、まったく意味がなかったとするこれまでの考えを、多少なりとも変える必要が出てきたと思われる。会談の具体的なやり取りからは、東征軍側が最初から輪王寺宮の哀訴を受け入れる気がなかったことがよくわかり、その意味では、輪王寺宮の哀訴は徒労に終わったと言わざるを得ない。しかし、それをもって、この会談の意味がなかったとするのは誤りであろう。

「両宮御応接之写」に記された東征軍下参謀林玖十郎の発言からは、東征軍側にとって、二回目となる三月十二日の会談は、すでに七日の西郷・山岡会談によってまとめられた結果を、改めて慶喜に伝え、東征軍側の断固とした意向を示すための役割を、輪王寺宮に託そうとしたとも取れる意図がうかがえる。

十二日の二回目の会談に、そのような意味があったと考えれば、少なくとも東征軍側にとっては、この会談は意味のあるものであったわけである。東征軍側にしてみれば、法親王でもある輪王寺宮をないがしろにすることはできず、かといって結論はすでに出ているのであるから、輪王寺宮らがいかに弁舌をふるって説得しようとも、いかんとも答え難い状況であった。十二日の会談において、有栖川宮が一回目の会談と同じような内容を繰り返したのみで、後を上参謀の正親町らに任せ、さらに執当らに具体的な話をした林が、覚王院の再三の問いかけにも答えず、ただ決められた台詞をなぞるような回答を返すのみにとどまったのも、そのような背景があったからではないだろうか。

この会談が、覚王院による彰義隊の扇動に繋がったかということなどは、また別の問題として、輪王寺宮側がこの会談に失望感をおぼえたり感情を害されたりしても、不思議ではない。維新後、上京を命じられた際に、輪王寺宮は一時的に有栖川宮の屋敷に幽閉され、両宮は再会する。彼らの関係は、決して良くなかったと言われるが、その要因の一つに、この「駿府会談」における宮同士の会談があった可能性は大きい。

とはいえ、従来言われてきたように、東征軍は輪王寺宮にすげなく門前払いを食わせたというわけではなく、宮同士の会談と、事務的とも言える下参謀と執当らの会談を分けて、二段階にして行うなど、それなりの敬意を払った扱いをしていた。そして、輪王寺宮らが、東征軍側の出した条件などを慶喜に直接報告するという自分たちの役割を、正確に理解していたことも確かと思われる。

本会談は、輪王寺宮の哀訴という本来の目的は果たせずに終わった。しかし、別の見方をすれば、有栖川宮ら東征軍にとって、輪王寺宮は慶喜に直に謝罪の条件などを伝え、慶喜の覚悟を促させるための絶好の人物であり、また同時に、輪王寺宮の面目も保てたという意味では、それなりの意義のある会談であったと言えよう。

本会談の内容や意味合いや、輪王寺宮らの人物像などについては、さらに考察を広げる余地があろう。今後の課題としたい。

【翻刻史料】

辰二(二カ)月七日・同十二日両度、駿府ニ於て、両宮御応接之写

七日四ツ時東宮御登営、御上段ニ有栖川帥《そつ》宮と御対座、御下段左ニ橋本中納言・柳原従持(侍従カ)、右ニ正親町左中将・西四辻太夫着座、時ニ東宮出て徳川公の直書帥宮ニ呈して曰、□□(ママ)正月帰東之後、営中ニ謹慎之所、猶御追討使発向之御趣深く恐入、二月十二日東献(叡)山先祖墳墓に閉居、拙僧迄泣血哀訴、実ニ不恩之次第、何分とも寛大之天戴(裁カ)を奉仰候、帥宮則其書を読畢て四卿ニ伝へ下し、於是帥宮曰、□□(ママ)元御暇給わりし会桑を先鋒とし、奉犯闕下反状顕然、既ニ

主上親征之次第と、四卿皆いわく、親大征重大之事、東叡山ニ閉居と軽罪比すべからず、且書《しよ》中を以て先段の行違ひなど虚飾《しよく》の趣、甚だ其意を得ず、御門主定めて御探索《さく》あらせられん、又只恭順といふ、御追使猶予と云玉へて謝罪の実効なし、豈大賀(篤カ)をかへし、重愆を免すに足らんや、東宮曰く、実事を伴がならずも哀訴至るハ、法中世事ニ疎(カ)く見聞を欠するゆへ也、誠ニ赫然ニたへず、然れ共予爰ニ賀(篤カ)を進る者ハ、若必らず追討せバ、数万従子の至庸(カ)、必ず一夫激するや、万卒響応し、終ニ億万炭塗《とたん》に至らん、然れバ王政一新専ら仁徳を行ふ時ニ、蓋懊脳宸襟此余の所以、尤不忍也、皆いわく、誠ニ御殊勝の御事也、然ハ宸襟を安んじ、億《をく》万人を救くふ、慶喜一身の上ニ有而已、東宮曰ク、然らバ如何して可ならん、皆曰く、□□(ママ)の人と成、豈此を知るにたらんや、帥宮いわく、渠(カ)の御宮ニは、御上京御見合、何れニも東帰之上、此事を□□(ママ)ニ告玉ふべし、既ニして幾旬の閑話ありて、後皆曰く、彼是□(ママ)御門主御方の哀訴を空敷してハ不相成事、何れニも熟考評義之上、返答申上べし、東宮曰く、委細の儀ハ執当申上べし、於是橋本・柳原二卿近日発足之暇乞して退く、次て東宮も休息所ニ転座す、次ニ於対面所龍王院・学(覚カ)王院・自咲院《しょういん》(ママ)着座、参謀両卿申入る所、武家参謀西郷吉之助・林珠《たま》(ママ)十郎両人出る、其人の曰い(ママ)わく、拙者共相伺て申旨両卿の命と、時ニ学(覚カ)王院より東宮の御口上書を示し、次ニ徳川公の直書の写を示し、次ニ一橋公の直書、其外列藩六十四名の哀訴状を示し、次ニ徳川公会藩初め御所置の直書、并ニ東宮の添書を示して曰く、其中ニ不しんの事あらハ可被尋と、両人則逐一と読終て、両卿へ申上旨ニ而退き、半時をへて再会して曰く、御書付類、両卿披見具に承知致され、何れも熟考評義之上可及返答、今日別段御達有被成旨申聞、十二日巳之刻御登営、上段ニ而有栖川帥宮と御対座、下段参謀《ぼう》両卿、時ニ帥宮曰く、東台の寺中ニ謹慎するハ自分随意之事、主上親征ニ比すれバ、固より軽重不相当、況や寺中ニ謹慎するハ、東都の者ハ是をしれ共、遠国僻郷強ち知るにしらず、何を以てか天下万民ニ示さんや、且一紙の謝罪是但一身を罪せられん等といふのミニして、謝罪の実効なし、未だ奏聞ニたへずと、爰ニ於て東宮憮然として曰く、然りといへ共必らず征討あらせらるゝ時ハ、慶喜ニ於ても恭順《きやうしゆん》を全くする共、都下数万人民必らず動乱して、徳川氏社稷存亡切迫の極め、数万従子の至情、必らず三夫激呼し、万卒饗応の変を生じ、終ニ億万塗炭ニ至らん、然る時ハ、王政復古仁政の始め、蓋宸襟を脳すべし、此余の深く恐るゝ所也、猶諒(ママ)察せよ、帥宮曰く鸞輿をかへし、宸襟を安じ、其罪を謝し、塗炭をすくふ、慶喜一身の上ニ有而已と、則ち徳川公の御直書を帰(ママ)し、参謀両卿又退座す、東宮膝を進めて、私ニ帥宮と(ニ脱カ)ふて曰く、為哀訴遠是ニ至る空子(手カ)ニして還る、何を以て慶喜ミんや、且数万の従子鎮静、今ニ至る者ハ予が哀訴必らず成功すべしと思へる故也、今日の事帰り告けバ恐らくハ変動せん、敢てとふ、如何セバ謝罪をするの道たへる、帥宮曰く、其事既ニ内談し置、先ニ何ぞ是を問わさる、東宮曰く、厳威恐らくハ私語を不容所也と、爰ニ於て帥宮曰、休足所ニ於て参謀両卿を召して問玉へ、則ち其言の如くす、両卿曰、謝罪の道他なし、軍門に罪を謝し、大城及び軍器・軍艦を献ずる而已、如此なれバ、則ち寛典ニ是を処し、慶喜を因備ニ詫(託カ)して、其自命を全ふし、必す其社稷を立ん、具ニ武家参謀ゟ執当へ内談すべしと、次ニ対面所ニ而学(覚カ)王院・自証院へ林玖十郎面会して、西郷ハ昨日登足ニ付、拙者ゟ申述候、抑朝敵と申事ハ、至而重き事ニ而、古へ入鹿将門澄(純カ)友等の事、旧史ニミへたる通り、近来長州の如き福原始めの首級を献ずる等云く、其時ハ徳川御所置候而、至当共不致也、然るに当時至誠、　朝廷ニ貫徹之御赦免ニ成たり、又此度王政復古の始ニして、殊ニ外国交際の時なれハ、何事も考究して、条理の立を正論とし、条理の立ざるを不正とす、然らされバ、万国ニ推及する事不能故也、扨徳川家此度の事ハ、何れニも軍門ニ罪を謝し、大城・軍艦・軍器を献じ、家従ハ向嶋ニ移し、謝罪の実効を立べしと、則帥宮御方の御口上書初、不残差戻して曰、徳川氏御直書の如き、且正月三日会桑を先鋒とし、奉犯闕下、会桑敗走ニ及んで、猶従子の擁幣《ようへい》(壅蔽カ)ならんと、御仁恕被為在しに、坂城より麾下の士属出戦す、是ニ依て七日・八日ニ至て断然朝敵ニ所(処)せらる、何ぞ猶先供行違ひと虚飾するや、覚王院曰、関東の者申分ハ会桑其外麾下の出会ニ及びしも、天朝ニ対し奉り一人も弓を引し者ハ決して無之、種々と一同噂致すと、林答えす、又曰、士方の四民輻輳《ふくそう》の地なれバ、万一心得違ひの者有之哉も計り難きといふが如く、其君既ニ恭順して、其段等の疎暴を禁ずる事能わす者ハ恭順至らざる故也、覚王院曰く、其君恭順致すといへ共、其従として主君社稷存亡の間、家眷流離の時心乱れ魂ひ琑す、疎暴の発するも又宜ならずや、是朝廷を怨恨するにあらずや、至情の勢ひ然らしむる者なり、何ぞ其君ニ及し玉わんや、林又答へず、又曰く、東台へ謹慎するハ自分随意の事、主上親征と相当らず、覚王院曰く、慶喜書中既ニ曰く、何様御沙汰御座候共、聊遺憾無しといへり、今比ニ一ツの従子有罪を君宮ニ得て、曰く一身を罪し玉へ、聊かうらミなしと、豈ニ此外に謝罪の道あらんや、林終ニ答へず、暫く有て曰く、彼是議論する内ニ、東海道の官軍ハ東宮の御哀訴ニ而、決して川崎内へハ進ミ入ざれ共、中山道甲州の方ハ追々江戸へ迫り、不都合の事もあらん、速ニ江戸へ帰り、此旨を報こくするにしかず、既ニ恭順を尽し玉わハ、速ニ謝罪の道を立玉ふべし、若や東台の御禺（寓カ）所へ官軍の者迫り、応（要く）して出る様ニ而不都合ならん、夫〻御近習四・五十人御召連、軍器を帯び、小田原城迄も入せられ、因備ニ托して謝罪の事を先鋒両人へ申入玉セハ、速ニ道も立、寛典ニ是を所（ママ）し、徳川氏御自分、無別条御家も必らず立べし、又候大久保一応（猶カ）ニ而も、差向あらバ具ニ談判すべしと、自証院曰、因備を托する事、親藩の三家を然るべきや、林曰、宮様ニ而も宜しからん、覚王院曰く、此後猶内談も致すべし、追而熟考ニし、断然猛省、翌十三日発程、十六日未の刻西城ニ報じ、十七日午の刻、恵恩院ニ而徳川公へ拝謁之上、具ニ言上し、東宮ニハ十四日発程、廿日に帰山し玉ふ

註

（1）この会談については、当時から定まった名称があったわけではない。「駿府会談」と称した場合、慶応四年三月七日に、西郷隆盛と山岡鉄太郎が駿府の松崎屋源兵衛宅で行った、いわゆる江戸城の無血開城へと向かうきっかけとなった会談などを指す場合が多いが、本稿では、輪王寺宮公現法親王と東征軍総督有栖川宮熾仁親王らの駿府城における二回の会談を総称して、「駿府会談」とした。

（2）家近良樹『徳川慶喜』吉川弘文館、二〇〇四年。松浦玲『徳川慶喜　増補版』中公新書、一九九七年増補。渋沢栄一『徳川慶

喜公伝４』東洋文庫、一九六八年。玉林晴朗「覚王院義観」『埼玉史談　八』一九三七年。『台東区史』東京都台東区役所、一九五一年。『台東区史　通史編Ⅱ』台東区史編纂専門委員会編、台東区役所、一九九七年、薄井福治「彰義隊戦争と輪王寺宮」『明治戊辰』文明協会編、文明書院、一九二八年。菅原信海『日本仏教と神祇信仰』春秋社、二〇〇七年、ほか。

(3) 藤井徳行「明治元年・所謂「東北朝廷」成立に関する一考察」『近代日本史の新研究1』学文社、一九八一年。長島進『覚王院義観の生涯』さきたま出版会、二〇〇五年。

(4) 森鷗外『能久親王事跡』東京階行社内棠陰会編、春陽堂、一九〇八年。「自証院記」『復古記』内外書籍、一九二九年。
公現法親王は、上野戦争によって、寛永寺から東北へと身を移し、仙台藩に身を寄せていたが、明治元（一八六八）年九月に仙台藩が新政府軍に降伏すると、京都で蟄居を申し付けられる。翌二年九月には処分を解かれ、同三年十月には伏見宮家に復帰、明治天皇の命により還俗し、幼名の満宮と呼ばれた。その後、同五年三月に、北白川宮智成親王の遺言により、北白川宮家を相続したため、北白川宮能久親王と名乗るようになる。明治二年十月に一時的に輪王寺宮の座に戻るが、後に北白河川宮家を相続し、北白川宮能久親王と称した。『能久親王事跡』は、その事績を記した史料である。

(5) 山崎有信『彰義隊戦史』隆文館、一九〇四年。

(6) 勝海舟『戊辰日記』日本史籍協会叢書、一九七三年。

(7) 註（3）参照

(8) 藤井は、註（3）論文において、徳川幕府は、憂事の際には朝廷に対し、輪王寺宮を新たな天皇として擁立しようという思惑があったと考察している。

(9) 但し、大久保利謙編「上野輪王寺宮執当職大覚王院戊辰日記」『江戸　第六巻』（教文舎、一九八一年）などからは、輪王寺宮が奥羽越列藩同盟の盟主となることに消極的であったことがわかる。

(10) この他、東征軍下参謀の林玖十郎を、「珠十郎」と記し、わざわざ「たま」と振り仮名を振っている部分があるが、これは、原文が「珠」となっているように読めたため、わざわざ振ったものであると推測できる。これが明らかに林玖十郎のことであるのは、その後の記述からも明らかである。

(11) 駿府城の間取りなどについては、平井聖ほかによる研究がある。なお、下段の左右は、両宮から見てのものか、両宮に向かってのものかは、この記述のみからでは判断できない。

(12)『熾仁親王日記　二』（東京大学出版会、一九三五年）の慶応四年三月七日の条には、「輪王寺宮入来面会之事」として、「一、同出会歎願之次第承置候事」と「一、同執当下参謀両人面会之事」が別項にして記されている。

(13)慶喜の書が、「両宮御応接之写」では「直書」と表現されているのに対し、『能宮親王事跡』では「陳情書」、『自証院記』では「謝罪状」とされている。恭順の意を示し、慶喜一身のみを罰する寛大な処置を請うている内容は、「謝罪」ではないとして受け付けない東征軍側からすれば、「謝罪状」ではない。「謝罪状」も「陳情書」も、ある意味では慶喜（幕府）の側に立った表現とも言える。その意味では、「両宮御応接之写」は、慶喜自筆の書であるとして、「直書」と書いたものと思われる。慶喜の「直書」は、原本を輪王寺宮が有栖川宮へ呈し、その写しを覚王院らが下参謀へ呈している。

(14)この時呈された書状は、『徳川慶喜公傳　史料編三』（東京大学出版会、一九一八年）などによって確認できる。「列藩六十四名の哀訴状」とは、『自証院記』に見られる「徳川譜代の大名二十一軒御詫書連署」と、『徳川慶喜公傳』などに見られる諸侯四十三名の連署による哀訴状を足した数かと考えられる。

(15)「両宮御応接之写」にある「休足《（息）》所」と、『自証院記』（史料1）で輪王寺宮らが一時控えていた「対面所」が同じ場所を指すかどうかは明らかでないが、いずれにせよ、最初の宮同士の会談の間、覚王院らは別の場所で控えていたものであろう。

(16)『能久親王事跡』からは、さらに十四日の「払暁」であったことがわかる。

(17)恵恩院とは、当時の大慈院の住職であった常達の院室号であるが、このような呼称は、寺内の関係者など以外はあまり知られておらず、現在、恵恩院が常達の院室号であったことを確認できる史料は、常達直筆の書状（「大慈院文書」（志村家蔵））のみである。このような特殊な呼称が正しく用いられている点も、この史料の信憑性を裏付ける根拠のひとつと言える。

佐賀の乱の発端について

―毛利敏彦氏の佐賀の乱・新論を批判する―

田村貞雄

二〇〇四年七月三十日付の『毎日新聞』西部版夕刊に掲載された「再考・佐賀の乱　士族反乱ではなかった」と題する毛利敏彦氏の新論は、荒唐無稽の謬論である。久しく学界誌で同氏の論を見なかったので、氏の健在を喜ぶ半面、氏の学問は完全に袋小路に入り、混迷の度を深めているのを悲しむ。

これは六月二十七日に佐賀市で行なわれた「佐賀ときめき大学」の講演会で発表された内容のようで、翌六月二十八日の『佐賀新聞』に講演の要約が紹介されている。その後、二〇〇四年十一月七日にも佐賀市内でふたたび講演され、その記録が『佐賀戦争、百三十年目の真実――出兵の根拠とされた事件は存在したか――』（明治維新史研究会、二〇〇五年三月）と題する小冊子で発表された。わたしは、右の記事につづいてこの小冊子を読み、本稿を書いて、自分のホームページに発表した。

その後、毛利氏は次の論文を公表された。

「小野組の官金は略奪されたか――佐賀戦争直接原因論」（『明治維新史研究』二号、明治維新史学会、二〇〇五年十二月、一―八頁）[1]。

きわめて衝撃的な表題であるが、しかしこれには著しい違和感があった。というのは、かって佐賀の乱について一文

を草したわたしとしては、小野組襲撃事件は認識していたが、官金略奪という内容を認識していなかったからである。(2)

佐賀の乱については、佐賀県庁文書、大隈文書、公文録、太政類典、大木喬任文書等を精査して積み上げてきた揺ぎのない研究の歴史がある。

すなわち杉谷昭氏の「佐賀の乱覚書」(3)（一九五五年）、「佐賀の乱以後」(4)（一九五六年）及び「佐賀の乱小論――大隈文書を中心として」(5)（一九五八年）をはじめとして、(6)「明治初年における対外政策と士族反乱」（一九七七年）(7)、長野暹氏編『「佐賀の役」と地域社会』（九州大学出版会、一九八七年）所収の堤啓次郎氏「明治初期における地方支配の形成と士族反乱」(8)及び長野暹氏「佐賀地方における士族層の存在形態と『佐賀の役』」(9)がある。さらに堤啓次郎氏には「明治初期における地方支配の形成と士族反乱」一～四（一九八二年～一九八六年）(10)、「士族反乱鎮圧と権限『委任』問題」（一九九七年）(11)、「佐賀の乱と警視庁巡査」（一九九九年）(12)「士族叛乱後における県治体制の再編」一～三（二〇〇一～二〇〇四年）(13)、など一連の論文がある。最近では岩村等氏の「佐賀の乱拾遺」（二〇〇一年）(14)と杉谷昭氏の近作「前原一誠と佐賀の乱」（二〇〇三年）(15)が注目される。以上のように佐賀の乱については、汗牛充棟ともいうべき多数の精密な研究が行なわれてきており、異論を差し挟む余地はほとんどない。

学問は、多くの先行研究の蓄積の上に成り立っており、これを無視して研究を進めることはできない。小説家なら史実を離れて、非現実的世界を創造することが許されようが、歴史学では、研究史と史料に立脚した叙述しか許されないのである。

毛利氏の新論については、おそらく杉谷氏や堤氏、岩村氏らが全面的に反論をされるであろうが、わたしは史料の扱い方を中心に、史料的根拠と分析方法を批判しておきたい。

毛利氏の講演は次の四項目からなっている。

一、出兵命令発出の直接の根拠は？
二、小野組の官金は略奪されたか？
三、にもかかわらず出兵が強行されたいきさつは？
四、佐賀現地は沈静化していたのに戦争が仕掛けられた

毛利氏の論点の一から三は、一八七四年二月一日の憂国党による小野組襲撃が、官金強奪に失敗したことをあげ、いまだ反乱の徴候がなかったのに、政府が出兵命令を出したという点にある。しかし強奪未遂であっても犯罪であり、政府が反乱準備の開始と判断して出兵命令を出したという従来の通説はいささかも揺るがない。この点だけでも、毛利氏の新論は、まったく成立しないのである。ここでは史料を示して、より詳細に述べておこう。

論点の四は、二月十五日の佐賀県新権令岩村高俊の率兵入県をめぐる問題である。前日の二月十四日には佐賀市内は平静を保っており、反乱の兆候はなかったと毛利氏はいわれる。これは、この時期の佐賀県政をすでに征韓派が掌握していたとする従来の見解とまったく異なる主張である。平静であっても、いかなる県政のもとに平静であったか、毛利氏はまったく触れていない。これは保管されていた小野組の官金が県庁で引き渡されたことを、正常化と見るか、征韓派の掌握と見るか、政府はどう認識したかを見る必要がある。

しかも二月十五日夜の熊本鎮台軍の佐賀城入城をした数時間後に反乱軍が大挙これを攻撃し、鎮台軍将兵の半数を死傷せしめる大勝利を得た。いかに相手が長時間の行軍と海難で疲労困憊していたとはいえ、大砲数門を含む相当の軍備をもって攻撃したのであり、事前に相当の武器の蓄積をしていたことは明らかである。反乱の気配がなかったなどとは到底言えないのではないか。

これに附随して、毛利氏は熊本鎮台の谷干城司令長官の情勢判断の問題を提起されている。谷司令長官は佐賀の情勢を楽観したが、佐賀県権令岩村高俊の要請で、やむなく出兵したと毛利氏は主張されるが、佐賀の乱に際しての谷の周

辺史料について、なんら分析がなく、後述するように、これはまったく毛利氏の臆断としか思えない。

　さらに佐賀の乱は、江藤新平が当初反乱と無関係であったことを、内務卿大久保利通は認識していた筈だと毛利氏は主張されるが、果たしてそうであろうか。大久保による強硬な鎮圧策であったことは否定しないが、しかし政府側は江藤に関する情報をある程度収集しており、それにもとづいて江藤が首謀者であると認定していたと推測できる。

　なお佐賀の乱の分析に際しては、後述するように電信と郵便という情報手段の時間差を考慮する必要がある。電信はすでに東京長崎線が開通しており、政府側はフルにこれを活用した。政府側の勝利は電信の利用によることが大きい。ただし初期の戦闘で活躍する熊本鎮台へは、佐賀電信局から電報が配達されるので、一～二日の時間差が生じている。

　郵便は瀬戸内海経由の汽船で運搬されるが、内海航路に就航していたアメリカの太平洋郵便汽船（パシフィック・メール、ＰＭ）等に託されていたが、佐賀から東京までは約十日またはそれ以上かかっていたと推定される。出航日によって到着日数は多少の差がある。山口県、あるいは福岡県からは、佐賀よりは一～二日短い日数であろう。

　ただし、個人の旅行であれば、もっと早く東京に到着できる。一八七一年十二月山口県参事に任命された中野梧一は、任地山口に赴任する際、東京大阪間をアメリカ船で二泊三日、大阪三田尻間を民間船で三泊四日かかっている。さらに長崎まで二泊三日を要すると見れば、最短で七泊八日で到着できよう。長崎佐賀間は一日で移動可能であろう。佐賀の乱鎮圧のため福岡に出張した大久保利通一行は、アメリカ船をチャーターして、二月十四日出発、十九日到着の五泊六日であった。もちろん途中で大阪に寄り、政府および軍首脳と協議しているから、直行すれば四泊五日で到着できたであろう。

　したがって、某月某日に現地で書かれた文書を、いつ東京（政府）で読んでいるかの推定なしに、情報と意見の伝達を考えることは出来ない。時間差があるのである。

　以下、これらの諸点を検討し、毛利氏の新説が、史料の分析不足や一方的な思い込みによる妄説であることを論証せんとするものである。

一　小野組襲撃事件

毛利氏がいわれるように、同年二月一日の憂国党による小野組襲撃が、官金強奪に失敗したことは確かである。しかし強盗未遂は強盗罪よりは刑一等減じられるとは云え、立派な犯罪である。江藤新平が司法卿に編纂に関与し、一八七三年六月に政府が公布した改定律例にも、そのように規定している。すなわち律例一二六条では武器を持って襲い、かりに金品を得られなくても、懲役二年、その際の殺人は斬、傷害は絞である。一二七条では「財ヲ捜セス」者には刑一等減じるとある。いずれも無罪ではない。未遂だから犯罪にならないというのは、あたらない。

小野組は官金預かり業者（府県為替方）であるから、憂国党の襲撃は官金強奪の目的を持っており、これは反乱の開始とみなされても仕方がないであろう。

まずこの問題から諸史料を分析してみよう。

（1）電報と報道

もともと小野組襲撃の際、官金が強奪されたという記録も報道もない。

最初の電報は二月二日付で、次の通りである。

サガケン。カンゾク。テラニ。アツマリ。セイカンロン。ヲ。サカンナリ。イッサクヤ。ドヲケン。ヲノクミニ。セマリ。テダイ。ノコラス。ニゲサリタリ。ミギワ。ケンチョウヨリ。トヲケイ。シュッチョウショエ。デンポウスルトコロノ。マヽニ。ゴザソロ。ナホ。ヲイヲイタンサク。ヲントドケ。モウシアゲ。ソロナリ(16)（「より」の合字

は「より」とした）

（佐賀県貫属、寺に集まり、征韓論を盛んなり、一昨夜同県小野組に迫り、手代残らず逃げ去りたり、右は県庁より東京出張所へ電報するところのままに御座候、なお追々探索を御届申上げ候也）

右は佐賀県から同県東京（当時は「トウケイ」と発音していた）出張所への電報であり、同所が政府（内務省か）へ電報したものである。これは大隈文書所収のもので、三条家の赤い罫紙に書かれており、伊藤博文から三条実美に届けられたものの写しである。

佐賀県より別紙写之通電報有之候ニ付、不取敢此段御届申進候也

七年二月二日　　工部卿伊藤博文

太政大臣三条実美殿

三条がこの写しを大蔵卿であった大隈重信に回送したのであろう。

参議木戸孝允は、電報の写しを受取りながら小野組を三井組と錯覚して、「佐賀士族、朝鮮論を唱へ、三井組に入、乱暴せし伝信あり」（木戸日記一八七四年二月四日条）として、記している。かれはつづけて「佐賀始より為天下、無寸功、害天下甚深」と記している。

一般には、公文録に収録されている福岡県からの内務省宛の二月二日午後八時発・三日着の電報として知られている[17]が、これは右の前半の内容に相当する。

サガケン（佐賀県）カンゾク（貫属）テラニアツマリ（寺に集まり）。セイカンロンヲ（征韓論を）サカンナリ（盛んなり）[18]、トナエ（唱え）、ヒビニ（日々に）イキヲイ（勢い）、サクヤ（昨夜）オノクミニセマリ（小野組に迫り）テダイ（手代）ノコラス（残らず）ニゲサリタリ（逃げ去りたり）

これはすぐ公表されたらしく、各紙にも順次掲載された。いずれもほとんど右の電文通りである。

『郵便報知新聞』二月五日付（二五七号）。

頃日の伝聞に佐賀県管下の貫属数百名寺院に屯集し征韓論を主張し日々人数増加し其勢ひ盛んにして既に去月三十一日の夜金策の為めなるか同県下小野組に迫りしかば手代ら残らす迯去りしといふ猶確報を得て後号に記すべし

『日新真事誌』二月五日付（二二〇号）。

去る二日筑前福岡県発線の電信に曰、佐賀県貫属刹舎に集まり征韓論を唱へ勢ひ日々に盛んなり昨夜小野組に迫り手代残らす迯去りしと云々

『東京日日新聞』二月五日付（六〇〇号）。

本月三日午後八時福岡県ヨリノ電報ニ云ク、佐賀県士族等或ル寺ニ集リ、征韓論ヲ唱ヘ、日々イキヲイ盛ナリ、昨夜小野組ニ逼リシカバ、手代残ズ逃去リタ（リ）

『新聞雑誌』二月八日付（一九八号）。

本月三日午後八時福岡県ヨリノ電報ニ云ク、佐賀県士族或ル寺ニ集リ、征韓論ヲ唱ヘ、日ニ勢ヒ盛ナリ、昨夜小野組ニ逼リ、手代残ラズ逃ゲ去リタリト

ただし小野組を襲撃したのは、征韓派ではなく憂国党の誤りであったことは、すぐ判明する。

これより先、一月中旬に小野組が強盗に襲われたという風聞があった。これは佐賀ではなく、多分東京の小野組である。ところがこれは誤報であった。

『新聞雑誌』一八九号（一月中旬）が最初に報道しようとしたが、誤報であるため記事を差し替え、一九〇号（一月中旬）で全面取り消したのである。[19] ところがすでに一八九号は三〇〇部ほど出回ったらしい。[20] 現在のマイクロフィルムの一八九号は、すでに誤報記事がカットされたものである。

この誤報について、『郵便報知新聞』二月四日付（二五六号）は、次の投書を載せている。

此頃出板新聞雑誌に小野組へ強賊乱入の件を記載之第百九十号へ一時無根之世評なりとて疎漏の罪を謝したれども、是等の事件を載示するハ、能々社中の者注意すべき事にて、第一其区警視の巡邏緩急に渉り、第二今天下の巨商小野組に暴賊押入し抔、巷説紛々たる時ハ、全国一般同組関係の商家許多の者、只管驚愕疑懼を起して大に金融に拘るべきなり、重て是等の事件街評あらば、其局へ報告者の実否を捜索し、聊因もなければ衆庶の虚説に疑惑にして自然金融妨げならんと其巷説を氷解せん為め、貴社に託して陳ずるものハ人の疝気を頭痛に病む桐の屋の主なり

その『郵便報知新聞』が佐賀小野組襲撃事件を報じるのは、翌二月五日付（二五七号）である。『新聞雑誌』の誤報のあとだけに、各紙とも報道は慎重で、政府や小野組が公表した電文をなぞるだけの報道が多い。官金を強奪されたとする報道はほとんどないのである。

つまり政府は、官金の強奪ではなく、襲撃されたという情報だけで、これを暴動の開始とみなし、鎮圧方針を決定したといってよいであろう。官金の強奪の有無ではない。

（2）官金無事の電報

長崎県庁からの報告書がある。大隈文書中の佐賀県征韓派動静報告書(21)である。

これは佐賀県権少属藤井伝八の話として、藤井は、小野組手代の逃亡のため、県庁の業務に支障が生じ、また士族家禄金三〇万円を支払うのに、金が必要であり、小野組の長崎出張所に掛け合いに来た。この家禄金は県庁の財政を握りつつあった征韓派が上京資金として県庁に準備させつつあったものであるが、宝琳院派（憂国党）にはなんら資金準備がなく、官金を保管している小野組に直接「金談」に及んだのである。すると恐怖した手代たちは逃亡し、長崎に引揚げたと記している。

憂国党は金を寄越せと脅迫したが、手代たちは、機転を利かし、金を隠したか、持ち去って難を逃れたのである。そ

して毛利氏の紹介するように、数日後より、金は無事だという連絡が入電しはじめているのである。

しかし官金強奪がなかったと分っても、政府は鎮圧方針を撤回しなかった。憂国党は金の強奪を目的に襲撃した事実は変わりなかったのであり、たんに失敗したに過ぎなかったからである。これが反乱の開始でなくてなんであろう。

藤井の報告書は、あとでもう一度取り上げる。

(3)官金強奪報道の吹聴

同年中の報道で明確に官金強奪を記しているのは、管見の範囲では仮名垣魯文『佐賀電信録』(一八七四年九月)[22]だけである。すなわち一月十六日の征韓派による議事所借用事件を記した後、次のように記している。

斯くて暴徒等、富豪に依りて先づ軍費を募らんと、二月二日、予て佐賀に出張せる小野組為替会社に突入し、銃砲に四辺を囲み、数名の刀殺気を含み、否と言はゝ屠戮せん形勢なるにぞ、会社老管代理の数輩恐怖戦慄狼狽し、右往左往に遁逃しかば、暴徒等縦に金庫を開扉き、銀貨楮幣の差別なく二十万円を掠奪せり。其他県下農商を撰ばず、福有富豪の家と看做せば、多勢進入して、征韓軍費を課すると唱へ、金銀米穀兵器等を強奪し、専ら暴威を振ひつゝ、猶隣県に説客を出し、各貫士族枉誘の謀策を巡し、今は三党(征韓、攘夷、封建)合併して、容易ならざる挙動なるにぞ(以下略)(四ページ)

右の文章全体の主語である「暴徒」は、一月十六日に議事所借用事件を起した征韓派であり、かれらが小野組の二〇万円強奪のみならず、佐賀の富豪宅への征韓軍費の賦課、金銀米穀兵器等の強奪を行なったというものである。

しかし小野組襲撃は、征韓派ではなく、封建派といわれる憂国党の行動であったことがすぐ判明しているのに、まったく訂正していないなど、誤りと誇張に満ちたものとなっており、この書は際物といってもよい。「三党(征韓、攘夷、封建)合併して」とする内容もおかしい。マスコミのきわめて杜撰な報道の一例である。

同書が刊行されるのは、一八七四年九月であるが、序文に相当する小引の日付は同年六月十五日である。『明治史要』（一八七五年十月十日刊行）は、「佐賀県士族、征韓封建等ヲ名トシ、党ヲ分テ嘯集シ凡テ二千五百人、小野商会ノ官金ヲ略奪ス。本月一日ニ在リ」と述べ、諸情報を載せている。ところが割注には「小野商会ノ金帛ヲ奪フノ事ハ、太政官日誌達書、江藤以下口供、公文録佐賀平賊始末、陸軍省日誌皆載セス。独リ陸軍省佐賀征討日誌三日ニ電報ニ、県士小野商会ニ迫リ、手代皆逃ルト記ス。マタ金帛略奪ノ事ナシ」と記している。

同書本文の「小野商会ノ官金ヲ略奪ス」という情報は何を根拠にしているのか、典拠を記していないのである。この本文は、恐らく『佐賀電信録』などがつくりだした虚構の報道に迎合したに過ぎない。仮名垣魯文『佐賀電信録』がふたたび世に出るのは、越川貞一（伊藤痴遊）編纂の『佐賀変乱史料』（一九二六年）[23]に収録されたからである。これがさまざまな俗説を再生産したのであろう。

したがって、毛利氏が、後年の粗雑な編集である『明治天皇紀』（一九一五年—一九三三年編纂）[24]を挙げられたのは、まったく理解に苦しむ。

われわれ日本近代史の研究者は、だれも基本的資料としては宮内省臨時帝室編修局編修『明治天皇紀』をあてにはしていない。これは宮内省の編纂物で、有力な歴史家の参加はなく、国家の正史ですらない。もっとも国家の正史というのは、だいたいその国家——王朝や独裁者に都合のいいもので、もともといい加減なものばかりである。虚構の権威を持ち出して学問上の論議をするのは、おおよそ見当違いというものである。

もし旧説を学問的に批判し、新説を提唱されたいのであれば、『明治天皇紀』などではなく、冒頭に挙げた研究論文を批判してからにしてもらいたい。それが学問的方法というものである。

毛利氏がいくら小野組の官金は奪取されなかったといっても、まったく意味がない。要するに、小野組の襲撃そのものが、政府の鎮圧方針を決定させたのであって、官金の奪取の有無は問うところではなかった。

(4) 小野組預かりの官金の行方

数日後小野組は、長崎出張所等から毛利氏も指摘されたように、官金は無事であったという電報を送ってきている。しかし同時に預っている官金を県に引き渡し始めている。(毛利氏は福岡県に逃亡した鶴岡という手代を怪しいといっているが、かれはすぐ長崎に行き、小野組出張所に逃げ込んでいる。佐賀から長崎へ直行するのが危険だから山岳地帯を経て福岡経由で長崎に行ったに過ぎない。怪しいところは一つもない)。

しかしこれは征韓派の掌握する県庁への引渡しであり、征韓派の上京準備資金に流用される危険をともなったもので、決して正常な状態への復帰ではないことも考慮しておくべきであろう。手放しで正常化とはいえないのである。

二月九日に到着した長崎からの電報を見て、工部卿伊藤博文は、次のように三条実美と大久保利通に書き送っている。

この電信を以て見候へハ小野組金ハ佐賀県にて預り候趣ニ相見へ申候、左スレハ賊手ニ在ル必然ナリ(25)

この伊藤の書簡が示すように、小野組預かりの官金が無事で、佐賀県庁に引き渡されたことをもって、政府は官金が「賊手」に落ちたと判断しているのである。すでに佐賀県庁が、征韓派に占拠されているという認識である。つまり毛利氏の判断とはまったく異なって、佐賀県庁の奪還が政府の鎮圧方針の目標になってきているのである。

二　反乱の兆候と鎮定方針の決定

政府の強硬方針は、一月十六日の征韓派の議事所借用及びその後の県庁の人事と財政の壟断、征韓派による県庁の制圧という情報によって、醸成されつつあったのであり、小野組襲撃事件は、その引金を引いたに過ぎない。もう後戻りはしなかった。それが政治である。

（１）政府の鎮圧方針の発端――赤坂喰違坂の変

大久保内務卿中心の政府が西国の動向に緊張するのは、一月十四日の岩倉具視襲撃事件（赤坂喰違坂の変）からである。一月十七日付の山口県権令中野梧一宛の井上馨書簡によれば、[26]「喰違ひ件、大久保・伊藤・木戸等殊ノ外憤激仕候故、最早兵力を以夫々手ヲ下之決、昨日相極リ申候」とある。「当時ノ政府ハバンクロップ」「我々人民ハ三藩ノ御手習反故ト相成候テ、三千万人ノ面ハ墨を塗抹し黒レボフト相成ハセヌカト懸念至極」「陸奥（宗光）[27]・岡本（健三郎）[28]・小野（義真）[29]・竹内（綱）[30]・芳川（顕正）[31]等辞職セリ」などと政府の破産（bankrupt）の危機と暴動（revolt）の発生を予感していた文言が並んでいる。この段階で政府首脳は、予想される士族反乱の武力鎮圧を決意しているのである。[32]

この一月十七日付の書簡は、中野梧一日記の一月三十日条に記されている。中野梧一日記には一月二十一日に赤坂喰違坂の変の第一報が記されている。電報はその日のうちに届くが、郵便では十日以上かかっている。もう一例挙げよう。「江藤参議等ノ動静ヲ報ズル書翰」[33]は、「二月三日認　佐賀県下新地八丁馬場清涼亭ヨリ出ス」とあり、「右二月十三日東京到達」とあり、佐賀東京間がちょうど十日である。郵便は前述したように国内航路に就航していたアメリカの太平洋郵便汽船（パシフィック・メール、ＰＭ）等に託されるが、出航日によって到着日数は多少の差がある。したがってある日付の文書があっても、それを相手方がいつ読んだかは、考慮する必要がある。

電報は東京長崎線が開通しているから、山口・福岡・佐賀・長崎は、瞬時に情報が伝わることにも留意したい。政府高官の文書はたとえ長文でも電報が利用された可能性がある。たとえば二月六日ころ提出されたと思われる谷干城熊本鎮台司令長官の文書（七日または八日佐賀電信局から発信か）を、伊藤博文が読んで、二月十日に大久保利通と協議している。これは長文の電報で送られたものと思われる。

電信の利用は政府側にきわめて有利に、反乱軍側に不利に作用したことは、従来も指摘されている。なお後述するが、東京から熊本鎮台への電報は、佐賀電信局から届けられるから、一〜二日余計にかかることも留意しておきたい。

この時期、一月十七日には前参議五名を中心に民選議院設立建白が提出され、これが『日新真事誌』に掲載された。これは大きな衝撃と波紋を呼び、多くの建議が次々と提出されるようになった。やがて明六社のメンバーによる時期尚早論との論戦が、波紋を広げた。

しかし政府は新聞雑誌による言論戦の拡大については、傍観している。讒謗律と新聞紙条例を出して言論弾圧に転じるのは、翌一八七五年からである。政府は言論戦には介入しなかったが、それよりは不平士族の実力行動に過敏に反応した。すでに多くの鹿児島・佐賀・高知の官僚及び軍人が大挙して辞職して帰郷しているのである。かれらの動向を注視し、実力行動に出ることを最大限警戒していたのである。

(2) 一月十六日事件と権令の交代

右の赤坂喰違坂の変と民選議院建白提出の二事件とほとんど前後して、一月十六日の征韓派の議事所借用事件の情報が参事森長義から報告されてきた。一月二十一日付[34]と一月二十三日付[35]の二つの文書がある。前者は電報とされるが、かりに郵便だとしても佐賀で投函すれば、おそらく四日ないし五日で東京に届いたものと思われるから、二十八日ころには両者とも政府に届いていたであろう。

ここで佐賀の乱勃発に関する基本的公文書(刊行物以外)を紹介しておく。

1、「公文録」及び「太政類典」(国立公文書館所蔵)

2、大蔵卿大隈重信に提出された文書[36](「大隈文書」早稲田大学附属図書館特別資料室所蔵)

3、右大臣岩倉具視に提出された文書(「岩倉具視文書」マイクロフィルム)

4、佐賀県庁行政資料「官省進達」（佐賀県立図書館郷土資料室所蔵、『佐賀県明治初年行政資料目録』参照）

5、「明治七年佐賀動乱諸報告」（佐賀県立図書館郷土資料室所蔵　S206-Sa15　佐賀県の諸文書のほか、賊情電報、賊情報告などを収録。佐賀弘道館記念会の用紙にペンで縦書されている。二五センチ、全一〇四丁。原典不明のため史料的価値はやや低い）

さて、すでに弘道館に屯集していた征韓派は、一月十五日の中島鼎蔵、香月経五郎、村山正治の三名の帰郷によって気勢を上げ、十六日には県が開設した議事所の借用を県に申し出た。

前年十月の征韓論政変ののち、十一月下旬に東京の江藤新平宅に山中一郎、中島鼎蔵、朝倉弾蔵、香月経五郎、村地正治が会合し、西郷隆盛、桐野利秋らと協力して、非「征韓」派を排撃することを決議している。中島と村地は十一月二十六日に東京を出発、鹿児島の塩浸温泉で桐野利秋に面会して、決起を促した。しかし桐野は当面自重すると答え、物別れになった。この時の問答が村地正治の伝記である『蝉蛻物語』に載っている。(37) 中島と村地は十二月三日に佐賀に帰り、同志たちと善後策を練った。

明けて一八七四年一月十三日、江藤新平とともに東京を発った山中一郎は、林有造（高知県）、永岡久茂（若松県＝旧会津藩）、樺山資綱（鹿児島県）らと鹿児島に赴き、西郷らの意向を探り、二月十三日に佐賀へ帰った。(38) 山中一郎、中島鼎蔵らのこうした動きを江藤がまったく知らなかったということは信じられない。

この時期、佐賀県権令岩村通俊は前年末以来東京に居た。権令留守中の県政を預っているのは、参事森長義（置賜県士族）である。征韓派は十六日夜、高木太郎ら二二名で森の私宅を訪れ、借用を申し入れたが、強要する言辞が飛び交ったのであろう。これが事件の発端である。

森は、征韓論の横行を危惧し、征韓論政変以降の「国内人心恟々之折柄」征韓論等の党与が「御政体の妨碍」になることを懸念し、「至急御取締有之度」と要望した。

この事件は、征韓派による不穏情勢醸成の端緒と政府に判断される。森は帰郷した江藤新平にも会って、胸中を打診している。江藤は森に征韓派の県官への登用を要望したという。これは征韓派による県政壟断と捉えられ、森の江藤への疑惑と征韓派への恐怖心を高めた。

一月二十八日政府は、佐賀県権令を岩村通俊から弟の岩村高俊に交代させた。交代事情は前述した通りである。なお権令岩村通俊は地方官の任命期間の長期化を要望していた筈だが、佐賀県政に手を焼いたか、早々に辞任を考え、一月中旬には弟の高俊に後任を引受けるよう談じ込んでいる。毛利氏は、岩村高俊の意見書によって、大久保らが権令任命を決めたかのように述べておられるが、すでに前任者の兄通俊によって大蔵卿大隈重信らに根回しがされていたようである。

岩村高俊は、就任に当たって、征韓論等の集会・言論の抑制についての権限の付与を政府に要望した。そのさなかに二月一日の宝琳院派（憂国党）による小野組襲撃事件が起こるのである。金品の強奪はなかったことは数日後に判明するが、それは襲撃した連中が官金を入れた金庫を発見できなかった失敗であった。政府はこれを反乱準備行動と受け取ったのは当然である。

二月四日付の岩村新権令への委任状は集会の制限、上京制止等の言論弾圧策で、もし反乱が勃発したならば、鎮圧を許可するというものであった。新権令岩村高俊は、委任状を受領した二月四日付で暫時滞京願を提出している。これは前権令であった岩村通俊との引継ぎを名目としているが、赴任準備のためであろう。(39)

また岩村は、日付不明ながら、陸軍卿山県有朋宛に熊本鎮台兵六小隊の出兵要請と熊本出張の申請を行なっている。(40)この段階では小規模の出兵要請である。

さらに政府は内務卿大久保利通の派遣を決定した。これが政府の鎮圧方針決定過程である。

鎮圧方針の決定後に、現地周辺の福岡・三潴・長崎・白川・山口から次々と情勢報告が到着している。しかしいずれも反乱準備の進行を裏付けるものであって、鎮圧方針を変更するどころか、早期かつ大規模の派兵を必要とすると政府には判断されたのである。鎮圧方針を固めて行ったのは、大久保の独断専行ではなく、諸県の情勢報告と早期鎮圧の要望である。

毛利氏は、小野組が官金を奪っていなかったことが判明した段階で、鎮圧方針を撤回すべきであったと考えておられるかもしれないが、情勢はますます緊迫していたのである。その背後に一月下旬に佐賀に帰った江藤への疑いが、ますます濃くなっていくのである。

(3) 征韓派が県庁を支配している―権少属藤井伝八の情報（二月四日）

一八七四年二月四日発で、長崎県から、長崎に逃れた佐賀県権少属藤井伝八から聞き取った情報が送られてきた。[41]まず征韓派は臨時の家禄給付を強要していたが、これは征韓派の上京資金で、武器買入資金でもあった。これにさらに「法林院派ヨリ無理之金談有之候ヨリ恐怖ヲ生シ引払候趣」と小野組襲撃事件が起こったとしている。征韓派はいまだ結党していないが、同志の者が自然に集合し、現在一〇〇〇人ばかりになっている。「前参議江藤氏会長致居候由之事」と、藤井は明確に征韓派の中心が江藤新平であると述べている。また「佐賀県庁は征韓同論ニ付参事ヲ除ク之外、官員も皆会議ニ出席致候由之事」と、佐賀県庁がすでに征韓派の手に落ちていることを指摘している。

この文書の要旨が、長崎から電信で発信していれば、次の参事森長義の脱出と合わせて、政府は、征韓派が県庁の財政も掌握し、その中心が江藤であると判断するのは当然であった。

(4) 県庁幹部の脱出（二月五日）

二月四日に権少属藤井伝八は逃亡して長崎県に至っていたが、六日には参事森長義も逃亡した。

県権令岩村通俊は前年十二日に上京以来、任地に帰らず、参事の森長義が県政を指揮していた。しかし三派の台頭により県政の圧迫を感じ、二月に入って新権令岩村高俊の任命を聞き、打ち合わせのため、途中まで出迎えようとし、六日に出発、三潴県を経て、小倉県に至り、さらに八日に山口県下関に至った。これには三潴県権参事塩谷良翰も同行している。

山口県権令中野梧一は、この時萩に居た。佐賀県の情勢を密偵桂譲介から聞き、前原一誠に自制を要望するためである。中野は一月以来九州各地に密偵を派遣し、情報を収集し、対策を練っていた。二月九日朝、中野は森の来関を知っている。同日昼には前原と会談して、自重を求めている。中野はすぐ山口に戻り、対策を練り、つぎつぎと命令を発した。十二日には森参事が山口に来たので、面談している。そして十三日、「佐賀県、穏やかならず、福岡県へは急の由」という電報を東京に打った。(42)この電報は公開され、各紙に掲載されて反響を呼んだ。

山口県は佐賀兵の来襲を予期して、全県武装守備体制の準備に入っている。中野は日記の十四日条には「鎮西ノ挙動、江藤新平煽動ニ出ル」と記している。

この間の仔細は、中野梧一日記と、前稿「佐賀の乱と山口県の情勢」を見られたい。

森は下関で二通の文書を政府に提出している。

二月九日付の文書は「佐賀県参事森長義馬関ニ来リ本月九日談話の事を記す」と題する談話筆記(43)で「山口県庁」の罫紙に書かれている。森は、征韓等が兵器金穀を集め、県庁はおろか郵便電信も佐賀人に抑えられていると孤立感を訴え、二〇〇〇人の征韓党を三～四の小隊では鎮圧できないとし、東京より赴任する新権令の船を下関で停め、対策を練ろうとしたと述べている。

また二月十三日付で森は「佐賀県事件情実上申　大略」という文書を、内務卿大久保利通宛と大蔵卿大隈重信宛に書いている。(44)罫紙は山口県豊浦郡（下関を含む郡）の罫紙（岡本治右衛門板とある）(45)を用いている。(46)

そのなかで森は、征韓党が「旧学校弘道館ヘ屯集シテ兵器ヲ聚メ弾薬ヲ求メ、輜重ヲ調シ、師ヲ出サントノ勢ヲナシ、竟ニ征韓論ヲ以テ輩下ニ迫ラントノ策ヲナス、且洵ヘテ曰、薩上ノ士モ亦之ニ応スル者多シト、此党已ニ二千余名ニ及ヘリ」とし、「武庫ヲ開キ或ハ官金ヲ押領シ官民ニ金ヲ募リ、或ハ兵器ヲ携ヘテ白昼ニ横行ス」と述べている。また江藤については、「人ヲシテ江藤氏ヲ探偵セシム、江藤氏ヲ見ル、江藤氏曰征韓ノ論ハ石井香月等預ッテ尤力アリト、且曰薩土ノ応スルコト必セリト、是全ク其論ノ主宰タル観アルヘシ」と江藤が首謀者であると推測している。

この文書が東京に到着したのは、数日後であろう。ただし大久保は十四日に東京へ出発しており、下関または福岡到着後に見た可能性はある。

なお森長義は自分は下関を目指しながら、後述する熊本鎮台への連絡に使った中属北代揆一（高知県貫属）を東京に派遣していた。しかし北代中属は大阪に到着したところで大久保の西下を知り、急遽神戸まで引き返し、大久保に詳細を報告した。(47)

（5）旅行者と江藤側近の情報……（二月二日・三日、到着は十日後）

蒲原忠蔵なる人物(48)からの報告(49)が、岩倉具視文書のなかに保存されている。これは短い箇条書きであり、「二月二日発県セシ人ヨリ探知ス」とある。長崎経由の汽船として、東京着は早ければ五日後の二月七日頃、遅ければ十日後の十二日頃と推定される。

一、一月中旬迄は佐賀県征韓論左迄ナカリシ処中嶋昇造（鼎蔵）其他帰県セシヨリ其論サカンナリ

一、其引続江藤新平帰県新地ニアリ、諸事指揮ス、銃器ヲ携ノ者一小隊計、其居宅ヲ護衛ス

一、中嶋昇造（鼎蔵）、村地佐一（正治）、香月系（経五郎）宣布シテ曰ク、薩・土・備前・会（会津）・仙（仙台）・水（水戸）征韓論沸湯ス、我佐賀独リ後レタリ、故ニ江藤新平ハ国家ノ為メ其説ヲ持シ帰県アリ、副島ニも

岩倉公事件（一月十五日に岩倉を襲撃した赤坂喰違坂の変）後ノ様子ヲ探知シ、二周《ママ》間ヲ過レハ帰県アルベシ

一、村地香月ノ二子帰県セシヨリ、不日県官トナル、村地ハ庶務中属ニ香月ハ出納中属ニ登官ノ則日ヨリ、武庫司ヲ呼出シ、四方ノ武器弾薬ヲ運送ス

一、元学校集会所エ江藤出席セシコトモアリ、県ノ参事（森長義）モ出席シタル由

一、江藤ハ已ニ帰県、副島ハ追テ帰県ノ沙汰ナリ、武器日ニ運送シ殊ニ他県ヨリモ後レタル由ヲ聞テ、六十ノ翁モ切歯杖ヲ曳テ会所エ趣ク由

一、元城下ヨリ三里斗外神埼ノ宿ニテ集会所ヲ設ケ、最寄ニ士族ヲシテ集会セシムル由

一、佐賀県征韓論ノ徒、他人ニ向テ曰ク、吾輩ノ集会ハ骨子ナシ、只二人或三人親友会シテ其説ヲ唱、各二人三人ノ親友大成シテ斯ノ如ク多人数トナル、右論一定ノ上ハ上京、大政（太政官か）ニ向ヒ其説ヲ上申シ、制可ヲ得ハ幸甚、若制可得スンバ其時ニ所置ス可シト

右本月二日ヨリ発県セシ人ヨリ探知ス[50]　（欄外）蒲原忠蔵

〈（　）内は引用者。適宜句読点と中点を付した。合字は現行に訂正〉

この情報は、征韓派は武器を準備し、征韓請願のため上京計画を進めていることを詳細に伝えている。発端が自然発生的な沸騰であることも記している。第二項に江藤新平は諸事を指揮しており、第四項に村地正治と香月経五郎は県官となり、庶務と出納を担当し、武庫司に命じて武器の集積を図っていると述べていることは注目に値する。

江藤は、板垣らの忠告も聞かず帰郷したが、この情報によれば、征韓派の沸騰を鎮静させるどころか、次第にその総帥となりつつあると政府側は認識した事であろう。

大隈文書に「江藤参議ノ動静ヲ報ズル書翰」（イ一四／A二二六）という史料がある。これは「前参議江藤正四位へ随行之者より東京知音之向へ来状之内」であり、「二月三日認　佐賀県下新地八丁馬場清涼亭ヨリ出ス」とあり、「二月十

三日東京到達」と注記されている。佐賀から東京への郵便が約十日かかることの例証となる。「ウレシ野（嬉野温泉）ト申処ニテ入湯、其節佐賀表ヨリ両三名御見舞ニ被参、御咄致サレ候ヲ隔ノ間ヨリ窺聞候」と、江藤と来客との密談を聞いた内容である。

近頃征韓論大ニ振立次第、士気憤発、右ニ付我輩モ取リ鎮シ方ニ苦心尽力致居候央（サカ）ニ有之トノコト、余ハ用捨致シ聞取不申候得共、追々人数六百余、器械モ相揃次第ニ数増、九州ハ元ヨリ四国ニテモ同様之事ニ承リ候、主人義モ頻リニ取リ鎮シ方ニ御尽力有之何分直ニ鎮定ノ義無覚束候、残念ナカラ陰聞之事故其余確説ハ承リ不申候得共、不容易形勢ニ有之

征韓派の武装上京の準備が進行していること、九州四国も同様の動きであることに対し、江藤が抑えていること、しかしそれ以上に「士気憤発」していることが分る。

二つの情報は、すでに小野組襲撃事件が起こっている二月二日と三日の情報である。いずれも、一触即発の雰囲気を伝えている。征韓派の県政掌握により、参事森長義が脱出するのが、六日であるから、その直前の佐賀の情勢である。

三　熊本鎮台の佐賀県庁占拠

（1）新権令岩村高俊の率兵入県

新権令岩村高俊は、下関で会った森参事の報告と意見により、方針を変更し、率兵入県することにした。前述のように岩村は任命直後に六小隊の出兵を要請しており、[51]また熊本鎮台には、政府から出兵命令が出ていた。岩村はまず熊本鎮台に行き、谷干城司令長官に出兵を要請した。ここで毛利氏の想像力は谷司令長官の動きに及ぶ。

岩村高俊の自伝『戻橋堂主人自伝』（一九九七年）[52]によれば、援兵の要請に対し、谷干城司令長官は一度は躊躇しなが

らも、やがて出兵に応じたという。毛利氏は、谷が佐賀の動きを大したことはないと判断していたからであるといわれる。これまた何の根拠もない想像である。

毛利氏は谷干城の言葉に「神風連」とあることから、神風連は結成前であるとして、熊本への懸念を否定されている。しかしこれは岩村の後年の回想である。毛利氏は、岩村高俊の回想だけで、勝手に想像力をめぐらしておられる。

しかも谷が佐賀は大したことはないと判断したという御自分の想像を、あたかも事実であるかのように繰り返し述べられている。毛利氏の新論のなかで、この部分はもっともひどいくだりである。歴史家は史料をして語らしめる禁欲さを持つべきであって、自分の想像をあたかも史実であるかのような表現はすべきではあるまい。

(2) 熊本鎮台司令長官谷干城

谷干城には、平尾道雄『子爵谷干城伝』(一九三五年)[53]があり、また島内登志衛編『谷干城遺稿』(一九一二年)[54]という二冊(復刻版は四冊)の伝記史料集がある。最近『谷干城関係文書』(一九九五年)[55]も編纂されたが、これには年譜が付されている。

この時期の谷が自分の行動を概括したものとして「明治七年二月佐賀県士族結党の件」がある。この文の記述を中心に年表風に整理し、適宜、復刻版(続日本史籍協会叢書)の『谷干城遺稿　三』(一九七六年)から重要資料を摘記してみる。

谷干城は一八七二年九月二日陸軍少将に昇進し、一八七三年四月五日熊本鎮台司令長官に任命された。五月に熊本に赴任するが、当時この地域は白川県と呼ばれていた。白川県権令は安岡良亮である。

六月に福岡県でいわゆる筑前竹槍一揆が起こった。政府は軍隊を動員してこれを鎮圧したが、福岡県及び佐賀県は士族隊を募って、鎮圧に当たった。谷は県官の無断徴募を批判し、これが鎮台の権限を侵すものと批判した。

九月に前佐賀県参事石井邦猷（もと兵部省七等出仕、中佐）から、福岡県の動揺及び佐賀県の無断兵卒徴募にふれ、政府の停滞を憂い、岩倉一行の帰国を待望する書簡を受け取っている。[56]

九月二十一日、陸軍卿山県有朋は、佐賀県参事森長義と内談した小沢武雄中佐（小倉藩出身）の報告を谷に知らせた。[57]森長義は置賜県士族で、長野県参事を経て、この年（一八七三年）八月十二日佐賀県参事に任命されたばかりである。[58]森は佐賀県士族の銃器私蔵に対し、大蔵省からはあらかじめ熊本鎮台の兵を動員するように内意を得ていたが、赴任の上、「一先、穏に着手」との決意を小沢に語ったという。

この時期の佐賀県権令は岩村通俊である。佐賀県は旧佐賀藩の土地制度の処理をめぐる農民との紛争があり、県政は対農民、対士族とも難しい課題を抱えていた。

十月中旬から下旬にかけて、征韓論をめぐる政府首脳の対立があり、二十四日に至って征韓派参議五名の下野という結末を迎えた。征韓論政変である。

谷は、任地の熊本鎮台の管轄である九州各地の視察のため、九月末よりまず鹿児島分営、ついで大分県千歳の分営の予定地を視察した。谷はその後大阪鎮台に赴き、さらに上京の予定であったが、征韓論政変勃発のため、二十八日陸軍卿山県有朋は、視察中の谷に上京を見合わせることを指示した。[59]

十一月二十八日在京の陸軍省の渡辺央少佐より、[60]谷が熊本に帰任した連絡を陸軍卿へ伝えたことを連絡し、あわせて谷が要請したと思われる「九州地不逞の徒発起」の際に「臨機御取計の儀」は「今確と決答」できないが、承知した旨述べている。また白川県権令安岡良亮の件及び福岡の動揺による三士官の犯律裁判についても触れている。

山県は十二月八日大阪及び熊本からの谷の書簡への返事を書き、詳細打ち合わせの上、佐官を一名東京に派遣するように求めた。[61]しかし谷は、自ら上京することを決意し、十二日十二日出発した。

長崎から汽船に乗れば三～四泊程度で横浜に着く。[62]十四日長崎出発の際、谷が後事を託する旨の書簡を受け取った熊本鎮台では、十七日付で士官相互の内紛が生じたことを、佐久間少佐・白杉少佐連名で東京の谷に書簡（または電報）で送っている。[63]征韓論政変にともなう動揺の一端であろう。

ここで熊本鎮台の兵士の動揺事件が発生した。谷はこの報を二十一日に東京で聞いている。そして年末の三十日に東京を出発、一月上旬に任地に帰り、ただちに熊本鎮台の平静化をはかった。

一月十四日東京赤坂喰違坂で右大臣岩倉具視が襲撃された。その知らせも東京から届いている。

一月十五日佐賀県では征韓派の三名が帰郷した。ここから事態は急転する。佐賀県権令岩村通俊は、十二日以来東京に留まって帰県しない。それればかりか、この時神奈川県権参事であった弟の高俊に後任を引受けるように話し込んでいる。これは大蔵卿大隈重信も承知していた話らしい。内務省新設後は地方行政は大蔵省から内務省に移管されたのだが、残務整理もあってか、依然として大蔵省の関与が続いている。地方官からの上申も宛先が内務卿大久保利通、大蔵卿大隈重信への両名となっている時期である。

岩村通俊権令が不在であれば、県政は参事森長義の双肩にかかっている。

翌十六日この三名は森参事に迫って暴言を吐き、巡回中の大蔵大丞林友幸は県官に三名の処罰を命じた。この十六日の事件が、政府を緊張させたのである。

森参事は、二十三日大蔵卿大隈重信宛[64]に、二十四日内務卿大久保利通宛[65]に、佐賀県の近状を知らせている。内容はほとんど同じで、すでに杉谷論文で紹介されている。

森参事は一月二十四日付で、谷干城にも書簡を送っている。[66]これは一月二十九日に佐賀県中属北代揆一からの書簡のなかに同封されていた。[67]森は一月十五日以降の県内情勢を記し、「遂には、県庁に迫り何か暴論を発せんとの企をするも有り、又県官を暗殺せんと密謀するも有之」と、身に迫る危険を記し、情勢を探索中であり、ただちに鎮台兵の出兵要請はしないが、鎮台からも事情を探偵してほしいと要請したものである。

森の手紙を受けて、谷はすぐ行動した。
二月二日、谷は佐賀県参事森長義と同県中属北代揆一に返書を送る一方、佐賀県内の朋友に書簡を送った。そして三日には、部下の山川浩少佐を佐賀に派遣した。「江藤真に右様書生輩を煽動するや否やを探偵せしむ」と谷は記している。[68]山川浩は会津藩出身で、一八七三年陸軍裁判所に入り、同年十二月二十八日陸軍少佐に任官して、熊本鎮台に配属されたばかりである。谷の上京中の発令であり、谷の懇望の結果と思われる。

さて、山川浩少佐は五日に佐賀に到着したが、ここで二月四日付の政府からの熊本鎮台出兵命令が佐賀電信局に届いていることを知った。これはただちに県庁も含め電信局周辺に漏洩したようである。当然県官の多数を占める征韓派もこれを知った。山川からこのことを知らされた谷は、出兵命令の漏洩に激怒した。

谷は、熊本鎮台内部の不穏と機密漏洩問責、さらには軍隊の増派要請の書簡を書く。ここで谷は熊本守城を決意している。

同日夜、森参事と小出大属は佐賀を脱出、三潴県に至った。森は下関に行って、新権令岩村高俊を待ち受け、武力行使の必要を説くつもりであった。

六日午前十時山川少佐が帰台してきた。

「其の魁たるは高官の江藤一県の士族を煽動する而已ならず、其連類固より広し」

谷はここで首魁は江藤新平であると認定したのである。この認定は、陸軍全体の認定となり、文官でありながら臨時に総指揮をとった大久保利通の認定となって行ったのである。熊本鎮台司令長官陸軍少将谷干城の判断は重いのである。

谷の陸軍中央に対しての具申に対して、政府は動いた。

十日、伊藤博文は谷干城の書簡を読み、熊本鎮台内部の不穏を危惧し、谷の上京を促し、派兵増強を大久保利通に具申している。[69]谷の後任に野津（陸軍省第四局長野津鎮雄少将）の名を上げ、三浦梧楼少将の名も上げた。

しかし一方で、谷の要望に応じて、熊本鎮台への増派を決定し、十二日東京鎮台及び大阪鎮台の二個大隊の増派部隊が熊本に向けて出発した。

これより先、下関で下船し、参事森長義の報告と意見具申を聞いた新佐賀県権令岩村高俊は、当初の予定を変更して率兵入県することとした。おそらく右の政府と陸軍省の派兵決定を得て、岩村は下関を発って、十四日、熊本鎮台を訪問し、谷司令長官に出兵を要請した。

谷は、おそらく情報の漏洩を批判し、白川県内（熊本）の不安な情勢や、増派部隊の未到着を述べ、岩村の要請をすぐには了承しなかったようである。しかしそもそも鎮台への出兵命令には、地方長官の要請という一項が入っている。この時期、軍規律の確立に熱心だった谷は、岩村高俊権令の要請を拒否する理由はなく、結局承知している。同じ高知県出身者であるが、維新期の活動歴、軍歴、年齢からいっても、谷と岩村家の三弟とは比較にならない。それでも、谷は命令へ従順だった。

もう一つ草創期の軍人の気風として注意すべきことがある。命令に対して、直ちに従うのは、大正昭和期の軍人である。命令に質問し、あるいは批判することは、草創期には当然のことであったのではなかろうか。士族の気風もあろうし、フランス軍の顧問たちから教わっている軍隊の気風もある。命令への盲目的服従は後年に生じたものであろう。だから谷は率直に私見を具申しながら、しかし命令には従ったのである。

園田日吉氏は『江藤新平と佐賀の乱』（一九七四年）で、この時の谷が「オイソレと動く気配を見せなかった」（一三五頁）と述べ、「岩村権令の強っての懇願から、谷司令長官もついに渋々ながら一個大隊の鎮台兵を出動させることにした」と述べている(70)。園田氏は、谷の伝記や遺稿を見たうえでの叙述であるが、かなり園田氏の想像が入っている。谷は佐賀の情勢を軽視していたわけではない。毛利氏の新論は、谷周辺の史料を一切無視し、園田氏の謬論にさらに輪をかけたような空論となっている。

さてこの時期の佐賀の乱への対処は、大久保利通を中心に、伊藤博文と大隈重信の三人が中心となり、三条・岩倉・木戸らとで決定されているようである。この時期の経済政策も台湾出兵もほぼこの三頭体制のようである。[71]陸軍卿は空席（山県有朋は二月四日辞表を提出、八日受理）のためであり、また山県在任中も陸軍卿は参議兼任ではなかったことも、注意する必要がある。[72]

二十二日に陸軍大輔西郷従道は、二月五日付の谷の政府宛書簡を読んだことを知らせている。谷の増派要請の書簡は、すでに十日に伊藤が読み、大久保と対策を練っているのに、西郷に渡されたのは、後日であったのかも知れない。このことも、佐賀鎮圧は、三頭体制で決定、指揮されたように思われる。

大久保が全権を得たことを越権行為として非難するような論著もあるが、それは後年の統帥権独立を当然とする見解に毒されたもので、非常の場合に、文官が戦略を決定し、場合によっては軍を率いる方が、正常な姿なのではないか。しかも内乱鎮圧は、内務卿の職務であろう。

以上のように、谷は前年九月以来佐賀県の危険な内情についての情報を入手しており、さらにこの年（一八七四年）一月末佐賀県参事森長義から佐賀県の危機的状況に対し、熊本鎮台の情勢探索の要請を受け、山川浩少佐（会津人）を潜入させているのである。

しかし熊本鎮台では、十二日に兵士の騒動が勃発、二月初旬には、なお六〇数名の兵士を拘禁中であった。なお熊本鎮台の佐賀出兵は、政府及び陸軍中央の命令によって決まっていることである。谷司令長官はこれを自分の判断で拒む立場にはない。岩村も多少の権限を与えられている。援兵の作戦計画については、佐賀県権令岩村高俊と協議することはあっても、拒否することは出来ないのである。

（3）二月十五日の熊本鎮台軍入城と反乱軍の勝利

二月十五日、佐賀電信局からの電信発信者は、鎮台兵の上陸と避難しようとする市民の動きを伝えながら、反乱士族の動きを探知できなかったらしい。毛利氏は前掲の「明治七年佐賀動乱諸報告」所収の二月十五日の「賊情電報」に収められた佐賀局発の電報を引用されている。

士族動揺穏ノモヨウノ処、鎮台兵蒸気ニテ若津へ着、且福岡ヨリ出兵ノ様子ニテ俄ニ十三日ヨリ東ハ蠣木、北ハ川上、南ハ早津江迄出張人員ハ十三日ヨリ今日迄モ十人或ハ五人ツヽ、当地市中何レモ荷物片付婦女子ハ逃ケ支度ニテ騒動ナリ(73)

毛利氏は、右の文中に「穏」の文字があることから、反乱準備説を否定している。この時期は、反乱側は、政府の鎮圧命令を知り、反発して武器の準備や戦術の打ち合わせを行っている時期であり、政府密偵に探知されないよう警戒している時期でもある。嵐の前の静けさである。しかし毛利氏は、その静寂をもって、士族たちが反乱準備を放棄したとし、平静に戻ったと看做している。何ということであろう。

十五日、熊本鎮台軍一個大隊は、東京大阪からの増援軍を待って佐賀を攻撃する予定だった。そして陸路と海路の二手に分かれて佐賀に向かった。陸路軍は三池に宿営したが、海路軍は県庁のある佐賀城に入った。海路軍は二隻に分乗したが、一隻は有明海で座礁するという思わぬ齟齬があって、入城は、午後一時と午後十一時に分かれた。大きな齟齬である。「賊情電報」中の若津は筑後河口の福岡県側（現大川市）の地点で、早津江は河口の三角州で大野島を挟んで早津江川が分流する佐賀県側（佐賀市川副町）の港である。

遅れて到着した海路軍が就寝して間もなく、待ち構えていた反乱軍が、十六日早暁、佐賀城を攻撃した。反乱軍は十五日の昼間は「穏」であった。しかし深夜総攻撃を開始した。息を潜めて鎮台軍の入城を待っていたのだ。鎮台軍は大敗し、半数の死傷者を出した。陸路軍を指揮していた谷司令長官は、東京大阪からの増援軍を待って攻撃するつもりだったのを、逆に反乱軍に急襲され、大きな犠牲を出したことに、「干城の大誤なり」と反省している。

数日後、鎮台軍は東京及び大阪からの増援軍を得て、一斉攻撃をした。同時に、大久保内務卿率いる本隊は、福岡県と佐賀県の県境の山岳地帯で反乱軍を撃破し、完全に平定した。江藤新平は数名の幕僚とともに、逃亡した。

しかし谷司令長官は、最初の佐賀城攻撃に齟齬が生じたことを強く反省している。

一つには、敵情視察が不正確であったことであり、海陸二路の共同作戦が準備と連絡不十分のまま強行されたことである。これは主に、海路部隊の半分が遭遇した便船の座礁による時間的齟齬による。

『陸軍省日誌』第二十号（二月二十八日条）に、敵を「荏苒分散」と軽視したとする報告書が載っている。毛利氏はこれを反乱の準備がされていなかった証拠だといわれる。見当違いも甚だしい。

反乱軍は影を潜め、鎮台軍の佐賀城突入を見過ごした上で、包囲攻撃し、勝利したのである。この攻撃方法は、源平合戦でも、南北朝内乱でも、敵にいったん都を明け渡し、包囲攻撃した事例で明らかである。入城直後に「翌十五日午前四時」より、賊徒が砲発、ますます増加して「台兵孤立」というくだりまで毛利氏は引用していながら、まったく状況を理解しておられない。

もし毛利氏の言われるように、反乱の準備がまったく行なわれていなかったのであれば、二月十六日の熊本鎮台軍との激戦と反乱軍の勝利はありえなかったであろう。いつもながらの毛利氏の身勝手な想像である。たった一日の表面的な静けさで、反乱中止を判断するほど、政府側は軽率ではなかっただけのことである。毛利氏は緊迫した政治情勢についての判断力を欠いている。

史料批判にあたっては、片言隻句を引用して、あらぬ想像をしてはならないのであって、史料の全体の考察と合わせて、史料の作成状況を判断するのが、初歩的原則である。

四　江藤新平の政治的資質

毛利氏は、佐賀の乱は、政府の反政府派の弾圧強行によって起こったものであると主張されている。そして、大久保利通の江藤新平への感情、新権令岩村高俊の強硬な態度をあげ、佐賀は平静であったのに、岩村の率兵入県が、事態の発端であったとされている。

しかし従来の研究の示すところによれば、すでに佐賀県庁は征韓派の支配下にあり、征韓派は挙兵上京と政府の転覆を志していたのである。この研究成果を無視して、佐賀に反乱の兆候がなかったなどと言える筈はない。平静であったとすれば、征韓派支配下の平静であったのではないか。

それにしてもこうした緊迫した情勢も政府の武力討伐決意をある程度感知しながら帰県し、何の成算のないままに反乱に同調した江藤の態度については、政治指導者としての資質の欠如が、従来から問題になっている。かりに政府の罠であったとしても、それにうかうか乗ってしまったのは軽率のそしりを免れない。おれおれ詐欺にあった老人には同情するが、もし政治家や軍人なら無能振りを非難されよう。太平洋戦争の開戦時の日本政府と軍の指導者が、ルーズベルトの罠にはまったという弁護論と同じである。こういう弁護論は、当時の指導者の無能を証明するだけである。

しかも、江藤は同志を置き去りにして佐賀を脱出し、鹿児島の西郷を頼り、助力を拒否されると高知の有志を頼ろうとし、これにも失敗して捕縛された。このあたりの情勢判断の甘さと、指導者としての責任感の欠如は、西郷ならずとも指弾したくなる。

毛利氏は江藤を買いかぶりすぎている。江藤が「人権の父」といわれているというのは、まったく初耳であるが、かれの司法卿時代の司法権強化策は、いささかも三権分立の一としての司法権の独立を意味するものではない。警保寮の大警視たちは、検事を兼ねており（警察と検察の合体）、さらに裁判所も司法卿の支配下にある。江藤司法卿は、司法省裁判所長でもあったのである。つまり司法卿が、警察・検察・裁判を指揮するわけで、一言でいえば極限までの司法行政権の強化である。これよりは、大久保利通の行なった一八七五年の元老院・地方官会議の設置、大審院の設置という三権分立の確立の方が、権力の分割という点で余程優れているのではあるまいか。

ただし江藤が一時施行した悪制度は、警察のみは内務省に移したものの、大審院以下の裁判官人事を司法卿・司法大臣が掌握し、帝国憲法下における司法権独立を空洞化した先駆である。江藤は司法権独立の先駆者ではなく、行政権から分離独立すべき裁判権を司法行政に従属させた先駆者なのである。近代的人権感覚があったとは、到底思えない。毛利氏は、江藤新平に対する大久保利通の嫉妬をあげている。征韓論政変についても、外務卿副島種臣に対する西郷隆盛の嫉妬をあげておられたが、何ら根拠のあるものではなく、毛利氏の想像に過ぎない。こういう想像は小説家なら許されるであろうが、歴史学研究者のすべきことではない。

おわりに

政府は、一月十四日の岩倉襲撃の赤坂喰違の変で、不平士族の暴挙に対しては強圧策と取ることを決し、佐賀の不穏な動きに対し敏捷に対応した。この間、佐賀士族は結束を固め、鹿児島との連繫を模索していたが、佐賀県庁を支配し、挙兵上京する計画であったが、政府側の迅速な動きに対抗できず、敗北したのである。この通説は、いささかも揺るがない。

毛利氏は、佐賀の乱は士族反乱ではなかったとするが、以上のような指摘により、何の根拠もないことは明らかであろう。一月からの征韓派による武装上京準備と県政の掌握、二月一日の宝琳院派（憂国党）による小野組襲撃が反乱の開始と見做されたのである。佐賀の乱が不平士族の反乱ではなかったとするならば、士族反乱は何一つなかったことになりかねない。荒唐無稽の珍論とするのは、当然である。

江藤の情勢判断の甘さと、戦略戦術の欠如も、佐賀の乱の不用意な発端の一因である。

毛利氏の江藤新平弁護論は、江藤を持ち上げるのではなく、逆に江藤ら反乱側の人々を、戦略戦術を持たない卑小な人間の集団に貶めるだけである。とくに江藤は、政治家としての資質ゼロということを指摘せざるを得ない。

自らの政見が政治的に敗れたなら、挂冠して去り、郷党とともに義挙＝反乱を起こすというのは、理の当然であり、東洋の伝統ではないか。福澤諭吉は『明治十年丁丑公論』において、西郷隆盛の反乱について、「日本国民抵抗の精神」と呼んだが、毛利氏も佐賀の郷土史家の人々も、江藤らの「抵抗の精神」を称揚されたらどうか。「造反有理」ではないか。

江藤新平は、佐賀に西下する前に、板垣退助、後藤象二郎、副島種臣、由利公正らとともに、民撰議院設立建白に署名している。その時結成された愛国公党がやがて愛国社となり国会期成同盟となって自由民権運動を推進した。もし江藤を「人権の父」というならば、なぜ江藤が自由民権運動に挺身しなかったのか疑問が残る。中途半端な決断で反乱を起こし、前途のある若者を死に追いやり、数千の庶民を戦火の巻き添えにした罪は深い。才子才に溺れたという外はない。

本稿執筆に当たっては、国立公文書館、国立国会図書館、同憲政資料室、宮内庁書陵部、早稲田大学附属図書館特別資料室、東京都立中央図書館、佐賀県立図書館の資料を利用させて頂いた。記して感謝の意を表する。

なお本稿は原口清先生御主宰の明治維新史談会二〇〇五年十月例会（同年十月三十日）で発表して御批評を頂き、補正したものである。原口先生を初め、御意見を下さった列席者各位に感謝の意を表する。

冒頭に述べたように、その後、毛利氏は次の前掲論文を公表された。

「小野組の官金は略奪されたか――佐賀戦争直接原因論」『明治維新史研究』二号、二〇〇五年十二月、一―八頁。

ほとんど新味がなく、付加すべき論点はないが、若干補正した。

脱稿後、佐々木克編『明治維新期の政治文化』(思文閣出版、二〇〇五年)所収の二論文に接した。

　落合弘樹「佐賀の乱と情報」一七五―二〇三頁。

　佐々木克「大久保利通と佐賀の乱」二〇五―二二九頁。

また最近では佐賀藩の支藩である旧小城藩士族の動向を詳細に分析した論文が発表されている。

飯塚一幸「佐賀の乱の再検討――周辺の視点から」『九州史学』一四九号、九州史学研究会、二〇〇八年二月、一三―三五頁。

飯塚論文によれば、小城士族は、武装準備が遅れ、二月十五日の岩村権令の佐賀県庁入城後にあわてて武装し、十六日の総攻撃に参加しているとのことである。

註

(1)　明治維新史研究会は、佐賀県にある研究会で、当時毛利氏が名誉会長であった。一方、明治維新史学会は、全国学会である。
(2)　わたしも「佐賀の乱と山口県の情勢」(『山口県史研究』山口県史編さん室、創刊号、一九九三年三月、六七―九五頁)を書いたことがある。これは当時山口県権令であった中野梧一の日記を素材としたものである。中野梧一日記は、のちに『初代山口県令中野梧一日記』(マツノ書店、一九九五年)として公刊した。
(3)　『日本歴史』八六号、一九五五年九月、日本歴史学会、二九―三三頁。
(4)　『日本歴史』九六号、一九五六年七月、日本歴史学会。
(5)　「佐賀の乱小論――大隈文書を中心として(上)」『日本歴史』一二一号、日本歴史学会、一九五八年七月、五一―六三頁。「佐賀の乱小論―大隈文書を中心として（下）」同一二三号、一九五八年八月、七八―九〇頁、日本歴史学会。
（6）杉谷昭氏の上記三論文は同『明治前期地方制度史の研究』（佐賀女子大学研究叢書第一巻、一九六七年）に所収。
（7）「佐賀藩の総合的研究」の一部『九州文化史研究所紀要』二二号、九州大学九州文化史研究所、一九七七年三月、二一七―二五〇頁。
（8）同右第二章、一一一―一四六頁。
（9）同右第三章、一四七―三〇五頁。
（10）一、『西南学院大学文理論集』二二巻二号、西南学院大学学術研究所、一九八二年二月、一一五―一五六頁。二、同二三巻一号、西南学院大学学術研究所、一九八二年八月、一五九―一九九頁。三、同二三巻二号、西南学院大学学術研究所、一九八三年二月。四、『西南学院大学国際文化論集』一巻二号、西南学院大学学術研究所、一九八六年十二月、一一一―一五六頁。
（11）『西南学院大学国際文化論集』一二巻一号、西南学院大学学術研究所、一九九七年九月、一六三―一八〇頁。
（12）『西南学院大学国際文化論集』一三巻二号、西南学院大学学術研究所、一九九九年二月、一六一―一七九頁。
（13）一、『西南学院大学国際文化論集』一五巻二号、西南学院大学学術研究所、二〇〇一年二号、三〇五―三三四頁。二、同一七巻二号、西南学院大学学術研究所、二〇〇三年二月、一三七―一五五頁。三、同一八巻二号、西南学院大学学術研究所、二〇〇四年二月、二八九―三〇〇頁。
（14）『大阪経済法科大学法学論集』五二号、大阪経済法科大学法学会、二〇〇一年十一月、四一―六七頁。
（15）『比較文化研究』三二号、久留米大学比較文化研究所、二〇〇三年十二月、二四七―二六八頁。
（16）早稲田大学附属図書館特別資料室所蔵大隈文書イ一四／A二二七。
（17）「公文録」明治七年内務省、二月、三十五。
（18）正しくは「征韓論を唱え、日々盛んなり」ではないかと思う。
（19）『新聞雑誌』は、一八七四年二月から発行日の日付を入れるようになった。
（20）原紙は東京大学法学部法政史料センター明治新聞雑誌文庫所蔵。
（21）「佐賀県権少属藤井伝八咄　長崎県報告」（大隈文書A二二八）『大隈文書　一』一五「佐賀県征韓派動静報告書」九二―九三頁。

(22) 原名・神奈垣魯文『佐賀電信録』二冊（名山閣　大坂：河内屋喜兵衛・東京：和泉屋市兵衛、一九七四年九月）。
(23) 越川貞一『政治教育パンフレット第十冊　佐賀変乱史料』（伊藤痴遊編、革新時報社出版部、一九二六年）で、同書には、宍戸正輝『佐賀戦争逸事』及び、江藤逮捕を記した四国土佐の新聞に掲載の硯南『旅みやげ』の二編も収録されている。
(24) 一般刊行は、全一三巻、吉川弘文館、一九六九―一九七四年。
(25) 立教大学日本史研究室編『大久保利通文書　一』吉川弘文館、一九六五年、一一三頁。
(26) 国立国会図書館憲政資料室所蔵井上馨文書六六三藤田組贋札事件三　甲号未定案甲第五号。
(27) 大蔵省三等出仕兼租税頭。一八七四年一月十五日免官。
(28) 大蔵大丞。一八七四年一月二十日免官。
(29) 大蔵省土木頭。一八七四年一月十三日免官。
(30) 大蔵省七等出仕。一八七四年一月十五日免官。
(31) 大蔵省紙幣頭芳川顕正は辞職したのではなく、一月十五日付で工部大丞に転任した。
(32) 拙著『初代山口県令中野梧一日記』および拙稿「佐賀の乱と山口県の情勢」『山口県史研究』一号、一九九三年三月、六七―九五頁、参照。
(33) 早稲田大学附属図書館特別資料室所蔵大隈文書イ一四／A二二六。
(34) 一八七四年一月二十一日付佐賀県参事上申「明治七年佐賀動乱諸報告」、園田日吉「佐賀の乱前の情報」（『佐賀史談』五巻二号、佐賀史談会、一九七三年四月）一五―一八頁に全文引用。
(35) 一八七四年一月二十三日付大蔵卿大隈重信宛佐賀県参事森長義「官省進達」二七号、杉谷前掲「佐賀の乱覚書」三一頁。堤前掲「明治期における地方支配の形成と士族反乱」四、二一四頁。
(36) 征韓論政変後内務省が設置され、府県地方官の人事は大蔵省から内務省の所管となったが、この時期は過渡期であり、府県からの報告書も大蔵卿宛、あるいは大蔵内務両卿宛提出されている時期である。そのため一八七四年一月までは、大蔵卿であった大隈のもとにも佐賀県からの進達文書が提出されていた。
(37) 村地信夫（廬山）編・刊『蝉蛻物語』文化商会印刷所、一九三六年。
(38) 園田日吉氏は、「佐賀の乱前　桐野利秋との面談録　高柳良次記録」（『佐賀史談』三巻一号、通巻一二号、佐賀史談会、一九

七一年二月）において、桐野利秋の談話記録（いわゆる「桐陰仙譚」）を、高柳良次が、村山らの談か、山中らの談を記録したものではないかと推定された。しかし高柳良次が、村地あるいは山中に随行して鹿児島に行ったとの記録はないし、村地前掲『蝉蛻物語』にも高柳の名は登場しない。この文書は石川県士族の石川九郎・中村俊次郎の桐野訪問記で、園田氏の推定は誤りである。この点は、拙稿「『桐野利秋談話』（一名「桐蔭仙譚」）について」（『国際関係研究』二六巻一号、日本大学国際関係学部国際関係研究所、二〇〇五年七月）で指摘した。

(39)　前掲「官省進達」二七、「既に去月三十一日寺院集会之上小野組へ相迫リ（「変動ニ及ひ」を抹消）候段、今三日電報有之候、因テ不容易事件今後何等之義出来可致哉難斗、片時モ其侭難容ニ付、御省熊本鎮台兵ノ内六小隊程予防ノ為メ至急出張被相整度、於然ハ速ニ鎮定ノ場立至可申候」。

(40)　「熊本鎮台に出張願」「官省進達」二七所収。

(41)　「佐賀県権少属藤井伝八咄　長崎県報告」（大隈文書A二二八）、『大隈文書　一』一五「佐賀県征韓派動静報告書」九二―九三頁。杉谷前掲「佐賀の乱以後」。

(42)　この電報は「公文録」に保存されていた。「従山口局　着日本橋局、字数二百三十一字／発二月十三日午前十一時　第十八号／山口県中野権令／山口県出張所／二月十三日午後八時十一分　第十五号／サガケン・ヲダヤカナラズ、フクオカケン・エワ・キウノヨシ、トウケンモ・ジンシン・キョウキョウ、サガヨリサソウノフウブンアリ、ヲウイニラソツヲツノリ、チンセイニスコブルチウイス、イツサクジツ、アラマシトドケヲダス、イサイノヲモムキ、チハラノブユキニフクメ、シヨメンヲモタラシ、シツキヨウメイズ、ニジウニチニツクベク、チウヤジンシンヲイツニセントジンリヨクス、サガケンサンジヤマグチニキタリ、サガノチンセイノサクヲダンズ、ナレドヨキカンガエナシ、コノコトセイインナイムエトドケベシ、トウキヨノモヨウ、デンシンヲマツ」（「佐賀県・穏やかならず、福岡県へは急の由、当県も人心洶々、佐賀より誘うの風聞あり、大いに羅卒を募り、鎮静にすこぶる注意す、一昨日あらまし届けを出す、委細の趣、茅原信行に含め、書面をもたらし、出京命ず、二十日に着くべく、昼夜人心を一にせんと尽力す、佐賀県参事山口に来たり、佐賀の鎮静の策を談ず、なれどよき考えなし、このこと正院内務へ届けべし、東京の模様、電信を待つ」）「明治七年公文録　佐賀征討始末　一」（国立公文書館所蔵、マイクロフイルム二A九―一三一八）十七「福岡県其他ヨリ電報九条」所収。

(43)　岩倉具視関係文書リール3（Ⅰ四―七―二）「佐賀県暴動書類一括　明治七年」（ル号三冊ノ内第三号　国事部）（三）。

(44)　岩倉具視関係文書リール3（Ⅰ四―七―三）「佐賀県暴動書類一括　明治七年」（ル号三冊ノ内第三号　国事部）(四)。

(45)　岡本治右衛門は下関の紙を扱う商人と思われる。あるいは周防宮市の豪商岡本三右衛門の一族か。

(46)　山口県は一八七三年より区制を施行し、一八七四年一月から大区小区制に移行した。森が下関の滞在している時期には、まだ豊浦郡の罫紙が残っていたものと思われる。

(47)　この時北代は何らかの理由で辞職して郷里の高知県に帰ろうとしており、下関に居た森は二月十日付で東京出張所に対し、佐賀県からの旅費及び高知県への帰郷旅費、さらに半月分の給与を支給するように申し送っている。しかも県令の朱印を押している。この点に関し北代自身は二月十六日付で神戸から申請書を送っており、三月四日同出張所は内務卿（木戸孝允）宛に免職旅費の規定を適用していいかどうか伺を出している。「官省進達」二七所収。

(48)　忠蔵は佐賀県杵島郡須古村の出身で、一八六八年（慶応四）六月、大木喬任に従って上京し、兵部省、工部省、司法省、文部省に出仕し、営繕の事務を執った。蒲原は、この時司法省調度課長だったらしい。長男有明は詩人として有名。

(49)　岩倉具視関係文書リール3（Ⅰ四―七―三）「佐賀県暴動書類一括　明治七年」（ル号三冊ノ内第三号　国事部）(五)「探索書写」。

(50)　なお蒲原忠蔵はこの時文部省九等出仕で、病気のため依願退職し、二月九日帰県旅費を請求した文書が残っている（「官省進達」二七号、佐賀県立図書館所蔵）。しかし庶子の隼雄は、翌一八七五年東京で誕生しており（戸籍上は一八七六年）、忠蔵は反政府派探索の密命を帯びて一時帰県したのではないかと思われる。隼雄は長じて詩人として活躍。筆名は有明。

(51)　前掲「官省進達」二七。

(52)　岩村高俊著・平井金三郎編『戻橋堂主人自伝　岩村高俊自伝』（戻橋堂子孫有志、一九五四年。復刻・一九九七年）。

(53)　平尾道雄『子爵谷干城伝』（冨山房、一九三五年。復刻・象山社、一九八一年）。

(54)　島内登志衛編『谷干城遺稿』上下、靖献社、一九一二年。復刻・続日本史籍協会叢書・全四冊、東京大学出版会、一九七六年。

(55)　林英夫監修、広瀬順皓・小林和幸編集『谷干城関係文書』北泉社、立教大学図書館所蔵、一九九五年。

(56)　「明治六年九月福岡及佐賀事件に付石井邦猷よりの書」、前掲『谷干城遺稿　三』三六九―三七一頁。

(57)　森長義は置賜県士族で、長野県参事を経て、この年（一八七三年）八月十二日佐賀県参事に任命された。

(58)　「明治六年九月佐賀県改革につき山県卿よりの書」および「明治六年九月佐賀県改革に付小沢中佐よりの書（写）」前掲『谷干

城遺稿　三』三七一・三七二頁。小沢武雄中佐はのち陸軍少将、貴族院議員。月曜会事件の立役者である。
(59)「明治六年十月山県卿より上京見合わせ申入れ書」前掲『谷干城遺稿　三』三七二頁。十一月四日熊本鎮台白杉少佐は、山県からの長文の電報を大阪鎮台に回送し、至急熊本に帰還するよう要請した。「明治六年十一月白杉少佐より上京途中呼び返しの書」前掲『谷干城遺稿　三』三七二―三七三頁。同月十日山県有朋も大阪鎮台に対し、谷への熊本帰還指示を伝えるように依頼した「明治六年十一月山県卿より再度の引返申入書」前掲『谷干城遺稿　三』三七五―三七六頁。
(60)前名は熙。陸軍教導団団長。
(61)「明治六年十二月山県卿九州巡回帰京後の書」前掲『谷干城遺稿　三』三七九―三八〇頁。
(62)平尾前掲『谷干城遺稿　三』では、谷の東京到着は十二月二十五日としているが（三四八頁）、十五日の誤りではないかと思う。なぜなら十二月二十一日・二十二日の熊本鎮台兵の動揺・放火事件を東京で聞いていると述べているからである(三五四頁)。
(63)「明治六年十二月佐久間、白杉両少佐の書」、前掲『谷干城遺稿　三』三八〇―三八二頁。
(64)一八七四年一月二十三日付大蔵卿大隈重信宛佐賀県参事森長義「官省進達」二七、杉谷前掲「佐賀の乱覚書」三一頁。
(65)一八七四年一月二十四日付内務卿大久保利通宛佐賀県参事森長義・権令連署「官省進達」二七、杉谷前掲「佐賀の乱覚書」三一頁。
(66)「明治七年一月森長義より佐賀事情報告の書」、前掲『谷干城遺稿　三』三八八―三八九頁。
(67)前掲「明治七年二月佐賀県士族結党の件」に叙述。前掲『谷干城遺稿　三』三九五頁。
(68)この時の谷の書簡が佐賀県内にあれば、ぜひ御発表頂きたい。
(69)立教大学日本史研究室編『大久保利通文書　一』吉川弘文館、一九六五年、一一四頁。
(70)園田日吉『江藤新平と佐賀の乱』新人物往来社、一九七四年、一三五―一三六頁。
(71)なお、小さな点であるが、二月五日のくだりで陸軍卿は空席とあるが（講演記録二六頁）、これは言い過ぎであろう。陸軍卿山県有朋は、二月四日に辞表を提出しているとはいえ、これが受理されるのは二月八日である。さまざまな手続きを定める公式制度が、なお形成途上とはいえ、「空席」という表現は、いかがなものであろうか。山県はこの時、近衛総督兼陸軍省第六局長になっている。第六局は参謀局と改称され、のち外局となり、さらに一八七八年独立して参謀本部となる。参謀本部長は天皇直隷で陸軍卿より上席。一八七四年初頭段階では統帥権の独立の思想はまだない。しかし軍の出動と指揮（のちの表現では統帥ないし軍令）については、山県が全権を握りつつあったことは、確実である。なお佐賀の乱では山県は参軍として現地に向かっている。

(72)　これは軍の省卿を正院に入れるべきではないという木戸の主張に依るという。木戸は統帥権の肥大化に反対であったようであり、文官支配を支持していたようだ。しかし木戸が台湾出兵に反対して政府を去ると、山県は参議兼陸軍卿として正院に入った。しかも辞任中に局長であった第六局を、やがて参謀本部として独立させるよう画策していく。後世から見ると、この人事は大失敗だったのではないか。なお木戸の所見については、一八七二年の西郷隆盛の陸軍元帥任命の時にも表明され、任命は取り返されている。高橋茂夫「明治五年西郷隆盛の元帥任用について」『日本歴史』一四三・一四四号、日本歴史学会、一九六〇年五月・六月参照。

(73)　なお電信中の鎮台兵は、熊本鎮台兵のうち海路をとった半数の部隊で、二隻の汽船に乗船、早津江に上陸したことを指す。

開拓使の明治六年における方針変更と開拓使財政

榎本洋介

一　明治六年の方針変更

『新北海道史』（第三巻）によると、明治五年から始めた開拓使十年計画は、一年余で突然変更されることになった。それは、黒田清隆が達した明治六年六月、十月、十一月の三つの指令によって示された。それらより基礎的な事業の遂行を主とする方針から人民の安堵繁殖を主とした方針に変更したという[1]。

先ず黒田は、明治六年六月本支庁宛に「北海道開拓ハ実ニ遠大ノ業ニシテ固ヨリ日月ヲ期シテ成功ヲ論スヘキニ非ス故ニ先其経費ノ本ヲ算定シ然ル後其緩急ヲ計リ順序ヲ逐テ従事セサル可ラス」[2]と北海道開拓の基本的な進め方を示した。しかし実際に事業を進めるにあたり、誇大の弊に陥り経費を使いすぎたことに反省することになった。そのため明治六年には次のようにすることにした。

因テ顧フ自今ノ事痛懲猛省シテ其源ヲ深クシ其本ヲ固クセサル可ラスト故ニ今春雇入教師ライマン等ヲ北海道ニ差遣シ地質鑛山其他諸産物ヲ検査セシメ然ル後ケフロンニ謀リ諸出産ノ金額ヲ計算シ前途開拓資本ノ目的ヲ立其実地

ヲ具シテ廟議ヲ請ヒ確乎成功ヲ期スヘクシテ後施行セントス

これによると、遠大な開拓事業の実行について、経費の算定、事業の緩急の決定が必要であることを説き、ところが実際には開拓事業の誇大化に陥ってしまったことを反省している。また御雇い外国人のライマンらを北海道に派遣して諸調査を行った上で、教師頭取ケプロンと相談して、諸事業の経費を計算し、開拓資本を算定して後に施行しようとしている。そして最後に本支庁に対してその方針の確定までは新規事業を行わず、函館樺太なども同様に事業を減らすように指示した(2)。また同日、留萌支庁と根室支庁には上記とは別に、これまで行ってきた事業が誇大の弊を免れないこと、資金の確定までは新規事業を見合わせるようになどを指令した(3)。前年に設置された本支庁は、札幌本庁、函館支庁、樺太支庁、根室支庁、宗谷支庁（後に留萌支庁）、浦河支庁、東京出張所であるが(4)、この留萌と根室へ特別に指示された理由は不明である。

その後十月に、六月の指令と同様に着手すべき方法を示した後に、次のような指示が本支庁宛に出された。

今道路建築本庁造営本年既ニ竣功シ運便等モ粗其利ヲ得レハ来ル明治七年専ラ民政ノ利害得失ヲ審査シ其議ヲ尽シ其宜ヲ酌人民ヲシテ安堵繁殖ヲ得セシメントス各庁トモ其所轄ノ地利民情ヲ諦察シ上下ノ便宜ヲ計リ事ノ大小緩急着手ノ順序等精細熟考ノ上開申スヘシ(5)

明治七年度に行う事業について事業の緩急着手の順序を考えて上申するようにと本支庁に指示を出したのである。その際道路の開削、本庁の建設、運輸の便もおよそついたとしている。六月の指示では、事業の進め方を誇大の弊と反省した事業は、一応終了したものとしてとらえ、次に必要な事業である民生の利害得失に関する事業執行を目指すように指示している。その事業は、六月の指示にあるように、ライマン等が行う鉱山などの調査の成果によりケプロンとの相談の中で考え出されたものであろう。この後の開拓使の事業を見ると、生活に必要な木材や金属製品を生産する工場、移民たちが生産した原料作物を加工するための工場などを建設してすすめた殖産興業政策である。だがこの指示では、具体的な事業を提言せず、本支庁に事業計画について上申するように指示している。ところがわずか一ヵ月後の十一月に次のような指示が本支庁宛に出される。

夫開拓ノ大基本ハ先道路ヲ開通シ船艦ヲ備具シ転運輸漕ノ便利ヲ得セシメ地質物産ノ検査ヲ審ニシ以テ利用厚生ノ道ヲ尽ニアリ今ヤ転運輸送粗其便利ヲ得地質物産亦其検査ヲ経レハ此時ニ及テ勉励此ニ従事セサル可ラス将ニ来春ヲ以施行スル所アラントス故ニ予メ処分緩急ノ法ヲ定ム其序次節目多シト雖衣食ノ用ヲ資シ輸出ノ利ヲ開クニ過サルノミ(6)

明治六年になって黒田清隆は、それまでの開拓使の事業について、開拓の基本事業である道路の開削・本庁の建設などを誇大の弊があったとした。しかしそれらは一応終了し、資源の調査も終了すれば、移民たちの生産活動を支える新たな事業である殖産興業政策を実施するとしたのである。

『新北海道史』では、政府財政の窮迫のため大規模な基礎事業を不十分なままで切り上げざるを得なかったとしている(7)。本稿では、そうまでして方針が変更されねばならなかったのか、明治四〜七年の主に札幌本庁の事業概算に関する史料を見ることで確認したい。先ず方針変更以前の明治四〜六年の経費概算に関する史料から事業執行と財政の関係についてどのように考えていたのかを確かめたい。次いで方針変更後の明治七年の経費概算の編成に際してはどのような考えであったかを確かめる。その上でなぜ方針を変更する必要があったのかを考えてみたい。

二　明治四〜六年の開拓使財政編成の仕方について

(1) 明治四年の「札幌開府ニ付当使一般会計之目途」をめぐって

本項では明治四年の札幌本府建設再開をめぐる概算について検討する。

開拓使では明治三年十月はじめ岩村判官が上京し、明治四年の開拓使事業のために「当午一ヶ年分開拓御用途金穀出納仕訳」、「当午年出納ノ概目」、「北海道開拓ノ儀ニ付左ノ件々奉伺候」を政府に示した。それによると、年間収入は、大蔵省からの開拓使定額金が一三万両、定額米九〇〇〇石の金換算で七二〇〇両、その他産物売り払い代や海関所などの諸税、総額七六万両余を見積もっている。そして各地域の官員などの給料や事務経費が二二万両余、札幌や幌泉などの移住民の居宅建築費、札幌への移住民への扶助米など、東地（おおむね北海道太平洋側）元請負人より買い取りの船や漁具などの代金、西部（現在の石狩・後志）一二郡の本陣入用費用一年分など開拓関連経費が四六万両弱としている。その差額七万両余で、札幌へ二五〇戸、幌泉など三郡へ一二五戸の居宅建築などを行い移民移住の目途を立てるというものであった(8)。

その後十一月になって西村権監事らが、札幌での本府建設再開のために函館で「札幌開府ニ付当使一般会計之目途」を東久世長官らに示した。それによると先の札幌や幌泉への移住関係費用七万両余から幌泉分を除いた分の四万三五九〇両余四〇〇〇石、定額金米一三万両九〇〇〇石から一三万両七〇〇〇石、それらに寿都・手宮海関所と諸場所収税の見込み一〇万両を加えて二七万両余一万一〇〇〇石とし、それを札幌に本府を建設する費用とした。諸建築物は、札幌神社三〇〇〇両五〇石、本府（庁）二万五〇〇〇両五〇〇石、判官邸七〇〇〇両二〇〇〇石、判任官役邸一万五〇〇〇両二〇〇両、農家三七五戸四万二〇〇〇両一一二〇石、東京府貫属一二〇軒二万四〇〇〇両六〇〇石、その他米蔵一万五〇〇〇両、新川新道開削二万両五〇〇石、その他移住農夫扶助料などを予定している(9)。

この概算案は、その後さらに開拓使内部の検査を受け、十二月七日開拓使から弁官へ示され、大蔵省へ回され、多くの下札が付されて、明治四年三月十五日に再び開拓使に回ってきた(10)。

まず開拓使が提出した案では、西村が示した概算案とは多少違いがあるので、主な項目を示そう。十月提出した概算の七万両余からの幌泉分を除いた札幌への割り当て分が、三万三五三七両三四九七石に、さらに定額金からも一二万両に減っている。したがって合計金額も二五万三五三七両一万四九七石となっている。札幌神社三〇〇〇両五〇石、本府（庁）三万両五〇〇石、長官邸八〇〇〇両二〇〇石、判官邸五〇〇〇両一五〇石、大主典邸四棟少主典邸権少主典邸六棟並使掌長家一万五〇〇〇両三五〇石、農家三七五戸三万六四〇〇両九七五石、東京府貫属一二〇軒二万四〇〇〇両六〇〇石、その他米蔵一万五〇〇〇両、新川新道開削二万両五〇〇石、その他移住農夫扶助料などとなっている。西村案にはなかった長官邸が加えられ、恐らくそのためであろう若干の米金の移動がある。

ついで、弁官からの指示に付された下札には、「東地幌泉外四郡詰并函館産物掛職員は何等之官員御出張相成候哉其外諸入費巨細仕訳承り度且税金何等之内より御仕払相成候哉」とある。第一に各地詰の職員についての問い合わせで、開拓使の内部事情が理解出来ていないことから来る疑問であろう。第二の入費の詳細な内訳が欲しいこと、第三の税金の出所の詳細が知りたいことの二つは、財政に関する基本的な疑問であろう。また七カ条にわたって各地の開拓使官員の配置や官禄、経費の一式について示しているが、それについての大蔵省と思われる下札には、その全てが詳細を示すようにというものである。さらに概算表についても同様な問い合わせが示されるが、以下に主な建物である神社と長官邸と米蔵、それに土木工事の新道新川について見てみよう。

（神社）何之神社御建立相成哉且幾社御建立相成候哉壱社ニ候ハ、莫大過当之御入費ニ可有之併如何様之御見込ニ候哉／（長官邸）凡官邸新規取建入費者二等三等之官員ニ而凡千弐百両内ニ有之候処莫大過当之見込ニ有之候者何歟別段之見据置有之義歟。判官邸宅大主典已下之処も右ニ準シ候事。両様御見込之趣巨細ニ書立御出候様いたし度候事／（新道新川）新川新道切開キ之地理并其次第承リ度候事／（米蔵）米蔵之坪数者幾程ニ候哉(10)

これらの下札にある問い合わせも、全てその詳細が不明であるからと言っていいだろう。それに加え建物の金額が過当であることを指摘している。むしろ過当であるが故に詳細を知りたがっているのであろう。どちらにしても建築の概算も大雑把過ぎることからより詳細な経費の内訳を求めている。先の十月はじめに出した概目では、もっと大雑把な概算表である。大蔵省では、それを承認したあとに一部変更として出された「札幌開府ニ付当使一般会計之目途」について、より詳細な概算を求めていることになる。

明治三年春にも開拓使は概算表を出して定額金を引き出そうとしたが、それはさらにもっと大雑把である。大蔵省から受け取る定額金米二〇万両一万石のうち「金八万両　長官始諸役給料／金五万両　役々往来之入費筆墨紙等官ニ相懸ル入用銀／金五万両　函館石狩両裁判所修理其外罪人召捕外国ニ関係入費／金拾万両　窮民御扶助病院入費且其外臨時手当／〆弐拾八万両也」というように金額と項目をしめしているだけである。(11) 一万石の定額米は一石八両に換算をして総額を出している。官員の給料、出張旅費や事務費、各出張所の営繕費や外国関係費、窮民救助などの民生費という分け方だけを示している。この明治三年に示した概算にも、明治四年の「札幌開府ニ付当使一般会計之目途」にも経費を詳細に示した文書は見つかっていない。まだ断定は出来ないが、恐らく詳細な経費を示す文書はないと思われる。この頃は大雑把な概算を示すだけでよかったのであろう。これは明治四年段階でも、各事業の経費が示されるようになったが、大蔵省はより詳細な概算を求めた。むしろ開拓使は各事業を示しただけでよいと考えていたのであろう。あとの細かい経費の使い方は、その時の情勢や地域の事情により地方官の裁量にまかす、または足りなければ操替金を要求すればよいと考えていたものと思われる。

明治四年の他の事業においても、例えば「建府御入用金之儀東京大坂税金を以繰合三万両差立候」というように、札幌本府建設を東京や大阪にあった北海道産物会所の税収から一時繰り合わせていた。(12) この頃は、このような繰り合わせや繰り替えと呼ばれる資金繰りを行って、緩急を考えずに事業を実施してでた欠損を補填していたのである。

明治四年から開拓使は札幌本庁を本格的に建設する方針を立て、三年中に財政案を作った。しかし大蔵省から見ると大雑把過ぎる資金計画であり、どのような規模の建物をどのように造るかなどが示されておらず、それに資金を遣いすぎるように見えた。概要だけを示して資金を調達するのは、明治三年にも同様であった。また資金の不足は他の用途からの一時的な繰り替えを行うことで賄っていた。

（2）明治五年の札幌本庁事業経費をめぐって

本項では明治五年の札幌本庁事業経費を中心に検討する。

明治四年八月十九日、五年からの開拓使定額金米は改定され、明治五～十四年の一〇年間に一〇〇〇万両とし、五年は五〇万両、六年は八〇万両、七年から一〇〇万両ずつとなり、八年以前の不足額七〇万両は、七年間に支給することになり、定額米一万四〇〇〇石は七年から廃止、租税は以前同様に開拓使が収納することになった。また樺太開拓使は四年八月八日に開拓使に合併したが、九月二十四日には定額金が改定され、五～六年は一年間金六万両玄米五〇〇〇石と決まった(13)。

明治四年中には、東久世長官が侍従長に転任し、黒田次官が次官のまま開拓使を統御することになった(14)。明治四～五年には東久世長官在任中は東久世と黒田の連名で、転任後は黒田の名前で、開拓証券発行や一五〇万円の外債募集の伺(15)等を政府に提出して定額金以外に資金を求めると共に、女学校開校にかかわる伺(16)や鉱山開採にかかわる伺(17)など新規事業を興す多数の伺を政府に提出した。おおむねその伺は許可された。開拓使は、それらのほかに大蔵省から一四五万両を借り入れた(18)。そのため明治五年はそれらの事業が目白押しとなり恐らく経費がかさむ状況になっていたと思われる。その状況を伝える西村貞陽の書簡が残されているので見てみよう。

東京表にて金調方十分に御手相付大蔵より百四十五万両御操替渡、是は明後酉年迄は利足のみ払入、戌年より五ケ年に割、定額之内より引去り相成候筈、弐分判引換拾五万両之内七万五千両十月中被差出、弐分判は十二月中大蔵へ廻し候筈、跡七万五千両は来二月に被差出、五月迄に弐分判を以戻し入る事に談判相済、七万五千両之辻に不遠差廻し相成筈之由（此度之壱万七千五百両も此内也）。／是より先三井よりも調達談判済之処、前条大蔵之御操替出来候に付、三井之方

> は御断り相成たる由に候得共、既に集金いたし候都合にて五万両丈此口よりも調達相加候事之由。しかれば御金操一条先々御安心可被成奉存候。（中略）／産物懸も鮭昆布等不相揃諸掛金はさし競い大困却之場合、加之幌泉より柴田史生早□(ママ)に而出函、金不足并廻し物品之義も相迫り、佐郷は病臥、門野は大狼狽、金穀懸へ立換金之義ども中立候得共六ケ敷、しかし朝山亘が尽力に而外調之筋等周旋中に御坐候。福島屋丁佐え御下げ可相成五千金は既に佐郷も承知なくして、先月中に歟五千両前両家へ預け相成居候由少し不都合也に付、それを其儘に引付来月に至り壱万五千両分是迄之利足を函館金穀より下げ相成、跡壱万両は明春迄据度之義佐郷手にて諭し済相成申候。(19)

これによると全体の資金として大蔵省からの一四五万両借入という形で調達し、二分判の引き替え用資金を一時的に繰替利用しようとし、三井組からは大蔵省からの借入金が出来たので調達をやめようとしたが既に五万両調達してあるのでそのままとして、資金繰りは安心であるという。そのほか函館産物掛と幌泉での資金繰りが切迫していること、福島屋と萬屋からの借入金一万五〇〇〇両の五〇〇〇両返金と利息の払方と一万両返金延期の話である。産物掛と福島屋萬屋の件は、十一月十六日付岩村宛西村書簡を見るとはっきりする。それでは、両家から一万五〇〇〇両借り入れていたようだが、佐郷の考えでは、利息だけ払い返金は来春のつもりであったが、佐郷の函館到着前に川野亘が元金の五〇〇〇両を産物掛の資金から返却してしまった。そのため産物掛では資金が減少し、上記のように切迫状態になり、新たに刑法掛が福岡藩から没収した分などから繰り替えさせることにした。(20)

前述の通り長次官らの建言により新規に起こされた事業を含め札幌本府の建設など多くなった事業への資金繰りについて西村の考えが分かる。この考え方がこの頃の開拓使をはじめとする各省の定額金と事業資金の考え方であったのであろう。事業を実施するについては、定額金米として支給される以外に、必要なら商人らからの借入や大蔵省をはじめとする役所からの繰り替えという借入や一時的な流用で調達して事業を実施する。その借入金は相談で返済を引き延ばすことも念頭に置いていた。

しかし十月十五日東久世長官が侍従長に転任すると状況が変わった。それまで黒田が開拓次官に就任以来、黒田は樺太専務の辞令を受けたことから、東久世は北海道を管轄するという分担となっていた。そのため東久世長官は、ケプロンについて「何も黒田雇入候人物故専樺太壱手にて尽力、いずれ合併に相成候上ならずば協力も致がたく存候」(21)とのべて、樺太開拓使と開拓使とは関係ないことを強調している。しかし八月樺太開拓使が開拓使に合併し、東久世が転任することで黒田次官が北海道をも管轄するようになるとにわかに状況が変わった。西村はその違いについて次のように岩村へ書き送った。

明年之御着手方御企且大山氏抔之思わくと違次官殿之存慮には定額御増方并百四拾五万之操替調達も整いたる義には候得共、此際厚注意百端聊も後戻りする様之事有之而不叶ゆへ、先従前之儘に相運び、営繕向も一課取細め可申と之事に而実に案外之次第(22)

樺太だけでなく北海道の事業も委任された黒田は、それまでの事業を無駄にしないよう事業を進めようと考え、肥大化していた事業を縮小しようとした。それに加え具体的な事業では、諸建築物の材料となる伐木の量を断然減らすように指示した。西村はなんとか説得を試みたようだが、うまくいかず、岩村へ来年の伐木量を指示通りにするように書き送ったのである。

さらに西村は、札幌での資金繰りのため兵部省からの一時的な引継金や幌泉の家作代の立替など三万両余の差し回しを求めたが、黒田は「台体入るを量りて出るを制し候半而不相叶、最前より予めするの目途相立居候筈に付而は、明二月迄之御纏めは従前之定額之内に而夫々相整い候は而不相済、一金も新方より償候義不相成に付、御勝手に御取斗可有之」(23)と言ったという。岩村らのこのような事業の進め方については東久世長官も了解していたようだが、東久世が持っていた書類の数字などとの違いもあり、黒田が金繰りの不正を懸念したようだと西村は岩村に書き送った。種々説得してなんとか認めさせたが、「御地におゐては残念ながら脇本陣を被相建候外は長屋等も御見合、臨時営繕も成丈暫之処御見合、片倉之家来共家作之義も不都合無之候て明春迄御見合せ之道相付候はゞ是又御差ひかへ、伐木は無論前断之通に御坐候間、職人抔も当冬丈は食糧のみと相当り候様、御苦敷は千万可有之御坐候得共、都而御制節被下候様奉存候」と、兎に角札幌での事業縮小を申し入れた。そして二月迄の精算を強く申し入れた(24)。同様な情報は安田大主典からももたらされ、岩村は「従前之体を以全面御取締可申付様西村氏より申越候依而は兼而御見込書之通御運ニハ難相成義ニ候間諸手張不申様猶又御注意可被成存候(25)」と宗谷支庁の土肥権監事へ書き送っている。

明治四〜五年黒田は、東久世長官在任中は連名で、転職後は単独で伺を出して新規事業や資金繰りを申入、その多くを認めさせた。しかし東久世長官離任後からは、上記のように歳入と歳出のバランスを欠くような見通しのない事業にはストップをかけ始めた。

しかし同じ頃アメリカから雇われたケプロンが北海道開拓に関する助言を出し始めた。その結果、十二月になると状況が再び変わった。

明年札幌へは定額之内弐十五万両丈相廻候との御都合に候処、ケプロンより申立之廉も有之当今折角翻訳中未だ審なるを不知、凡六拾万両内外之職役は明年中に致度との事、是は先室蘭より札幌へ道路成就、扨又本庁学校之二宇を相建度旨□□(ママ)。右之普請は練化石を以相建候ゆへ、矢張材木は柱組等之分先便申上候通二万両分之伐出しにて宜敷と之事此義小生之心底に落合兼候得共、致方なし、依て土方人夫も許多明春引連候筈□(ママ)度先頃弐百人丈薩州より御呼寄候事に相成其首尾之為官員出張相成候御坐候条、予め其御注意を以人気之折合相付、聊御手戻り之事等無御坐様御賢図可被成下候。此一件もいまだ曖昧之事ゆへ別紙写之通伺を経申上候事に御坐候。尚明年之出納表等折角相拵居候間、追而御廻可申上候(26)。

ケプロンの助言によりにわかに札幌での事業が拡大しそうなことを伝えてきた。しかし伐木の量は以前と同じ二万両という事は、それ以前に計画していた材木をつかう事業のかわりに本庁や学校の建設を行うということのようである。明治五年建設事情を確認できる限りで見ると六月時点で三月から十二月迄の諸向き支払い予定が三八万円余となっている[27]から六〇万両の上乗せではなく、札幌本庁で計画していた事業とケプロンの助言に基づく事業を財政のバランスを見て選択したものなのであろう。

明治五年四月に黒田が札幌へ出張して、明治五年の経費概算の定約が岩村通俊判官と結ばれた。それは、「米金定額調」「繰替米金仕訳調」「御定額金并別段御廻可相成金員調」「(定額開券の内から差向き払出の廉々調の)記」「別段御出方并定額金之内御出方記」からなり、札幌の経費概算、その資金の東京からの送り方などが示されている。それらを簡単に見ると、前年度に既に繰り替えしていて返還に向ける分も含め明治五年の札幌の定額金米は一九万円九〇〇〇石、定額から出す分も含めた別段御出方等は八万五四二〇円余であった。[28]ところが六月には、「別廉営繕諸入用」が二六万四九四六円余に膨らんでおり、岩村は不足分の回金を黒田に要望した。[29]それに対し黒田は、やむをえず実施しなければならないものもあるだろうが、過半が条約外の事業であり、前もって申し入れにより緩急適宜の相談をしていれば入用金の繰り合わせもはかれるだろが、突然二六万円余の要求では、出納の予定も立たず会計総てに齟齬を来たし、会計掛に対して信義を失うだけでなく、条約も水泡に帰すとして要望に添えないと岩村に回答した。さらに先の条約検印は取消解約し、札幌にある印鑑も反古とするので返却するように指令し、ただそれでは事が済まないので資金繰りして二〇万円を送ることを伝えた。[30]岩村はその責任を感じ辞表を提出するが、西村らのとりなしで一時収まる。[31]しかし十月に開かれた開拓使幹部らの集まった札幌会議で再び問題となる。[32]そして明治六年一月には、事業費の遣いすぎの傾向のある岩村と浦河支庁の三好清篤を含む幹部を解任した。[33]

明治五年の事業は、はじめは前年までと同様に考えて費用の調達を行っていた。しかし東久世長官が転任して黒田次官が全体を統括するようになると、収入に見合うような支出とするという黒田の意向が示された。しかしそれは札幌本庁全体には伝わらず、前年までの考え方と同様に事業を執行してしまった。そのため札幌の事業は肥大化して、資金不足をまねいてしまい、明治六年初めの開拓使幹部の淘汰につながった。

（3）明治六年の札幌本庁経費概算をめぐって

本項では、明治六年の本支庁経費概算を検討する。

明治五年十月札幌において、各地の主任官たちが会合して次年以降の開拓方針を検討した。現段階では札幌本庁、函館支庁、根室支庁の六年分の経費概算が認められたことを確認できる。札幌と函館には会計規則も含めて承認された。函館の会計規則を見ると会計課に強い権限を与え、会計課と合議がなければたとえ上官の検印があっても支出しないことや臨時的な収入があったときも会計課との合議の上で施行することなどが強調されている(34)。また札幌では、十月二十八日付会計係から出された札幌入用分の東京から回す分についての伺では二六万円の定額金のうち入費を減らして六七八九円三一銭ずつ三年間で返納するとしている。それに加え札幌の会計係が出した次官らへの伺いでは、各局や管轄諸郡の諸入費概計表の金額を超さないように各課長が注意するように求めている(35)。

札幌の場合、明治五年に諸費のつかいすぎが問題となり、札幌会議の席上札幌の会計担当と思われる八木下が次官から叱責を受けるというシーンがあった(36)。そのため札幌は、五年中の欠損について返金の約束を交わさなければならず、それを保証するため会計管理を行う会計課の権限を強めるような会計規則を策定して諸支出のコントロールを行おうとしたのである。

函館の杉浦誠は黒田次官に対し、明治六年度の函館支庁概算について次のように考え方を述べている。

函館庁年費定額金当壬申年より来ル甲戌年迄三ヶ年間地方税ヲ除之外金拾万円充別段御償相成候処乙亥年より巳後目途之儀は函館寿都之両所海関所被取開候ハ、其税銀及従前之地方税ヲ以可成丈ケ御失費薄ニ相成候様仕度心得ニ付自今地方生産等之利ニ注意シ百事施設之方法差考居候得共未タ判然之目的相立兼当時ヲ以予算致候得ハ凡出納別紙調書之通ニ付甲戌之冬ニ至り候而実地之目途相立多少額金御定約相願候心得ニ御座候此段申上置候也(37)

まだ事業目的を持っていないため事業経費の算定もまだ出来ないので、現在の状況により予算し、明治七年までに実地の目途を立てて定額金の定約をしたいとしている。函館は明治五〜七年の三年間の定額が決定していて、そのうちでのやりくりをしているのである。明治五〜七年三ヶ年間について地方税以外に金一〇万円ずつ別段の償金とは、三年間は毎年一〇万円ずつ東京（開拓使が大蔵省から受け取る定額金の内）から回されることになっていたことを指す。札幌本庁以外の各支庁がこのように毎年の定額を決めてあったようである。札幌の場合は、官禄や事務費などの定額に対し施設の建設などの営繕事業は「別段（廉）御出方」などと呼んで事業経費を積み上げたものであった。

　札幌では、黒田と明治六年分の定約を結んだ後、松本十郎と岩村大判官の名前で次のように各局と各郡官員へ指令を出した。

　追々御一同御承知之通当申年莫大之御出金ニ相成実恐縮ニ候へ共今更実事不得止事明々情実願立来酉年札幌本庁并管内之定額金三拾四万円米九千石ニ今般御約条済ニ候得共然ル上諸局并各郡共其処深御注意已後右定額ノ内ヲ以テ金皆相弁候ハ勿論精々省減余金ハ当年定額外御操替金返納之廉々引向度此上万一目途ヲ失ヒ御約条々齟齬等有之候テハ独リ次官殿ニ対シ信義ヲ失シ候ノミナラス当使有限御定額指響結句ハ全道御開拓ノ妨ニ相及実ニ不相済(38)

明治五年の資金のつかいすぎについて、反省しなければならないが、いまさら事実はやむをえない。今回結んだ定額金で済むように努力することに加え、さらに減額できるようにし、余った金額は明治五年に定額外の繰替金として遣いすぎた分の返済にあてるとしている。これが先の余金の返済のことであろう。定額金にあった事業執行と出来るだけ資金を減少させようという指令である。そして札幌の定額は、三四万円九〇〇〇石となった。それに加えて営繕費は二四万円余が別段御出方となっていたが、実際にはその施行にあわせていく度か減額した(39)。

　また六年五月二十日には、本庁は広大であり非常時などに「其都度申立候事ニテハ遠路隔絶至急之間ニ逢ヒ兼候ノミナラス終ニ諸事業モ土崩ニ相成モ難計」として予備金一万円を要望した。ところが黒田は、七〜八月頃には小修繕用に六〇〇〇円を渡してあるからこれらを繰り合わせたり、平常の覚悟があれば一時的にはどうとでも出来るであろうし、

「準備金ハ往々他エ遣廻シ非常之節其用不為」として回金を認めなかった。(39)誇大の弊となりかねない資金繰りを警戒しているのである。

明治六年は、前年の欠損に対する反省の中で事業概算がつくられ執行されていった。また札幌では、明治五年中の欠損を返金するため、またその概算を保証するため、会計を管理する会計課が強い権限を持つような会計規則も策定された。そして本庁会計の基本姿勢は、定額資金をおさえることであり、余金を出して返済にあてることであった。また非常用に予備金を要望したが、黒田は事業の肥大化を招きそうな予備金の要望を、聞き入れなかった。

三　明治七年の経費概算について

明治四年の約束により明治七年からは定額米の支給がなくなることになっていた。それは金額にして五万四、五〇〇円の減額を意味し、それへの対応が迫られた。明治六年七月十八日札幌の田中幹事から東京の西村正六位時任為基へ「当年ヨリ予メ其法不設置候半テハ必至ト差閊可申（中略）明年之義ハ如何御処分可相成哉御差図振至急御報知有之度」と書き送った。それに対して九月十日東京からは次年度の概算について次のように連絡してきた。

当年之計算イマタ不相約ニテ候共大方之処ヲ以来年之按算目的被相立御伺之上当否御差図可相成ニ付即今御決答難申進乍併当地オヰテ按算概略ハ米ヲ被廃止収税御差足シモ被廃止明年定額金凡弐拾万円ニ被差当可然哉之旨ニテ且当年定額米九千石之余三千八百三拾三石余ハ御渡切可相成之大図ニ候段次官殿御了簡ニ候イツレニモ昨今年御入費多端当年末ニ至不足金モ可有之次第ニ付于爰申迄モ無之候へ共其管内歳費篤ト御見詰明年定額高御申出相成可然左候テ御差図被受候此段回答申進候也(40)

明年の定額金を見積もるのに際して黒田の考えを西村らに問いあわせた事への返事である。定額米や毎年の租税収入額などで金額を決めてからではなく、管内の経費概算をしっかりと見極めて来年の定額金高を定めればよいと札幌へ回答してきた。この往復は、黒田が事業を再考し始めることを示した明治六年六月達後の往復である。この背景には黒田の考えがあるとするならば、黒田が事業について再考することになったきっかけの一つが本支庁の事業を財政面から見直そうとしたことがうかがえる。つまり実施したい事業をまんべんなく行うために定額金や別段支出を要求して必要額を引き出すという体勢を、政府から出される定額金や租税収入などの総額を見極めて事業に緩急をつけて実施していく体勢に切り替えようとしたのである。

九月十五日には田中幹事から西村・時任宛に「明年当地定額金米」を決めたいこと、新道筋修繕と橋梁等の入費・石炭山と病院などの入用・教師畑作などの入費など別段御出方とすること、営繕月定額金を従前通りとすることなどについて次官へ伺いを立てて指令を受けたいことを申し入れてきた。しかしそれについては西村らから田中へ対し明年の定額の件は九月十日の書簡で申し入れたとおりに取調べ申し寄越すようにという回答であり、新川等の別段御出し方と営繕月定額従前のとおりについては、定額により決定すべき筋のものであり全てダメであると回答した。(41)

これら札幌の明治七年の概算表は会計局で十一月頃には出来たようで十二月十日付の「明治七年歳額金調書」がある。それによると総額金三六万二〇七二円二三銭五厘米八〇三三石六斗七升五勺となっている。そのうち先に別段御出し方として予定していた分（石炭掘り出しと電信教師入用別段の詮議を求めている）金四万円余米二千石余を引き去った米五〇六二石一斗四合金三二万二五九三円六六銭一厘を一年分の定額金として明治八〜十一年の四ヶ年間も渡して欲しいこと、その内一〇万円が管轄内各郡の収税金の平均見込額としてさらに引き去り、米を一石五円見積もりとして金二四万六九〇四円一八銭一厘を一年分の定額金として明治八〜十一年の四年間も東京から回して欲しい金額としている。その経費概算調書を東京の会計課も検討の後、明治七年四月七日に札幌と東京の会計課連名で次官・幹事・七等出使宛に新規事業は出来るだけ省いて米三三石九斗四升五合金四万八九九六円三〇銭二厘を減額して米七九九九石七斗二升五合五勺金三一万三〇七五円九三銭二厘を明治十一年までの五カ年間の札幌本庁定額として渡すべき金額として伺を行った。今回札幌本庁ではその管内の各郡の経費を含めて明治七〜十一年の五年は、毎年定額が東京から回されるようにした。東京会計課から次官・少判官・幹事・七等出使へも減額した内訳の理由や資金のやり繰りについて伝えた。(42)

七年の三、四月はこの交渉に費やしたようで一部往復文書から見ると次のような事情が見える。四月十日宛先は不明だが金井の申し入れには、東京会計課との意見の違いがあったようで、東京会計課の見込み通り決定するなら、札幌本庁管轄内の各郡出張所をはじめ函館・樺太・留萌・浦河の各支庁とも、札幌本庁と同様に詳細な年費調書を差し出して事業の吟味をして欲しい、さらにそうでないなら本年から収税金の他二〇万円ずつ本庁へ回して欲しいと申し入れている。さらに四月十三日にはやはり宛先不明だが、金井は開拓使の定額金一〇〇万円を受け取った上函館・樺太などへ定額を渡すという順序と同様に本庁へも歳額を決めて欲しいと申し入れている。恐らく東京会計課が札幌本庁の歳額調書を詳細に検討して微細な減額を強いたのであろう。にもかかわらず函館他の各支庁は毎年の定額が決定しており詳細な歳額調書を出さずに定額金が渡されていたのであろう。本庁だけを詳細に検討するのではなく、各支庁もそうすべきであると居直っているのである。本庁だけを詳細に検討するのはやはり明治五年に予定外の事業等を起こしすぎて歳額を大幅にオーバーし、札幌会議で議論になったことによるのであろう。とくに十三日の金井書簡には、非常や新規事業について東京へ伺いのうえ施行すれば「前途目的之齟齬有之間敷奉存候」と意見を述べているが、それがほかの支庁と同様の仕方だったのであろう。(42)

この七年の定額決定を受けて六月七日札幌本庁の大判官松本十郎から各局へ次のように通達した。

本年本庁定額常備別廉金トモ別紙仕訳表之通於東京御決定之趣報知有之昨六年ハ各位格別ノ勉強ヲ以テ定額多分之贏余有之壬申年定額外東京御操替ハ総テ戻シ入相済満足之至ニ候追々了知被致候通当今御用途不容易御多端之折柄仮令定額被定候とも其金員ニ不過ハ勿論六年六月中別紙写ノ通次官ヨリ之達ニ基キ痛懲猛省シテ微細之末迄モ御失

費不相立様猶此上厚ク注意有之度改テ申入ル、迄モ無之候得共爾来別テ無隔意一和シ萬事申合施行致度此段厚及御談候事[43]

明治五年の大赤字を補填することが松本十郎の義務であったかのように各局をさらに叱咤してる。さらに明治六年六月の黒田次官の達に基づいて七年についても事業費の省減を通達しているのである。「御用途不容易御多端之折柄」とは、おそらく政府の財政状況を指していると思われる。

また明治七年は、明治四、五年に大蔵省から借入した一四五万円を返納し始めることになる年でもある。東京会計課から本庁会計局への通知によると、明治五年に四三万円余を返納し、明治七年に借入元金の残金一〇一万円余の利子六万円余と元金へ一六万円余を返金した[44]。明治四年に借入した際に返済の仕方を示す書類では、先の西村の書簡にあるとおり四～六年は利足だけの返済、七～十年は三〇～四〇万円の元金と毎年の利金を返済することになっていた[45]。しかし実際には明治五年に既に元金の返済をしており、七年の元金返済額も予定の三〇万円ではなく一六万円としている。確認はしていないが、大蔵省との契約変更があったのであろう。この借入金返済について考えると、明治五年に予定外の返済があることは、前述の札幌本庁での事業が肥大化し、結果として多額の欠損を生じた際も大蔵省へ返金していることになる。むしろ返済したがために事業費が縮小し欠損金を出すことになったといえるだろう。そして松本の事業費省減の背景には、さらにこの借入金返済があったと考えられる。

明治七年になっても前年からの緊縮傾向は続いた。そのためであろうと思われるが、札幌本庁の定額金も詳細な事業経費の積み上げではなく、函館などと同様に年額を決めて支給される形になった。また明治五年の資金不足の原因の一つが、明治四年の大蔵省からの借入金返済であったことが分かった。

四　開拓使の財政と方針転換

明治六年中の黒田開拓次官の指令により開拓使は開拓の基礎事業を終了して殖産興業政策を実施していくことになった。その背景を明治四〜七年の札幌本庁の財政やその考え方を主に検討してみた。すると東久世長官が侍従長に転任し、黒田次官が樺太専任から北海道をも管轄するようになってから、開拓使財政のあり方についてそれまでとは異なった考えで形成する方針となっていたことが分かった。

はじめは事業の計画に基づいて資金を要求したが、それは、大雑把な要求額があり、足りなくなればちがう用途や次年度からの繰替を行って賄うという綱渡り的な財政運営を行っていた。それを黒田次官は転換しようとしたのである。

実は黒田は、明治三年五月開拓次官に就任した直後に、同様な問題を樺太開拓使が抱えていた。それは、明治二年開拓使の定額金分配について、樺太詰は要求額を一七万両としてそれが全てもらえるものと判断して支出した。しかし開拓使は北海道各地詰とのバランスをとって実際の樺太分は七万両しか回せなかった。三年二月の樺太開拓使設置後も同様に差額の要求をし続けた(46)。それに対して黒田は、就任後にはじめて樺太へ赴任した際に、勝手な要求であったとして部下たちを叱責していた(47)。

東久世長官が転任して黒田次官が北海道を管轄するようになって開拓使財政を見たときに、樺太と同様な状況であったことが分かったのであろう。それを如実に示す事件が明治五年に札幌本庁の事業を肥大化したことであろう。だから黒田は、岩村に対して条約の解約を指令するし、札幌会議で会計担当の八木下を叱責したのである。

黒田次官は、そのような状態の札幌本庁を改善するために松本十郎を岩村の補佐・監視として札幌へ赴任させ、政府財政の悪化とも相まって六年一月に黒田が自分の階級を下げることと冗官廃止として岩村ほかの幹部を解任したのである。さらに明治六年に開拓使の方針を転換するとして財政整理を実行したのであろう。その改革の第一が、札幌本庁の財政改革であり、詳細な事業の積み上げによる定額金の要求とその調整から毎年の定額を東京から支給する定額金のなかで賄うこととなった。そしてその結果は、公共事業が激減した明治六〜七年は札幌で大不況となり人口減少を招いた[48]。また十月の指令では、各庁に対して事業について熟考し上申するように指示した。その結果が、明治七年になって浦河支庁の廃止が上申されたこと[49]、留萌支庁では増毛・苫前両出張所を廃して留萌支庁へ合併することが上申されたことである[50]。これらも経費節減を理由とするものである。

黒田による開拓政策の方針転換は、政府財政の窮迫により基礎事業を不十分なままで切り上げて、移民たちの生活が成り立つような殖産興業政策への転換であった。しかし開拓使内部の財政的な側面で見るとその背景には、開拓使の事業の進め方に、収支のバランスを考慮していなかったことがあった。おそらく他の省でも同様なことがあったであろう。そのことが明治五、六年頃の政府財政窮迫の原因であり、大蔵省の井上馨や渋沢栄一は財政赤字を報告して司法省政策を推し進める江藤新一と対立することになった[51]。黒田は、そのような体制を変換することを目的にしていたと言っていいだろう。

本来なら各本支庁が進めている事業を分析して財政的な適否などを検討する必要があったのであろうが、今後の課題としたい。また明治初期をあつかった財政に関する研究書では、この時代であっても「予算」という言葉を使っている。本稿では、現在使用されている予算という言葉より非常に大雑把な「予算」であるので、区別した方がよいのかと思い「経費概算」や「概算」ということばを用いた。

註

（1）『新北海道史』第3巻通説2、一九六—二〇四頁。

(2)　以上『開拓使事業報告　付録　開拓使布令類聚』上―章程。引用部分の要約は、「北海道開拓は実に遠大の事業であるが、元来期限を区切って成功を論ずべきではない。先ず経費を算定し、その後事業の緩急により順序を決めて施行しなければならない。」「ゆえに今春雇い入れた教師ライマン等を北海道に派遣して地質鑛山その他の諸産物を調査させ、その後ケプロンと謀り諸生産の経費を計算し、これからの開拓のための資金を算定し、その事業を具体的にして廟議に付して成功を期すようにして後施行しようと思う。」

(3)　同右。

(4)　『開拓使日誌第十二号』。

(5)　前掲『開拓使事業報告　付録　開拓使布令類聚』上―章程。引用部分の要約は、「いま、道路開削、本庁建設など本年既に竣工し運輸の便もよくなれば、来る明治七年には専ら利害や得失を審査して審議を尽くして人民の生活にとってよい方法を考え、人民を安堵繁殖させようとしている。各庁ともその所轄の地勢や民情を観察し、役所と人民の意思の疎通をはかり、事業の大小緩急を考えて着手の順序を精細に熟考して申出るようにしなさい。」

(6)　同右―貿易。引用部分の要約は、「開拓の大基本は、まず道路を開通し、船艦を備え、輸送の便利を得させ、地質物産の調査を詳しくおこない、人々が生活するのに利用し厚生の道を尽くすことにある。今では、輸送はおよそ便利を獲得し、地質物産もまたその調査をへれば、次には努めてそのような事業を行わなければならない。まさに来春にはそのような事業を実行することになった。ゆえにあらかじめ事業執行の緩急の方法を定め、その順番や事業の節目は多いのであるが、衣食の用を補い、輸出の利を開くことにすぎない。」

(7)　『新北海道史』第三巻通説二、一九九頁。

(8)　『開拓使日誌補遺』上。国立公文書館所蔵『府県史料』所収『北海道史料』など。

(9)　同右『北海道史料』。

(10)　『正院往復』道文三三〇―三三一。引用部分の要約は、「東地の幌泉他四郡詰と函館産物掛の職員は何等の職員が出張になるのか、その他の諸入費の詳細な仕訳を承りたい、かつ税金はどのようなものから支払いになるのか。」「(神社) なんの神社を建立するのか、かつ幾社建立するのか、一社であるなら莫大で多すぎる入費であり、どのような見込であるのか。(長官邸) およそ官邸を新規建設するときの入費は2等3等の官員でおよそ一二〇〇両以内であり、莫大で高すぎる見込は何か別の目的があるのか。

判官の邸宅や大主典以下の家もそれに準じる。両方の見込を詳細に調書にして提出してください。（新道新川）新川と新道を開削するための地理やその経緯をお聞きしたい。（米蔵）米蔵の坪数はどれほどですか。」

(11)『開拓使公文録』北海道立文書館所蔵、請求番号五七〇八、件番七一、以下は道文五七〇八―七一とする。

(12)同右、道文五七〇八―一八。

(13)『開拓使日誌』第一号。

(14)『明治二年同三年同四年開拓使公文抄録』明治四年稟裁五五。

(15)同右、明治四年稟裁第五一。

(16)『明治六年同六年開拓使公文抄録』明治五年稟裁第四〇。

(17)同右、明治五年稟裁第五四。

(18)『杉浦誠文書』杉浦家所蔵、七一。

(19)明治四年九月二十五日付岩村通俊宛西村貞陽書簡、伊藤隆・坂野潤治「岩村通俊関係文書三」七六　西村貞陽『史学雑誌』第七九編第1号所収。引用部分の要約は、「東京表にて金の調達は十分につきました。大蔵省から一四五万両の繰替渡、これは明治六年までは利足だけの返金、明治七年からは五年の年賦で定額金のうちから引去られる。二分判の引換一五万両のうち七万五〇〇〇両は十月中に差し出され、二分判は十二月中大蔵省へ回すことになった。あとの七万五〇〇〇両は来る二月に差し出され、五月迄に二分判で戻すことに大蔵省と相談して決めた。十月渡しの七万五〇〇〇両は遠からざる内に差し回しになるはずである。この度の一万七五〇〇両もこの内である。／これより先に三井からの調達の相談を行ったが、先の大蔵省からの繰替金が決まったので三井の方は断ることになった。しかし既に集金した五万両は調達分に加えている。しかし資金ぐりのことはまずず安心なられるように。（中略）／産物掛もサケコンブなど揃わず売掛金の処理に困っている。それだけでなく幌泉から柴田史生早□（不明）にて出函、幌泉で資金不足と物品の回送も迫っており、佐郷は寝込み、門野は大あわてで金穀掛へ立替金について申し込んだが難しく、朝山がほかからの調達について尽力している。福島屋と萬屋への下金の五〇〇〇両は佐郷の了解なく既に先月中に預けてある。このことはすこし不都合である。それをそのままにして来月には一万五〇〇〇両のこれまでの利足を函館金穀掛より下げ渡し、あとの一万両は来春までそのままにしておきたいと佐郷が両家を説得した。」

(20)明治四年十一月十六日付岩村通俊宛西村貞陽書簡、同右。

(21)　明治四年七月二十六日付岩村通俊宛東久世通禧書簡、同右。引用部分の要約は、「何れも黒田が雇い入れた人物だからもっぱら樺太だけに尽力し、いずれ樺太合併した上でなければ協力も出来ない。」

(22)　明治四年十一月十六日付岩村通俊宛西村貞陽書簡、同右。引用部分の要約は、「明年の事業着手の仕方や大山氏などの思惑とは違い次官殿の考えでは、定額増額ならびに一四五万の繰替調達が整ったことであろうとも、この際厚く注意してどの事業もすこしでも後戻りするようのことがあってはならないので、先ず従前のままに事業をすすめ営繕向きも事業を減らすようにとのことで案外の次第である。」

(23)　『宋也往復』道文三〇一—五〇。引用部分の要約は、「大体事業というものは、収入を量り支出を制限するようにしなければならない。最前より予め実施することの目途を立てているはずのものについては、明二月迄の精算は従前の定額金のうちでそれぞれ整っていなければならない。一円も新しい資金から償うことはしてならないので、勝手に取計るように。」

(24)　同右、道文三〇一—五〇。引用部分の要約は、「札幌においては残念ながら脇本陣を建設する以外は長屋などは見合わせ、臨時営繕もなるだけ暫く見合わせ、片倉家の家来共の家作も不都合がなければ明春まで見合わせ出来るなら差し控え、苦しいのはよく分かっているけれどすべて節制してください。」

(25)　同右、道文三〇一—五〇。引用部分の要約は、「以前同様に全面的に事業を引き締めるように西村氏から書簡を寄越した。よってかねてつくっていた見込書のとおりには事業が運びがたいので諸事業にあまり手を出さず様に注意してください。」

(26)　明治四年十二月十日付岩村通俊宛西村貞陽書簡。前掲伊藤・坂野「岩村通俊関係文書三」。引用部分の要約は、「明治五年の札幌へは定額金のうち二五万両だけ回すことになっていた。しかしケプロンの中立（現在翻訳中で詳細不明）では凡六〇万両内外の事業を五年中にしたいと言うことである。これは先ず室蘭から札幌への道路の完成、本庁と学校を建設することを……（進言している？）。本庁と学校はレンガにより建設するので、材木により柱組をする分は、先便でしらせてある材木二万両分の切り出しでよいだろうとのこと（このことは小生はまだ納得していないが、致し方ない）。よって土方人足も大人数を明春には引き連れていくはず（先頃二〇〇人薩摩より呼び寄せることになり掛が出張した）である。あらかじめその注意をもって部下たちに計画を理解させ、すこしでも事業の後退がないようにうまくはかってください。この一件もまだ曖昧なことなので、別紙写しのとおり伺をへた上で申し上げることにします。なお明年の出納表など折角こしらえたので追ってお送りします。」

(27)　『開拓使公文録』道文五七一九—四一。

(28)『開拓使公文録』道文五七二四—三七。同右、道文五七一九—四六。
(29)同右、道文五七二四—五九。
(30)同右、道文五七二四—四六。
(31)『開拓使公文録』道文五七一八—一四五。
(32)札幌会議とその事情については、拙稿「札幌会議の真相」『札幌の歴史』第五一号参照。
(33)『開拓使日誌』第十六号。
(34)『旧開拓使会計書類』道文六八一五—一九。
(35)『部類抄追録　自明治四年至五年　定額・米穀・貨幣・紙幣』道図317Ka11(10)、現在道文A4/399。
(36)「日記」前掲『杉浦誠文書』杉浦家所蔵。
(37)前掲『旧開拓使会計書類』道文六八一五—一九。引用部分の要約は、「函館庁一年間の定額金は、明治五～七年の三ヶ年間は地方税を除き金一〇万円ずつ別段の償金となった。明治七年以降の目途は函館寿都両海関所を開設したならばその税銀と従来からの地方税によりできるだけ失費の少ないようにしたいと思っているので、これからは地方生産などの利益に注意しあらゆる施設の方法を考慮するけれども、いまだ判然とした目的も立てかね、当時の状況により予めの算定をすればおよその出納は別紙調書の通りとなったので明治七年の冬に至って実地の目途を立て多少の金額の定約を願いでる考えである。このことを申し上げておきます。」
(38)同右、道文六八一五—九七。引用部分の要約は、「追々御一同承知しているとおり当明治五年は莫大の出金になってしまったことは実に恐縮なことであったけれども、今更事実はやむをえないことをねがいでて、来る明治六年札幌本庁と管内の定額金三十四万円米九千石にこの度約定を結んだのだが、その上で諸局ならびに各郡ともそのところ深く注意して以後は定額内の金額で足りるようにすることは勿論せいぜい減少させ余った金額は当年の定額外の繰替金返納に引き当てたい。この上万一目途を失い約定に齟齬するようなことになれば次官一人に対して信義を失うだけでなく当使の有限の定額金に差響き、あげくは全道の開拓事業の妨げになり、実に取り返し出来ないことである。」
(39)『開拓使公文録』道文五七四六—四四。引用部分の要約は、「その都度の申し立てによって決めていては遠く離れているので至急のことには間に合いかねるだけでなく、ついに諸事業も出来ずじまいになってしまうことにもなりかねない。」「準備金は往々にして他へ使いまわしされ、非常の際には用を為さない。」

(40)　以上同右、道文五七四六―一一。引用部分の要約は、「当年からあらかじめその仕方を決めておかなければ必ず差し支えることになるだろう。（中略）明年の事業概算について黒田次官がどのような御指図になるのかお知らせください。」「当年の歳入出の計算はいまだに締約出来ないが、大方のところにより来年の経費概算をつくり伺の上よいかどうかの指図をすることについて今は回答は出来ない。しかしながら当地において経費概算は米の分を廃され、収税分を加えることをやめ、さしあたり明年の定額金はおよそ二十万円だろう。かつ当年の定額米九〇〇〇石のあまり八三三石余は渡しきりとすることにするという次官殿の考えである。何れにも昨今年は多方面に経費がかかるので当年末になって不足金もあるだろうからここにおいて申すまでもないが、その管内の歳費をしっかりと見極め明年の定額高を申出ることが当然であり、そうして次官の指図をうけられるようにと回答します。」

(41)　同右、道文五七四六―一一。

(42)　『開拓使公文録』道文五五八一―一五。引用部分の要約は、「経費について遣いすぎてしまうことはないと思われる。」

(43)　『開拓使公文録』道文六〇二一―一一。引用部分の要約は、「本年本庁定額常備別廉金とも別紙仕訳表のとおりに東京で決定したことを報知します。昨六年は各位が格別の努力により定額に多分の余金をつくり明治五年の定額外資金を東京から操替した分は総て戻し入れが済んで、満足の至りである。追々了解しているとおり当今御用途金が容易ならざる状態であり、定額金が定められたとしてもその金額を超過することは勿論六年六月の次官からの達に基づき痛懲猛省して微細な金額にいたるまで失費をつくらないようになおこの上厚く注意して欲しい。改めて申し入れることまでもないことだが、これから特に隔意なく意をひとつにして万事を話し合い施行したい。このことについて厚くお話ししておきます。」

(44)　『開拓使公文録』道文五五八二―九。

(45)　前掲『杉浦誠文書』杉浦家所蔵、七一。

(46)　『開拓使公文録』道文五七〇四―四。

(47)　『開拓使事業報告 附録　開拓使布令類聚』下―会計。

(48)　『新札幌市史』第二巻。

(49)　『開拓使公文録』道文五七八七―四〇、『開拓使公文録』道文六〇一一―一二。

(50)『開拓使公文録』道文六〇二三―二〇。

(51)『明治前期財政史』坂入長太郎など財政史の諸書。

三宅米吉と雑誌『文』

竹田進吾

はじめに

三宅米吉（一八六〇―一九二九）は、基本的には日本史研究者である。一八九五（明治二八）年には高等師範学校教授、一九二〇（大正九）年には東京高等師範学校長、一九二九（昭和四）年には初代東京文理科大学長となる。同年死去するが、正三位、勲一等に叙せられ、瑞宝章授与と栄達を極めた人物である。

しかし三宅は、一八八六（明治一九）年四月から一八九五（明治二八）年三月までの九年間、書肆金港堂の幹部であり、金港堂の教科書刊行、雑誌刊行事業に深く関わっていたのである。一八八六（明治一九）年四月、金港堂編輯所評議役・取締主務となり、同年七月金港堂から教育事業視察として欧米に出立。一八八八（明治二一）年一月に帰国して、金港堂編輯所長となり、雑誌『文』を主宰した。一八九五（明治二八）年三月には、金港堂書籍株式会社取締役・編輯所長を退任している。三宅は『文』編輯人として、教育・学術に関する啓蒙活動を組織し、三宅自身の教育・歴史・美術・国語・外国情報等に関する論説などを『文』に大量に掲載している。

『文』と『文』編輯人時代の三宅に関する先行研究は、森田俊男の教育学研究[(1)]、稲岡勝の出版史研究[(2)]、梶山雅史の教科書史研究[(3)]、小沢栄一[(4)]、工藤雅樹の史学史研究[(5)]、山本正秀の近代文体発生史研究等[(6)]がある。

これらの先行研究において、三宅の『文』を拠点とした教育・学術に関する啓蒙活動が、教育学・出版史・教科書史・史学史・近代文体発生史等の分野で肯定的に位置づけられてきた。しかし、実は『文』の書誌的研究自体なされてはいないのである。そのため『文』に関する基礎的事実自体、いまだ解明されていないことが多い状況である[(7)]。また、『文』刊行・編集を主導した時期における三宅の思想的特質も明らかではない。

三宅の全体像を正確に把握するためにも、教育社会における『文』の歴史的役割を理解するためにも、『文』をめぐる動向、『文』編輯人時における三宅の思想的特質の解明が必要となってくる。

そこで本稿ではまず『文』の書誌的分析により、『文』をめぐる動向を明らかにする。次に『文』編輯人三宅の思想的特質を、『文』掲載の三宅の論説等から考察する。その際、三宅の欧化に対する認識を重視した。さらに誌上で組織された論争に注目することにより、『文』の内容上の変容を検討する。

一　『文』書誌情報の意味

(1)　基本的書誌情報

『文』創刊の趣旨はどのようなものであったか。創刊号の「文ノ目的」[(8)]には、「文ハ我ガ国普通教育ノ普及上進ヲ計ルヲ以テ其ノ主タル目的トス」とある。現在の教育制度をもとに、教育家「多数」の意見により、「制度ノ土台」をつくり、最終的には改良を加えて「日本固有ノ制度」をつくりたいと言う。また、教育制度を「一二人ノ人権力ニ任セテ」専制的に施行にすることには、「其ノ意見ノ善悪ニ拘ラズ文ハ必之ニ抵抗セン」と宣言する。

「文ノ目的」にある「普通教育」とは「普通ノ国民ヲ養成スルノ制度」のことである。「普通ノ国民」とは「普通ノ徳性ヲ具ヘ普通ノ知識ヲ有シ以テ己レガ世渡リヲ助ケ国ノ成リ立チヲ支フル所ノ人間」を意味している。この「普通教育」は、具体的には小学校教育をさしている。

「文ノ目的」を実現するために、『文』の内容に想定しているのは以下の六点である。一つは、「能ク教育家諸氏ノ意見ヲ集メ、以テ我ガ国教育上ノ輿論ヲ表スコトヲ得バ、文ノ主タル目的則達スルナリ」として、「教育上ノ問題」で「議論ノ定マラザルモノ」について、「文一個ノ卑見ヲ提出シ大方ノ批評ヲ仰グ」。具体的には徳育教育・手工教育・美術教育等についてである。二つ目は、小学教師が必要とする「教育上及ビ普通学術上ノ知識」を掲載する。三つ目は、「普通教育外ノ事」といえども「普通教育」に関係すること、特に「文世界」のことを掲載する。四つ目は、美術は日本人の得意とする分野であり、美術振興は「我カ国将来ノ運命」を左右するから、誌上で論じる。五つ目は、宗教も普通教育に関係してくるから、誌上で論じる。六つ目は、「我ガ国ノ文章」についても誌上で論じる。これらから、単なる教育雑誌ではなく、自然科学分野を含んだ、教育・学術に関する総合的雑誌が想定されていたことがわかる。

この雑誌の性格は、『文』編輯人時における三宅の期待する国民的教養から構想されていると考えられる。三宅の期待する国民的教養をよく理解できるのが、「簡易科ニ於ケル漢字」(9)という論説である。小学校教育における最大の障害として漢字学習を指摘し、簡易科・尋常小学校でも「一般ノ知識」(地理・歴史・理科・博物等)を教えるべきと主張する。簡易科の学科は読書・作文・習字・算術のみなのだが、「簡易科ニ於テハ漢字ノ注入ヲ最少ノ度ニ減ジ、読書、作文、習字ノ科目ヲ廃シテ邦語ノ一科トシ、主トシテ邦語ノ読ミ書キヲ教フベシ」と主張する。簡易科の学科を「邦語」・算術・修身・「一般ノ知識」(地理・歴史・理科・博物等)と構想している。

簡易科・尋常科でも「一般ノ知識」を教えるべきとする理由に関しては、「コレラノ知識ヲ教授スルノ利益タルヤ、観察、推理ノ諸能力ヲ養成スルノ外ニ、世間普通ノ事実現象ヲ知リ、又能ク世務ヲ執ルノ助ケヲモナスベシ」、「国民必要ノモノナル上ニ、心意能力ノ練習ニモ有益ナル学科ニシテ、亦児童ノ歓ビ聞ク所ノモノナル」、「小学校教科中ニ「一般ノ知識」ホド必要ナル学科ハナキナリ」と主張している。

この三宅の主張からわかるのは、次代の国民像として、「一般ノ知識」（地理・歴史・理科・博物等）を身につけることが重視され、難解な漢字能力は期待されていないことである。この国民像は、三宅が欧化（近代化＝文明化）を必然的・普遍的な社会現象と認識したところから来ていると考えられる。三宅にとっての欧化とは、以下に明瞭である。

世界ノ大勢ヲ見ルニ、運輸交通ノ方便開ケ、人人触接ノ機会多キニ及デ、従来各地ニ独立シテ啓発シタル開化ハ漸混同融合シテ遂ニ一様普通ノ開化ヲナサントス、而シテ其ノ世界一様ノ開化ハ必之ヲ組ミ立ツル部分ノ中ニテ勢力最強キ部分ノ開化ニ傾クベキナリ。而シテ現今世界中ニ勢力最強キハ欧州人ナルガ故ニ、欧州ノ開化ハ即世界中ニ瀰（漫）満シ、他ノ開化ハ或ハ之ニ吸収セラレ、或ハ之ニ圧倒セラルルニ至ラン。[10]

世界の交通・情報革命を前提にして、三宅は「欧州開化ハ終ニ世界ノ開化トナルベキモノ」と認識していた。つまり三宅にとって欧化（近代化＝文明化）とは、必然的・普遍的な社会現象なのである。[11] さらに、この点は後述するが、三宅には欧化（近代化＝文明化）に日本・日本人が乗り遅れることを恐れる意識がある。ここから、前近代以来の難解な漢字能力の習熟よりも、地理・日本歴史・自然科学の初歩の習得を、次代の国民に求めているのである。『文』は、この三宅の期待する国民的教養を、小学校教育を中心とした学校教育関係者に対して啓蒙するメディアとして構想されていると理解できる。

刊行状況等は以下の通りである。一八八八（明治二一）年七月一四日（第一巻第一号）から一八九〇（明治二三）年六月三〇日（第四巻第一二号）まで二年間継続して刊行された。半年で一巻が終了する数え方である。一八八八（明治二一）年（第一巻）は週刊であったが、一八八九（明治二二）年一月（第二巻第一号）から月二回刊に変更された。定価は創刊以降八銭、第二巻第一号以降一〇銭。

発行所・発行人・編輯人は以下の通りである。発行所は全期金港堂である。発行人は創刊号から三宅米吉であるが、一八九〇（明治二三）年一月二〇日（第四巻第一号）以降、菊池熊太郎（一八六四―一九〇八）に交代している。編輯人も創刊号から三宅米吉であるが、一八九〇（明治二三）年一月二〇日以降、菊池熊太郎に交代している。菊池は政教社設立時の「同志」である。(12)『文』にも大量の論説を掲載している。

誌面構成の変化は、基本的に以下の通りである。第一巻は社説、「論説」「文芸」「雑報」「寄書」「教授術及ビ教育談」「年代考」「考古学」「批評」「時事要報」「通信」「附録」欄。第二巻は社説、「論説」「言文論」「教育学」「考古学」「雑報」「演説」「寄書」「批評」「新刊（書籍）雑誌」「時事要報」「通信」「附録」欄。第三巻は社説、「論説」「教育学」「寄書」「演説」「雑報」「考古学」「雑録」「文芸」「批評」「新刊雑誌」「時事要報」「通信」欄。第四巻は社説、「論説」「寄書」「演説」「雑録」「文芸」「批評」「雑報」欄で構成されている。

基本的には全期を通して、社説、「論説」「雑報」「寄書」（投稿論説）欄がある。第一巻の「年代考」欄は、この時期に「日本上古年代考」論争が誌面で組織されたことによる。第二巻の「言文論」欄は、この時期に言文一致論争が誌面で組織されたことによる。「附録」欄は第二巻第三号を最後になくなる。(13)「教育学」「考古学」「新刊雑誌」「時事要報」「通信」欄は第四巻以降なくなる。「時事要報」欄は第四巻以降「雑報」欄に統合されたとみてよい。第一巻から三巻まで挿絵・図・地図の多用を指摘できる。挿絵は想像図ではなく模写図が多いようである。

主要執筆陣は以下の通りである。論説・講演録・紀行文・概説・考証的文章を対象として、「文芸」欄、無署名原稿は除いた。第一巻から三巻までは三宅が大量の無署名原稿を書いていると想定できる。

第一巻は、菅了法、星野恒、那珂通世、添田寿一、黒田定治、ハウスクネヒト、アストン、西村茂樹、内藤耻叟、中村正直、落合直澄、井上陳政、「じやす、ゑ、しにうぼうるど」、渡辺千代三郎等。第二巻は、内藤耻叟、菊池熊太郎、ジョージ・ケナン、阿部弘蔵、山田美妙、鈴木券太郎、児島献吉、増島六一郎、「ああ、えて、くゐつく」、「ぜえむす、ひうず」、森孫一郎等。第三巻は、内藤耻叟、小田清雄、ジョージ・ケナン、勝海舟、菊池熊太郎、内藤燦聚、楽石老人等。第四巻は、内藤耻叟、小田清雄、稲益一義、井川洌、菊亭主人、川島純幹、斎藤祥三郎、佐藤寛、三宅米吉、謫天情仙、逐鹿散士、統一真人等。

この主要執筆陣からいえるのは、三宅が自分の思想的傾向に合致する知識人に限定せずに誌面を構成していることである。官学系、在野系、開明派、漢学系、国学系、水戸学系と多岐に渡っている。第四巻は、政教社設立時の「同志」である菊池熊太郎が編輯人に就任しているため、政教社系知識人の名が多く見られる。

(2) 部数の推移・誌面改革・広告欄・世評

まず配布数の推移を分析する。稲岡勝は一八八八（明治二一）年、一八八九（明治二二）年、一八九〇（明治二三）年の総配布数を比較して、「内容が高級すぎたせいなのだろうか、三年目（一八九〇年―竹田注）の急激な落ち込みが目立つ。紙面改良を図ったが、頽勢を挽回するには至らず、四巻一二号（明治二三年六月）で廃刊」[14]と指摘する。

しかし、第四巻の時期（一八九〇（明治二三）年）の落ち込みだけを強調することは正確ではない。「表1『文』配布数の推移」「表2『文』ほか、一八八八（明治二一）年一二月の配布数」から、一八八八（明治二一）年末には配布数減が深刻になっていたと理解できる。表1から一八八八（明治二一）年における平均配布数は二三八九であることがわかるのだが、これは半年の平均である。表2を見ると、一八八八（明治二一）年一二月の平均配布数は九一二まで減少している事実が判明する。すなわち創刊当初は二三八九より相当配布数が多かったと推定できる。それが半年で九一二まで減少しているのである。

次に『文』の誌面改革を検討する。『文』の誌面改革は二回行われている。前記した事態を受けての改革が、一回目の第二巻第一号からの改革である。創刊から半年で、三宅の『文』は誌面改革を余儀なくされていたのである。「文ハ幸ニ

表1　『文』配布数の推移

発行期間	東京府下	他府県	外国在留日本人	外国人	計(A)	発行回数(B)	(A)÷(B)
明治21年6月～12月	12,127	47,087	349	173	59,738	25	2,389
明治22年1月～12月	17,760	18,774	196	84	36,814	24	1,533
明治23年1月～6月	3,606	3,803	32	8	7,449	12	620

（注）「明治廿一年警視庁事務年表」（『明治前期　警視庁・大阪府・京都府　警察統計Ⅰ〔第２期〕』柏書房、1986年、108頁）、「明治廿二年警視庁事務年表」「明治廿三年警視庁事務年表」（『明治前期　警視庁・大阪府・京都府　警察統計Ⅱ〔第２期〕』柏書房、1986年、18・100頁）掲載の数値に、発行回数と、総配布数を発行回数で除した数値を加えた。除した数値の小数点以下は切り捨てた。

表２　『文』ほか、1888年12月の配布数

雑誌名	東京府下	他府県	外国在留日本人	外国人	計(A)	発行回数(B)	(A)÷(B)
「保証金ヲ要スル新聞紙雑誌類」							
文	1,663	2,848	30	20	4,561	5	912
日本人	11,118	1,074	12	8	12,212	2	6,106
国民之友	15,671	10,256	30		25,957	2	12,978
「保証金ヲ要セサル新聞紙雑誌類」							
教育報知	4,175	5,837			10,012	5	2,002
教育評論	170	1,600			1,770	1	1,770
東京茗溪会雑誌	223	372		2	597	1	597
大日本教育会雑誌	719	3,122	2	52	3,895	1	3,895
東京府教育会雑誌	675				675	1	675

（注）『官報』第1685号、1889年2月14日掲載の数値に、総配布数を発行回数で除した数値を加えた。除した数値の小数点以下は切り捨てた。

依頼スベキ資力多シ。故ニ漸ヲ逐テ改良ヲ加フルニ毫モ顧慮スベキ所ナシ」(15)と書かれているのは注目すべきである。この文章は三宅によるものだが、誌面改革に関して自分たちは資金的にゆとりがあると豪語している。しかしこの資金的余裕の豪語は、前記した配布数減少という事実から、三宅の危機意識の表出と理解できる。

この改革では基本的に以下の変更がなされた。体裁変更があり、第一巻は縦約二九・五センチメートル、横約二一・二センチメートル（第一号）だったのが、第二巻からは縦約二三・九センチメートル、横約一六・四センチメートル（第一号）となる。これは、さらに第三巻から少し大きくなる。週刊から月二回刊に変更され、頁数が増加している。例外はあるが、基本的には第一巻の時期は、附録を含めないで本文一六頁である。それが第二巻以降、三宅が編輯人の時期は本文六四頁となる。定価も八銭から一〇銭に値上げした。この改革で重要なのは、誌面内容に踏み込んだ改革ではないことである。誌面内容上の傾向性は継続している。配布数減少という事態に立ち至っても、三宅は創刊号の「文ノ目的」で示した誌面内容を堅持している。

この改革は、一時的にではあるが成功したようである。表1を見ると、一八八九（明治二二）年の平均配布数は一五三三となっている。恐らくこの数値は同年一月から一二月へかけて漸減傾向で推移しただろう。すなわち、同年初頭は一五三三より多い配布数であったと推測できる。また、表1を見ると、東京府下に対する配布数が改善されていることがわかる。先行研究においては、この一回目の誌面改革に言及されることすらなかった。しかし、以上の検討により、第二巻第一号からの改革の意味が判明したのである。

二回目は第四巻第一号（一八九〇（明治二三）年一月二〇日）からの改革である。発行人・編輯人・印刷人が交代。三宅が発行人・編輯人から退任している。第三巻第一二号（一八八九（明治二二）年一二月三一日）までは、三宅が編輯人であることを確認できる。内容的には「文学・教育・美術・宗教」を中心としていたのが、これらのほか「政治・法律・社交等の事項」をも掲載する雑誌に変更すると言う[16]。一八八八（明治二一）年一〇月の『都の花』（金港堂）創刊による小説等からの撤退、一八八九（明治二二）年一一月の『普通教育』（金港堂）[17]創刊による「科学の講義及び教育上の方法に関する説話」からの撤退、一八九〇（明治二三）年の帝国議会開設へ向けての「政治談論」への注目が、理由として挙げられている。

この第四巻第一号の誌面改革が何を意味しているのかを理解する場合、基本的には『文』の配布数減少傾向が重要であると考える。配布数減少という事態から、一八八九（明治二二）年後半期には『普通教育』創刊が考えられるようになり、一八九〇（明治二三）年一月二〇日からの『文』誌面改革が要請されるに至ったのであろう。『普通教育』創刊と『文』第四巻第一号刊行には二カ月と少しの時間差があるが、連動しているものとして理解できる。このように、三宅の退任は『文』の配布数減少に対応した人事と考えられる。

編輯人が菊池に交代したことと関連して、気になることがある。それは当初から『文』が「新聞紙条例」による保証金を要する雑誌（「政治雑誌」）であったことである。しかし、前記した「文ノ目的」を見ても、特に「政治雑誌」をめざしているとはいえない。このことから推定できるのは、金港堂主の原亮三郎は『国民之友』『日本人』のような「政治雑誌」を意識して、保証金を出したのではないかということである。[18]しかし、三宅にその気はなかったのであろう。第四巻第一号から内容的に「純粋なる政治雑誌」[19]となると、三宅は発行人・編輯人から降りている。これらから、三宅の「政治談論」に対する消極性は否定できないと考える。

また、「科学の講義及び教育上の方法に関する説話」からの撤退は、前記した『文』創刊時における誌面内容でいえば、二つ目からの撤退と三つ目の一部からの撤退を意味する。この誌面改革により、『文』という雑誌の性格が大きく変わってしまうことになる。[20]基本的には、教育・学術に関する総合的雑誌から、「政治談論」を含めた学術的総合雑誌に変容したといえる。

前記したように、三宅は一八八八（明治二一）年末の時点で、資金的な余裕を豪語していたのだが、一年後には編輯人から退くこととなった。重要なのは、『文』を使った三宅の教育・学術に関する啓蒙活動が、結局、当該期の教育社会に肯定的には受け入れられなかったということである。それが最終的に、一八八九（明治二二）年後半期には明確になったのである。

さらに広告欄を検討する。創刊当初は金港堂刊行書籍の広告が少ない。この件に関して興味深いのは、第一巻第二号に、創刊号を見た読者からの書状が一部掲載されていることである。その追而書には「貴店書籍ノ広告一モ相見エ申サザル事」が称賛されている。[21]『学海之指針』の記事でも「広告欄内に一ツも金港堂出板の書目を掲げざるハ一見識ある手並」[22]と評価している。

すなわち、創刊号に金港堂刊行書籍・金港堂関係の広告を一切掲載しなかったことには意味があったことになる。三宅は当初、金港堂お抱えの雑誌という印象を忌避していて、できうるならば、少しでも金港堂から独立した雑誌であるというイメージを教育界・出版界に示したかったのであろう。

ところが徐々に金港堂刊行書籍が広告欄を占めていく。(23) この件に関する内実は不明であるが、恐らくはうまく他社広告が入らなくなり、金港堂の広告で補う必要が出てきたのであろう。金港堂刊行書籍の広告が増えていくところにも、『文』刊行の収支状況の悪化が反映していると推測できる。(24)

最後に『文』に対する世評を検討する。第一に、教育出版メディアにおいて、創刊前から噂され期待されていた。(25) 第二に、教育出版メディアから「実に稀有の好雑誌なり」(26)「近頃出色の好雑誌なり」(27)などと、創刊直後に高い評価を受けている。(28) 第三に、教育に限定されない一般の出版メディアからは、創刊直後に厳しい批判も受けている。(29)

初号の事にや文の壇上に未だコレはと云ふほど新生面を開きたる論旨を見ず（中略―竹田注）何々君何々先生と肩書許り触出しのある論文を掲げ其間に統轄なく文の紙面は全く一種の貸席営業にて大切なる主人公が壇上一生面を開かずして了る如きのことなからんを希望するなり特に文は他の教育上の諸雑誌に反し教育の事に関すれば遠慮なく政治の部面にまでも立入りて現在の教育制度を論評するの機関なりと云へば世人の属望亦深からざるを得ざるなり（傍線竹田、以下同様）(30)

この『時事新報』の記事は、保証金を要する雑誌（「政治雑誌」）として、『文』が「新生面」を開拓できていないと評価しているようである。『時事新報』の批判は三宅自身意識したらしく、広告欄の検討で前記した読者からの書状のなかでも『時事新報』記事を意識した批判が展開されているのだが、それをわざわざ『文』に載せているのである。(31) この『文』読者の批判に対して、以下のように「文記者」は誌面で回答している。

文ハ固ヨリ自己ノ説アリ時ニ畏憚ナク政府ヲ論難シ衆説ヲ攻撃スルコトアルベシト雖、ソハ只大事アルノ時ノミ。文ハ今ノ新聞紙屋流ノ如ク浅薄ナル論文ヲ作テ喋喋シ、針小ノ事ヲ棒大ニ敷衍シ無用ノ文字ヲ以テ社説欄ヲ填ムルガ如キコトヲセザルナリ。故ニ文自己ノ説必シモ毎号ニ著大ナル場所ヲ占ムルコトナシ。又第一号ニハ教育家諸氏ノ論説ヲ数多掲ゲタリトテ非難スル者アレドモ文ハ決シテ寄書ノ多キヲ厭ハザルナリ、唯其ノ論説ノ膚浅ナルモノヲ嫌フノミ。[32]

ここで展開されている「文記者」の主張は正当ではあるが、ある程度「今ノ新聞紙屋流ノ如ク浅薄ナル論文ヲ作テ喋喋シ、針小ノ事ヲ棒大ニ敷衍シ無用ノ文字ヲ以テ社説欄ヲ填ムル」方が、部数増には貢献したのではないだろうか。このような傾向性が『文』に弱かったのは事実である。

第四に創刊直後以降、教育出版メディアにおいてどのような評価を受けていたかが不明である。第五に、創刊直後の教育出版メディアからも後年の回顧文からも、「高尚」な雑誌という評価をされている。[33]これは第三で前記した、「文記者」の回答からも理解できる。既に創刊直後、教育出版メディアから「蓋教育上の良雑誌といはんより寧ろ文学上の良雑誌と謂ふ可き者ならん歟」[34]と、教育雑誌としては高尚過ぎるのではとの反応が示されていた。しかも回顧文は、「余り其程度が高尚に過ぎた故か、売行面白からずして廃刊」[35]と、「高尚」な雑誌という評価を『文』廃刊の一つの理由としているのである。

『文』は創刊当初、教育出版メディアから高い評価を受けつつも、教育雑誌としては高尚過ぎる点が理由となり配布数減少傾向を示したと考えられる。その危機は、第二巻第一号からの体裁等の変更によっても結局のところ挽回できず、第四巻第一号から三宅が編輯人を退任したと、基本的に理解できる。しかし、編輯人が菊池に交代してからの誌面改革も成功せず、一八九〇（明治二三）年六月三〇日（第四巻第一二号）には廃刊となった。

二　『文』編輯人時における三宅米吉の思想的特質

以下に示す、外国地誌・外国政治情報、日本美術の振興、日本教育史研究に関する三宅等の論説・翻訳文には、森田俊男が注目してきた[36]。本稿では、『文』編輯人時における三宅の思想的特質を解明するために、これらの論説・翻訳文に注目している。

(1) 誌面の外国情報にみる欧化への基本姿勢

① パナマ運河・スエズ運河・シベリア鉄道等パナマ運河・シベリア鉄道等の記事を、なぜ三宅が『文』に掲載していたのか。それはこれら「世界ノ大工事」の影響に最も厳しくさらされるのが日本であるという危機意識からである。「是レ実ニ欧米百万ノ軍相率ヒテ我ガ国ニ押シ寄セ来ルニモ比スベシ」[38]とたとえている。この状況に日本人が受動的にしか対応できなければ、「日本ノ将来甚覚束」ないことになる。この「世界ノ大勢」を知れと三宅は言う。欧化（植民地化）に対する危機感を、三宅も持っていた。

ただし、この植民地化に対する危機感の意味することは、一八八八（明治二一）年当時の日本が欧米列強の植民地となる可能性を意味しているのではないと考える。そうではなく、世界の交通・情報革命の流れに日本・日本人が乗り遅れるのではないかという危機感であろう。問題となっているのは、あくまで「我ガ国将来ノ繁栄」なのである。このように、三宅のナショナリズムは、世界の交通・情報革命を前にして、欧化（近代化＝文明化）に日本・日本人が乗り遅れることを恐れる意識として表出している[39]。

②アフリカ分割(40)

「文明」を離れて「未開」「野蛮」の地で、人生を学術研究にかける「欧米学士ノ精神」を称賛している。(41) 欧化（近代化＝文明化）を肯定する意識である。また、「あふりか全州ノ次第ニ欧州諸国ノ領地ニ変ズル」(42)、「亜非利加ノ海岸四周、二三不毛ノ地ヲ除クノ外、スベテ欧州諸国ノ占領スル所ト為レリ」(43)という現実の指摘と、「あふりか全州ハ遂ニ又第二ノあめりか大陸」(44)となるだろうという予測が示されている。植民地化の危機感である。しかしこの危機感は、アフリカの現状に関するものであり、一八八八（明治二一）年当時の日本が、欧米列強の植民地となる可能性を意味しているのではないと考える。

③ロシア事情(45)

ロシアにおける「虚無党」現出の理由として、「革命的運動ノ起原ハ政府ノ失計ニアリ」と、ロシア政府の抑圧的な施策が誤っていることを指摘する。(46) 具体的には、言論・出版の自由等を認めずに民心を抑圧したことを主要原因として挙げた。そのほか、裁判制度によらない不当な「行政上ノ退去処分」を止めるべきことを主張している。

ロシアの話をしているが、三宅が意識していたのは日本における政治・社会状況であったのではないか。すでに第一次伊藤博文内閣時の一八八七（明治二〇）年一二月に公布・施行された保安条例により、星亨・中江兆民等が皇居三里外へ退去を命じられていた。そのなかには、三宅にとって慶応義塾時代からの友人である尾崎行雄も含まれていた。

さらには三宅自身、治安妨害を理由に裁判を受けることもなく、不当に「行政上ノ退去処分」としてシベリアに追放されたロシア知識人の存在に、『文』で「日本上古年代考」論争を組織したがため、一部の知識人から「国体無（無視か）スルモノ」と反発され、弁明を余儀なくされた(47)自分自身を重ね合わせていたのではないか。ただし、このロシア事情記事は、「我ガ国竟ニ魯国ノ轍ヲ踏マザリシヲ賀シ、併セテ又将来ニ戒心スル所アルベシトテナリ」(48)とあるように、日本がロシアのようになるのを防ぐための批判的文章なのである。

これらの外国情報が意味することは何か。第一に、欧化（近代化＝文明化）を肯定する意識である。これは、欧化（近代化＝文明化）を必然的・普遍的な社会現象と認識する点から来る。具体的には、一つは「欧米学士ノ精神」[49]の称賛に見て取れる。二つ目としては知識人の自由な言論活動の擁護、抑圧的な政府の施策に対する批判に見て取れる。特に国内行政に関する内務大臣の圧倒的な権力を警戒している。しかもこれは、日本がロシアのようになるのを予防するための批判的言説であった。三つ目としては、最新の外国知識の提供に見て取れる。

たとえば「ぱなま運河」[50]は、一八八七（明治二〇）年に筑波艦に乗り込み、パナマ運河工事を見学した流萍散人の日記等によって、三宅が書いたもののようである。この時掲載された挿絵も、流萍散人が見学時に得たものを基にしている。「西伯利亜紀行」[51]、「魯国行政上ノ退去処分」[52]、「せみぱらちんすくニ於ケル退去人ノ有様（けんなん氏西伯利亜紀行）」[53]、「から礦山ノ記（けんなん氏西伯利亜紀行）」[54]は、実際にシベリアを旅して、シベリア流刑の実態を報告したジョージ・ケナンの文章を三宅が抄訳したもののようである。また誌面には、「近着ノ外国新聞紙ニ拠レバ」[55]と、最新の「外国新聞紙」を参考にした記事もある。恐らく、三宅は基本的に英字新聞・雑誌を最新外国情報の入手先としていただろう。

四つ目としては、侮蔑意識の発露に見て取れる。[56]恐らくは欧米経由の知識を基礎にして、日本人以外の非白人を野蛮人として侮蔑する意識であろう。三宅の文章としては「ひりつぴん群島ノ記」[57]、「亜非利加ノ現状」[58]に、原住民に対する侮蔑意識がみられる。これらも欧米経由の知識によるものであろう。ただし、基本的には『文』誌上に対外侮蔑や排外意識は弱いといえる。

第二に、欧化（植民地化）に対する危機意識が示されていた。ただし、当時の日本が欧米列強の植民地になる可能性を意味していたのではないと考える。実際に植民地化されていたのはアフリカ等である。パナマ運河・シベリア鉄道等の記事の意味は、世界の交通・情報革命の流れに日本・日本人が乗り遅れるのではないかという、ナショナリスト三宅の危機意識の表出であると考える。三宅にとって欧化（植民地化）とは、欧化（近代化＝文明化）現象のなかの一現象に過ぎないのである。

（2）日本美術の振興と日本教育史研究

①日本美術の振興

「世界ノ大勢」から「欧州開化ノ進行ヲ妨グルコト難シト」認めつつも、「余輩此ノ儘ニシテ止マンハ誠ニ朽惜シキコトナリ」と、ナショナリストとしての情念を示している。しかし、「世界ノ開化ノ為ニ惜シムベキ者アリ」として、「欧州ノ開化」は完全なものではなく、「人類ノ幸福ヲ増長スルノ道」において欠けているところもあると指摘する。だから、「我ガ国人ノ思想ヲ以テ」これに貢献できれば、「是レ世界人類ノ幸福ヲ増長スル所以ニシテ、又我ガ国ノ名誉ヲ支持スル所以ナリ」とする。ここから出てくるのが、日本美術の振興なのである。(59)

現在の日本は、工業・科学でヨーロッパに対抗することはできないが、日本美術は「欧州人」が褒めてくれる。だから日本は美術を振興することにより、「名誉ヲ維持」し、「独立ヲ固ウスル」べきであると主張する。(60)「欧州人」の視線、「欧州人」の観点を内在化して、(61)近代国民国家を志向するナショナリストといえる。工業・科学・経済で世界に「利スル」ことはできないという冷静な現実認識から、「欧州人」が褒めてくれる日本美術に着目するのである。

②日本教育史研究(62)

三宅の日本教育史研究が、なぜ貝原益軒に注目することにより始まったのか。それは、日本にもヨーロッパに劣らない教育史がある、教育家がいるという問題意識からである。ロックに劣らない教育家として、貝原益軒を発見したのである。[63] ここでも三宅は、「欧州人」の観点を内在化したうえで、日本のなかに称揚できる材料を探している。

三宅は世界的に、欧化（近代化＝文明化）的現象を不可避と受け止めている。そのため、三宅のナショナリズムは、世界の交通・情報革命を前にして、欧化（近代化＝文明化）に日本・日本人が乗り遅れることを恐れる意識として表出している。この点からすれば、『文』誌面に森文政に対する批判はあっても、欧化政策に走る日本政府権力批判が本格的に展開されないのは当然ということになる。

三宅には基本的に、政教社系知識人のように「国粋主義」を軸にして政府の欧化政策を批判する必要性はなかったといえる。三宅のいう欧化は、根源的・世界的・普遍的な社会現象を意味していて、日本人はそのことから逃げることはできないという脈絡が強調されている。政教社系知識人もそのことは理解しているのだが、たとえば設立直後の政教社が「国粋主義」を唱道した時、その理論化に努めた志賀重昂によれば、[64]「西洋の開化」は「日本的に同化」できるものとして想定されている。その同化の際の価値基準が「国粋」なのである。しかしこの欧化（「西洋の開化」）は、三宅の必然的・普遍的な社会現象としての欧化の強調と比較すると、より表面的な印象を受ける。

両者の違いは、政教社設立時の「同志」に関して、中野目徹が指摘する洋行経験の有無によるところが大きいであろう。[65] すなわち、政教社設立時の「同志」[66]は島地黙雷以外、洋行経験がないからこそ「西洋文明」の相対化が容易だったのである。これに対し三宅は、一八八八（明治二一）年一月にアメリカ・イギリスから帰国後、約半年で『文』を創刊しているのである。

三　『文』誌上の論争と『文』の変容

(1) 大日本教育会の東京府教科書選定事件

大日本教育会の東京府教科書選定事件の経過は以下の通りである。[67] 一八八八（明治二一）年、東京府は小学校教科書審査委員会を開いて、文部省編集教科書（読本）を重視せず、各学科複数の教科書の併用を決定した。これに対し伊沢修二文部省編輯局長らは、大日本教育会初等教育部門会を利用して教科書調査を行い、文部省編集教科書（読本）有利の調査結果を示した。この伊沢らの動きに対し、三宅は『文』誌上で痛烈な批判を展開した。[68] これに伊沢が書状を三宅に送付して反論。三宅は『文』にこの書状を掲載するとともに、さらなる批判を浴びせた。[69] この三宅らの批判的活動によるのだろうが、伊沢らは初等教育部門会の調査結果をもとに、大日本教育会から府下各区長・小学校長に勧告書を送付し、東京府知事に報告することは断念せざるをえなかった。さらに三宅は、最新の海外教育情報を『文』に紹介して、伊沢の教科書官業化路線に対抗した。

この『文』を使った三宅の批判的活動は、教育制度を「一二人ノ人権力ニ任セテ」専制的に施行にすることには、「其ノ意見ノ善悪ニ拘ラズ文ハ必之ニ抵抗セン」という創刊時の主張を具体化した行動と理解できる。ただし、これらの三宅による伊沢の教科書官業化路線に対する批判は、三宅が教科書肆金港堂の幹部であることから離れて評価するべきではないと考える。また、伊沢の教科書官業化路線に対する批判として三宅が利用しているのは、一八八八（明治二一）年のアメリカ教育大会におけるカリフォルニア州教科書制度の批判である。[70] 欧米教育情報を批判の道具として利用している。欧米教育情報自体に対する批判的観点は弱かったであろう。

しかし、一教科書肆の幹部である三宅が、文部省編輯局長伊沢を出版メディア上で批判して、その教科書行政に影響を与えていく現実が存在したのである。[71]

(2)「日本上古年代考」論争と「上代天地説問答」論争

ここでは工藤雅樹[72]、森田俊男[73]、小沢栄一[74]の諸研究を参考にしながら、「日本上古年代考」論争と「上代天地説問答」論争について検討する。

「日本上古年代考」論争とは、史学史上画期的な論文である那珂通世の「日本上古年代考」[75]をめぐる論争のことである。この論文で那珂は、『日本書紀』の紀年に誤謬があることを論じた。重要なのは、三宅は単に那珂の「日本上古年代考」を『文』に掲載しただけではなく、当初から『日本書紀』の紀年問題に関して、「学者社会ノ輿論ヲ纏ムルコト」[76]を意図していたことである。三宅は著名な知識人へ「日本上古年代考」に関する意見を求めており、その呼びかけに応じる形で、議論が組織化されている。

この議論の組織化、すなわち研究の組織化は、三宅の学問観[77]から来ていると理解できる。三宅は「昔ノ学問」と「今ノ学問」を明確に区別する。「昔ノ学問」は「範囲定マリアリテ学者ハ唯其ノ範囲内ノ知識ヲ窮ムレバ」よかったが、「今ノ学問」は「範囲全ク定マリナク前途空漠トシテ其ノ極ミナキモノ」である。歴史学についても、これまでは「日本ノ古史ハ日本紀ヲ万古不易ノ正史トシテ、古史ノ研究ハ此ノ書ニ記ス所ヲ以テ其ノ範囲トナシタリキ」と指摘する。さらに、「今ノ学問」は「一人一個ノ能ク究メ尽クスベキモノニアラズ、多数ノ智者ガ研究発明ヲ積ミテ次第ニ之ヲ生長セシメザルベカラザルモノトナセリ」と主張する。この学問観から「日本上古年代考」論争の組織化が生じたと理解できる。

「日本上古年代考」論文に対する反響は大きく、好意的・反対意見ともに多数あった[78]。なかでも国学系知識人の小中村義象と落合直澄は、那珂論文に強く反発し、那珂と小中村義象、旧修史局の星野恒と落合直澄との間に論戦が生じた。

国学系知識人の反応は、『日本文学』という国学系知識人が結集した雑誌のなかの以下の記事によりわかる。

那珂通世氏の年代考、一たび「文」に現はれしより、大に世人の注意を起したりと見え、それに関し、我が「文学」に向ひて寄送せられたる意見、[79]質問、論説等前後数十篇に及べり。然るにこの事たるや、我が歴史上主要の問題たり。軽々に論ずべきものにあらず。

星野と論争した落合は、西村茂樹が「論旨ノ当否ハ老生ニハ判断致シ兼候」としながら、「先年ノモノヨリ更ニ詳密」と評価したり、[80]加藤弘之が「(加藤自身、紀年については—竹田注)未タ取調モ行届カズ」としながら、「那珂氏ノ年代考ハ頗ル行届キタルモノ」と評価していること[81]に対し、以下のように激しく反発している。

皇統ノ基礎ニカカレル年代考ヲ詩文ト同一視シテ軽軽ニ評セラルルハ何故ゾヤ甚不審ニ堪へザルナリ（中略—竹田注）嗚呼万世一系ノ帝祚ニ対スルカクノ如ク冷淡ナルカト其ノ頼ミ詮ナキヲカコチ切歯ニ堪へザルナリ[82]

また、落合は以下のように、旧修史局の星野らが「日本上古年代考」論争に参入してきたこと自体、「実ニ国家ノ為メニ痛歎ニ堪へザルナリ」として、紀年論に関する「天下ノ輿論」が「日本上古年代考」論文を基礎にして定まることに反発している。

我歴史ハ皇基ノ係ル所ニシテ、他ノ治乱興廃時勢沿革等ヲ見テ足レリトスル歴史ノ比ニ非ルナリ、然ルニ、近来紀年論ノ嗷嗷世人ノ耳ヲ傾ムクル時ニ当テ、枢要ノ位置ニアル論者ニシテ、軽軽シクモ此困難ナル紀年論ニ啄ヲ容レラルルモノハ、実ニ国家ノ為メニ痛歎ニ堪へザルナリ、若シ吾輩之ヲ云ハザレバ、天下ノ輿論既ニ定ラントス、是レ子《（吾か）》ガ輩微力ヲ顧ミズ、之ガ質問ヲ[83]起シ、之ガ不当ヲ論弁スル所以ナリ、若シ一己ノ学者説ナランニハ、当否ニ係ハラズ、予ハ欣然トシテ之ヲ見ンノミ。

「上代天地説問答」論争とは、吾妻建男の「上代天地説問答　上」（『文』第二巻第八号）[84]から開始された論争のことである。[85]工藤は、「日本上古年代考」論争と「上代天地説問答」論争を総括して、「紀年を論じた人々は、チェンバレンらが示唆したような、記紀の記述そのものを疑うという途をとらずに、かえって紀年を修正して記紀の記述の史実性を強調するという途をえらんだ」[86]と指摘する。

このように検討してくると、三宅の所期の目的は、十全には達成されなかったと位置づけられる。日本紀年に関して「学者社会ノ輿論ヲ纏ムル」ための議論は、国学系知識人等の反発により、沈静化せざるをえなかったのである。また、このような「学者社会」を意識した誌面構成は、小学校教育を中心とした学校教育関係者には、「高尚」に映った要因となったであろう。

ただし、チェンバレン、アストンも参加した「日本上古年代考」論争は、森田の言う通り「国際的な学術交流という点でみても、当時の教育ジャーナリズムのなかできわだったものがあった」[87]ことは間違いないといえる。

(3) 言文一致論争

『文』における言文一致論争については、山本正秀が概括している。[88]創刊号の「文ノ目的」[89]にも、「文ハ又我ガ国ノ文章ニ就テ卑見アリ」とあった通り、『文』には第一巻の時期から日本文章改良関係の論説が掲載されていた。そこに、第二巻第六号から第三巻第一号にかけて、児島献吉と山田美妙を中心に言文一致論争が展開されたのである。

山本によればこの論争は、「児島が、終始「文章即美術（芸術）」の考えから「言文分離」を頑強に主張しつづけて譲らず、そして言文一致の真義を理解しようとしなかったために、元来この論争の主眼となるべき、当面の文体改良の具体的方策に即した論議に乏しく、またその方向への論の発展が見られなかった。従って論争本来の効果はあがらなかったものと思われるが、ただこの機会に、美妙が、言文一致についての考え方や方針を、以前よりも明らかにして、人々に訴えることができたのは収穫である」[90]と総括されている。

これから、「文体改良の具体的方策」に関する客観的成果はあがらなかったが、当時、知識人のあいだにおいても言文一致に対する無理解が幅を利かせていた状況下、『文』の言文一致論争は、啓蒙活動として一定の意味は示したといえる。

（4）『文』の変容

第四巻第一号からの『文』の変容は、二つの意味での内容の変容といえる。一つは、誌面改革としての「科学の講義及び教育上の方法に関する説話」からの撤退、「政治・法律・社交等の事項」の増補である。「政治談論」を含めた学術的総合雑誌となったのだが、結果的には特色の弱い雑誌となってしまった。二つ目としては、第四巻第一号から三宅が編輯人を退任したことにより、誌面の批判力が低下したことである。具体的には、意欲的なテーマによる議論が組織されなくなったことにあらわれている。

第四巻第一号からの誌面変更に関しては、政教社の雑誌『日本人』の記事が、『文』のことを「純粋なる政治雑誌」になったと記し、政教社員菊池熊太郎が「主筆」となったことから「我が同主義の別働機関」と評している[91]。この記事では「純粋なる政治雑誌」となった理由を、「蓋し風潮に乗じたるなり。時勢に感じたるなり」としている。しかし、政教社から「別働機関」と評された第四巻の時期の平均配布数は六二〇まで減少し（表1参照）、菊池が編輯人となって半年で廃刊となった。

おわりに

三宅の思想的特質は、世界の交通・情報革命に日本・日本人が乗り遅れるのではないかというナショナリストとしての危機感から、欧化（近代化＝文明化）を普遍的に認識して、主体的に「欧州人」の観点を内在化することにより、近代国民国家を志向するものであった。小学校教育を中心とした学校教育関係者に対して、欧化（近代化＝文明化）に必要な教養を提供するメディアとして、『文』は構想されたと理解できる。

しかし『文』誌面の内容は、「論説ノ膚浅ナルモノヲ嫌フ」とある通り、基本的に「高尚」の傾向を帯びていた。三宅の組織した「日本上古年代考」論争にしても、「学者社会」が意識されているのであり、小学校教育を中心とした学校教育関係者には難解・詳細に過ぎると映じたであろう。三宅の「政治談論」に対する消極性もあり、「今ノ新聞紙屋流ノ如ク浅薄ナル論文ヲ作テ喋喋シ、針小ノ事ヲ棒大ニ敷衍シ無用ノ文字ヲ以テ社説欄ヲ填ムル」傾向の薄かった三宅編輯人時代の『文』は、配布数減少傾向を克服できなかった。第一巻から第三巻までの時期の『文』は、金港堂主原亮三郎をパトロンとした三宅の「個人雑誌」[92]の性格が強いと位置づけられる。

「今ノ学問」は「一人一個ノ能ク究メ尽クスベキモノニアラズ、多数ノ智者ガ研究発明ヲ積ミテ次第ニ之ヲ生長セシメザルベカラザルモノトナセリ」という学問観から生じた、「日本上古年代考」論争と「上代天地説問答」論争にみることのできる、学術討論の組織化。日本文章改良の具体的方策を求めた言文一致論争の組織化。これらは必ずしも十全な展開を示すことはなかったが、教育社会に対する啓蒙活動としての意義は評価できる。

また、欧米教育情報を基にした文部省教科書官業化路線に対する批判は、一教科書肆の幹部である三宅が、文部省教科書行政に影響を与えていたことを意味する。これらの学問的批判力、文部行政に対する時局的批判力も、『文』が事実上、三宅の「個人雑誌」であるからこそ可能であったと位置づけられる。

しかし三宅自身にとって、意欲的に臨んだ『文』を通してのメディア活動は、必ずしも納得のいくものではなかったであろう。「日本上古年代考」論争を組織したがため、一部の知識人から「国体ヲ無《(無視か)》スルモノ」と反発され、弁明を余儀なくされた。結局、配布数減少傾向も克服できなかったのである。『文』刊行時期は、知識人社会において「日本上古年代考」論争に見て取れるように、欧化的事象に対する反発が高まっている時期である[93]。この点が、配布数減少傾向に影響した可能性もある。

三宅は、一八八九（明治二二）年末に『文』編輯人を退任した後、翌（明治二三）年一月には帝国博物館列品取調嘱託、同年一二月には高等師範学校の当学期中日本歴史講義嘱託、一八九一（明治二四）年五月には高等師範学校歴史教授を嘱託されている。一八九五（明治二八）年一月には、帝国博物館学芸委員に就任する。このように三宅は、一八八九（明治二二）年以降、金港堂幹部のまま、官の世界との関係を深めていくのである。(94)

註

（1）森田俊男「解説　三宅米吉論」森田俊男編『三宅米吉教育論集』明治図書出版、一九七四年。同『開闢ノコトハ通常歴史ヨリ逐イダスベシ　若き日の三宅米吉』民衆社、一九八一年。

（2）稲岡勝「金港堂小史――社史のない出版社『史』の試み」『研究紀要』第一一号、東京都立中央図書館、一九八〇年。同「明治検定期の教科書出版と金港堂の経営」『研究紀要』第二四号、東京都立中央図書館、一九九四年。稲岡は、明治検定期を代表する教科書肆金港堂の動向を、内部史料が欠けている研究困難な状況下で、残された史料である金港堂出版物、出版メディア記事、公文書、回顧録等から解明している。

（3）梶山雅史「第一章　教科書検定制度の成立とその実相」第9節、梶山雅史『近代日本教科書史研究――明治期検定制度の成立と崩壊――』ミネルヴァ書房、一九八八年。

（4）小沢栄一『近代日本史学史の研究　明治編――一九世紀日本啓蒙史学の研究――』吉川弘文館、一九六八年、四五二―四六六頁。

（5）工藤雅樹「第Ⅱ部　記紀批判の史学史」「第二章　明治前半期における紀年論の史学史的意義」工藤雅樹『東北考古学・古代史学史』吉川弘文館、一九九八年。

（6）山本正秀「後期　言文一致論の前進・言文一致体小説の流行（明治17年――明治22年）」「第一六章　明治二一年前後の言文一致論争」の第3・6節ほか、山本正秀『近代文体発生の史的研究』岩波書店、一九六五年、一九九三年第三刷使用。

（7）木戸若雄『明治の教育ジャーナリズム』（近代日本社、一九六二年）においても、『文』については全く言及されていない。

（8）（三宅米吉）「文ノ目的」『文』第一巻第一号、一八八八年七月一四日。本稿における『文』からの引用は、すべて原本による。

（三宅米吉）と名前に括弧をつけているのは、無署名原稿ではあるが、文学博士三宅米吉著述集刊行会編纂兼発行『文学博士三宅米吉著述集』上・下巻（一九二九年）に収録されていることから、筆者が三宅の執筆と推測したことを意味する。

(9)（三宅米吉）「簡易科ニ於ケル漢字」『文』第一巻第二号、一八八八年九月二九日。

(10)（三宅米吉）「美術ノ振興」『文』第一巻第八号、一八八八年九月一日。

(11)このような欧化認識は、『文明論之概略』における福沢諭吉の「欧羅巴の文明」認識ときわめて近いものがあるといえる。たとえば福沢は、「今の欧羅巴の文明は即ち今の世界の人智を以て僅に達し得たる頂上の地位と云うべきのみ」と限定的に評価しながらも、「苟も一国文明の進歩を謀るものは欧羅巴の文明を目的として議論の本位を定め、この本位に拠て事物の利害得失を談ぜざるべからず」と断言している（戸沢行夫編『福沢諭吉著作集』第四巻　文明論之概略、慶応義塾大学出版会、二〇〇二年、二二五頁）。

(12)佐藤能丸「I　政教社の成立」「一　政教社の設立」佐藤能丸『明治ナショナリズムの研究――政教社の成立とその周辺――』芙蓉書房出版、一九九八年、初出は一九八八年、二二一―二三頁。中野目徹『政教社の研究』（思文閣出版、一九九三年）の「序章　政教社研究の視点」「第一節『政教社の祝宴』――『同志』結集の原形と初心――」。

(13)この後も、一巻ごとの目録は附録として刊行されている。

(14)註（2）稲岡前掲「明治検定期の教科書出版と金港堂の経営」四五―四六頁。

(15)（三宅米吉）「来年ノ文」『文』第一巻第二五号、一八八八年一二月二九日。

(16)菊池熊太郎か「体裁変更ノ趣旨」『文』第四巻第一号、一八九〇年一月二〇日。

(17)『普通教育』は、教師教育を目的とした講義録である。多少、学術誌の傾向もある。一般の教育雑誌ではない。創刊時の発行人兼編輯人は森孫一郎である。

(18)『文』が一八九〇年六月三〇日で廃刊となった後、同年七月一七日には、『国本』という「政治雑誌」が金港堂から創刊されている。恐らく原亮三郎としては「政治雑誌」を刊行したいという意思が継続していたのだろう。しかし、この雑誌は創刊時から「吏権党の愛読しそうな雑誌なり保守党の愛読しそうな雑誌なり憾らくは其文字乾枯無趣味にして読者を厭倦せしめそうな雑誌なり」（『国民之友』第九〇号、一八九〇年八月三日）と酷評されている。

(19)「文」『日本人』第四〇号、一八九〇年二月三日。

(20) ナダ書房の広告用小冊子である『マイクロフィルム版明治期教育関係雑誌集成』第一期（ナダ書房、一九九三年一月か）内に、『文』について、「第4巻になって、菊池熊太郎が発行兼編輯人として登場してから、『文』が一変する」と簡潔に指摘されている。

(21) 「寄書ノ答弁」『文』第一巻第二号、一八八八年七月二一日。

(22) 「『文』第一号」『学海之指針』第一三号、一八八八年七月二五日。

(23) 第一巻第二・三、七―二五号、第二巻全号、第三巻全号、第四巻全号に、金港堂関係の広告を確認できる（附録を含む）。ここでいう金港堂関係の広告とは、金港堂刊行書籍のほか、金港堂が「販売」「売捌」として記されている広告、原亮三郎が取締役の東京機械製造会社の広告を含んでいる。

(24) この件に関して、浅岡邦雄氏、稲岡勝氏から、当時の雑誌は基本的に交換広告であるとの指摘を受けた。しかし、金港堂刊行書籍の広告が増えていくことに、『文』刊行の収支状況の悪化が反映しているとの推測は、変更しなかった。

(25) 「金港堂」『教育報知』第一一六号、一八八八年四月二八日。「文及び都の花」『教育報知』第一二五号、一八八八年六月三〇日。「文」『教育報知』第一二八号、一八八八年七月二一日。「文」『教育時論』第一一八号、一八八八年七月二五日。註（22）前掲「『文』第一号」『学海之指針』第一三号。「『文』」『教師之友』第一七号、一八八八年八月一日。

(26) 註（25）前掲「文」『教育報知』第一二八号。

(27) 註（25）前掲「『文』」『教師之友』第一七号。

(28) 註（25）前掲「文」『教育報知』第一二八号。註（25）前掲「文」『教育時論』第一一八号。註（25）「『文』」『教師之友』第一七号。「教育雑誌の新陳代謝」『教育時論』第一二三号、一八八八年九月一五日。

(29) 創刊直後に教育出版メディアからも、「希望の過大なりしを以て敢て驚くまでには至らざりき」（『学海之指針』第一四号、一八八八年八月二五日）と、創刊前の過大な期待ほどではないとの冷静な評価をされてもいた。

(30) 「文」『時事新報』第一九八六号、一八八八年七月一五日。ただし、教育に限定されない一般の出版メディアからは批判ばかりされていたのではなく、創刊号において、「寄書家」が「有名家」を網羅していること、「論説記事の確当なる」こと、「紙質の精良、印刷の鮮明にして光彩の転た陸離なる」こと、三宅の「法隆寺所蔵四天王紋錦旗」が「有益なる新報告」と、それぞれ称賛されている（「文」『日本人』第八号、一八八八年七月一八日）。

(31) 註(21)前掲「寄書ノ答弁」。

(32) 註(21)前掲「寄書ノ答弁」。『文』のこの「今ノ新聞紙屋流」に批判的な記事に対しては、『国民之友』に反発した評がある(第二七号、一八八八年八月三日、「批評」欄、高橋五郎執筆)。この高橋の『文』第一・二号に対する批評でも、「『文』は玉石混淆の雑誌と評するの外なし」と指摘している。

(33) 註(25)前掲「文」『教育報知』第一二八号。栗原古城「文学博士三宅米吉君」『教育界』第九巻第一号、金港堂書籍株式会社、一九〇九年一一月三日。

(34) 註(25)前掲「文」『教育報知』第一二八号。

(35) 註(33)栗原前掲「文学博士三宅米吉君」六五頁。

(36) 森田は、註(1)森田前掲『開闢ノコトハ通常歴史ヨリ逐イダスベシ　若き日の三宅米吉』第三・四章において、これらの外国地誌・外国政治情報、日本美術の振興、日本教育史研究を紹介している。森田編集の註(1)森田前掲『三宅米吉教育論集』にも、これらのうち主要なものが収録されている。

(37) (三宅米吉)「すゑず運河」『文』第一巻第六号、一八八八年八月一八日。「中央亜細亜ノ鉄道」『文』第一巻第一九号、一八八八年一一月一七日。(三宅米吉)「ぱなま運河」『文』第一巻第二〇号、一八八八年一一月二四日。(三宅米吉)「にからぐわ運河工事」『文』第一巻第二一号、一八八八年一二月一日。「ぱなま運河ノ資本金」『文』第一巻第二一号、一八八八年一二月一日。(三宅米吉)「しべりや鉄道」『文』第一巻第二二号、一八八八年一二月八日。「ぱなま運河会社ノ破産」『文』第二巻第二号、一八八九年一月三一日。

(38) (三宅米吉)「世界ノ大勢」『文』第一巻第二二号、一八八八年一二月八日。

(39) この危機感に関しては、基本的に「「文明開化」の思想とは、ヨーロッパを中心とする世界システムに強制的に編入されることによって周辺化された社会の、対外的危機意識の現れ」(植村邦彦『「近代」を支える思想　市民社会・世界史・ナショナリズム』ナカニシヤ出版、二〇〇一年、一二五頁)と理解できる。

(40) 「えみんぱしやトすたんれい」『文』第一巻第三号、一八八八年七月二八日。(三宅米吉)「えみんぱしやノ死」「亜非利加ノ行ク末」「中央あふりか」『文』第一巻第七号、一八八八年八月二五日。「すたんれい氏ニ就キテノ報知」『文』第一巻第二三号、一八八八年一二月一五日。「すたんれい氏トえみんぱしや」『文』第二巻第二号、一八八九年一月三一日。(三宅米吉)「亜非利加ノ現状」『文』第二巻第六号、一八八九年三月三一日。「すたんれい氏ノ幼時」『文』第二巻第八号、一八八九年四月三〇日。
(41) 註(40)(三宅)前掲「亜非利加ノ行ク末」。
(42) 註(40)(三宅)同右。
(43) 註(40)(三宅)前掲「亜非利加ノ現状」。
(44) 註(40)(三宅)前掲「亜非利加ノ行ク末」。
(45) 「魯国政府ノ改進主義」『文』第二巻第三号、一八八九年二月一五日。「魯国改進党最後ノ哀訴」『文』第二巻第三—五号、一八八九年二月一五日—三月一五日。「魯国革命党員獄内ノ惨状」『文』第二巻第六号、一八八九年三月三一日。「西伯利亜紀行」『文』第二巻第七・一〇・一二号、一八八九年四月一五日—六月三〇日。「魯国行政上ノ退去処分」『文』第三巻第九・一〇号、一八八九年一一月一五日—一一月三〇日。「せみぱらちんすくニ於ケル退去人ノ有様（けんなん氏西伯利亜紀行）」『文』第三巻第一一号、一八八九年一二月一五日。（三宅米吉）「魯国政府ノ国事犯者ニ対スル政略」『文』第三巻第一一・一二号、一八八九年一二月一五日—一二月三一日。「から礦山ノ記（けんなん氏西伯利亜紀行）」『文』第三巻第一二号、一八八九年一二月三一日。これらのほか、一八八九年一一月のブラジル帝政廃止関係記事として、（三宅米吉）「ぶらじるノ革命」『文』第三巻第一一号、一八八九年一二月一五日。「巴西国ノ革命」「革命ノ余波」『文』第三巻第一一号、一八八九年一二月一五日がある。
(46) 註(45)前掲（三宅）「魯国政府ノ国事犯者ニ対スル政略」。
(47) （三宅米吉）「年代考ト国体」『文』第一巻第一四号、一八八八年一〇月一三日。
(48) 「魯国改進党最後ノ哀訴」『文』第二巻第三号、一八八九年二月一五日。
(49) 註(45)（三宅）前掲「魯国政府ノ国事犯者ニ対スル政略」。
(50) 註(37)（三宅）前掲「ぱなま運河」。
(51) 註(45)前掲「西伯利亜紀行」。
(52) 註(45)前掲「魯国行政上ノ退去処分」。
(53) 註(45)前掲「せみぱらちんすくニ於ケル退去人ノ有様（けんなん氏西伯利亜紀行）」。
(54) 註(45)前掲「から礦山ノ記（けんなん氏西伯利亜紀行）」。
(55) 註(45)前掲「魯国政府ノ改進主義」。

(56) 流萍散人「たひちい島」『文』第一巻第二五号、一八八八年一二月二九日。

(57) （三宅米吉）「ひりつぴん群島ノ記」『文』第二巻第一号、一八八九年一月一五日。

(58) 註（40）（三宅）前掲「亜非利加ノ現状」。

(59) 註（10）（三宅）前掲「美術ノ振興」。

(60) 註（10）同右。

(61) この内在化は、欧米列強を中心とする世界システムのなかで周辺化＝過去化されてしまった存在（日本）に危機感を抱く知識人が、主体的に内面化したものといえる（註〔39〕植村前掲『「近代」を支える思想　市民社会　世界史　ナショナリズム』一一八頁参照）。

(62) （三宅米吉）「貝原益軒トろつく」『文』第三巻第三号、一八八九年八月一五日。（三宅米吉）「貝原益軒ノ教育法」『文』第三巻第四―八号、一八八九年八月三一日―一〇月三一日。小田清雄「貝原益軒ノ教育法補意」『文』第三巻第一一号、一八八九年一二月一五日。

(63) 註（62）（三宅）前掲「貝原益軒トろつく」。

(64) 志賀重昂「「日本人」が懐抱する処の旨義を告白す」『日本人』第二号、一八八八年四月一八日、四―五頁。志賀重昂「日本前途の国是は「国粋保存旨義」に撰定せざるべからず」『日本人』第三号、一八八八年五月三日、四頁。

(65) 「政教社の場合、設立の「同志」が島地（黙雷―竹田注）を除いて洋行の経験を有しないことは、「国粋主義」の思想内容を評価していく際に注目すべきことがらである。すなわち、彼らの受容した西洋文明は講義、書物を通して得られた学術なのであって、洋行による直接の衝撃を受けていないだけあって、比較的容易にそれらを相対化し、「国粋nationality」の発見へ向かうことができたのではないかと考えられる」（註〔12〕中野目前掲『政教社の研究』五七頁）。

(66) 中野目のいう「政教社設立の「同志」」は計一一人であり、杉浦重剛と宮崎道正は含められていない。彼らは一八八九―一八九〇年にかけての拡大メンバーと位置づけられている。註（12）中野目前掲『政教社の研究』一九―二〇頁。

(67) 詳細は、註（1）森田前掲『開闢ノコトハ通常歴史ヨリ逐イダスベシ　若き日の三宅米吉』の「第二章　教育の自由と教科書制度」「Ⅱ「教科書は民間の著作者によるべし」――「教科書ニ関《(対)》スル政府ノ関係」（一八八八）」。註（3）梶山前掲『近代日本教科書史研究――明治期検定制度の成立と崩壊――』四六―五五頁参照。

(68)（三宅米吉）「東京府ノ教科書選定」『文』第一巻第四号、一八八八年八月四日。
(69)「伊沢修二君ノ書翰ニ就キテノ弁」、「伊沢修二君ノ書翰」『文』第一巻第六号、一八八八年八月一八日。
(70)（三宅米吉）「教科書ニ対スル政府ノ関係」『文』第一巻第一一号、一八八八年九月二二日。
(71)「伊沢氏の書簡。」『教育報知』第一三四号、一八八八年九月一日。
(72)註（5）工藤前掲「第二章　明治前半期における紀年論の史学史的意義」。
(73)註（1）森田前掲『開闢ノコトハ通常歴史ヨリ逐イダスベシ　若き日の三宅米吉』の「第三章　『普通国民の形成』理念の追求」「I「我ガ国ノ歴史ヲ世界ノ歴史ノ一部分トシテ考究セヨ」——「日本紀元の正否」（一八八八）」。
(74)註（4）小沢前掲『近代日本史学史の研究　明治編——一九世紀日本啓蒙史学の研究——』四五二—四六六頁。
(75)『文』第一巻第八・九号、一八八八年九月一日・九月八日。
(76)（一八八八年）八月二六日付那珂通世あて三宅米吉書簡（那珂家所蔵文書）。註（4）小沢前掲『近代日本史学史の研究　明治編——一九世紀日本啓蒙史学の研究——』四六四頁に活字化されたものから引用。
(77)（三宅米吉）「学問ノ生長」『文』第一巻第一七号、一八八八年一一月三日。
(78)その紹介は、註（5）工藤前掲「第二章　明治前半期における紀年論の史学史的意義」でなされている。
(79)「日本上古年代考」『日本文学』第二、日本文学発行所、一八八八年九月二五日。
(80)「西村茂樹先生ノ回答」『文』第一巻第一二号、一八八八年九月二九日。
(81)「加藤弘之先生ノ回答」『文』第一巻第一四号、一八八八年一〇月一三日。
(82)落合直澄「再修史局諸先生ノ説明ヲ乞フ」『文』第一巻第二四号、一八八八年一二月二二日。
(83)落合直澄「星野恒君ノ紀年私案駁論ヲ読ム」『文』第二巻第六号、一八八九年三月三一日。
(84)一八八九年四月三〇日。
(85)「上代天地説問答」論争については、註（5）工藤前掲「第二章　明治前半期における紀年論の史学史的意義」三六一—三六八頁で概括されている。
(86)註（5）工藤前掲「第二章　明治前半期における紀年論の史学史的意義」三六八頁。
(87)註（1）森田前掲『開闢ノコトハ通常歴史ヨリ逐イダスベシ　若き日の三宅米吉』一三四頁。

(88)　註（6）山本前掲『近代文体発生の史的研究』七〇四―七二七頁。
(89)　註（8）（三宅）前掲「文ノ目的」。
(90)　註（6）山本前掲『近代文体発生の史的研究』七二六―七二七頁。
(91)　註（19）前掲「文」。
(92)　三宅はあくまで金港堂という組織の一員（編輯所長）であるが、かなりの発言権があり、『文』発行人兼編輯人の時期、『文』編集に関しては采配を揮えただろうということを意味している。
(93)　山室信一は、「国粋主義という語が最も世上流布していたと思われる明治22年」と指摘している。「国民国家・日本の発現――ナショナリティの立論構成をめぐって――」『人文学報』第六七号、京都大学人文科学研究所、一九九〇年、八五頁。
(94)　三宅の歴史教育論と金港堂の小学校用日本通史教科書（＝ナショナル・ヒストリー）の変容過程については、拙稿「三宅米吉の歴史教育論と金港堂の歴史教科書」『日本教育史研究』第二六号、二〇〇七年を参照。

〔付記〕　日本出版学会歴史部会例会（二〇〇七年）、日本出版学会春季研究発表会（二〇〇七年）において、本稿の基になる内容を報告した。その際、浅岡邦雄氏、稲岡勝氏に丁寧なご教示をいただいた。感謝申し上げる。また、筆者にとって阿部猛先生は、帝京大学文学部史学科時代の指導教官である。阿部猛先生の傘寿をお祝いいたします。

憲政本党と国民同盟会

―政友会結成との対抗関係の中で―

中里裕司

一　はじめに――問題の所在――

大正デモクラシーの推進力の一つが民衆であることはいうまでもないことであろう。日露戦争後、民衆運動はその力によって次第に政治を動かし始めた。そのはじめは日露講和条約反対を叫んだ日比谷焼打ち事件であったが、そこにあらわれたような民衆のエネルギーを評価し(1)、これ以後、みずからの政治活動の基盤にしようとした勢力が数多くあらわれた。一方、自由民権期の三大事件建白運動以来、対外問題によって民衆を結集させようとすることは有効な政治的手段と考えられてきた。本論文で問題とする国民同盟会の原点となったのが、一八九三（明治二十六）年から翌一八九四（明治二十七）年にかけての対外硬六派の運動、すなわち対外硬運動である(2)。この対外硬派の運動は、初期議会において政府と接近しつつあった自由党に対抗し、改進党を軸とする政党再編と勢力拡大をめざす運動であった。本稿で課題とする国民同盟会(3)の運動は、対露同志会から日比谷焼打ち事件へと連続する性格を持つと考えられる。しかし、本稿では、日露戦争後の民衆運動との連続性を求めることよりも、現実に国民同盟会が政治的対抗関係の中でどのように機能したのかを追求することに力点を置いた。換言すれば、国民同盟会と憲政本党との関係を考察し、それらが政友会との対抗関係をどのように構築していこうとしたのかを考えたいと思う。そのことによって、国民同盟会の運動としての展望や限界、憲政本党の政策や政界再編へ向けた問題点を明らかにしたいと考える。

二　憲政本党の動向

一九〇〇（明治三十三）年に入って、憲政本党は政党としての行詰り状態から脱するための新しい方向を模索しつつあった。それをうながしたものは、対外的には義和団運動によって引き起こされた中国における国際関係の変化であり、対内的には伊藤博文による立憲政友会の結成である。前者によって、自由民権運動以来ずっと主張してきた地租軽減（減租）のスローガンはもはや全く現実的な政策としては意味を失ってしまったのであった。また、後者によっては、新しい政治的対抗関係の創出へいやおうなく向かわざるを得なくなったからである。いわば、憲政本党の政党としての存立が危くなっていたのである。

憲政本党について、第十三議会以来の日清戦争後における地租軽減、すなわち減租と減租運動をみてみたい。

第二次山県有朋内閣が地租増徴案を衆議院に提出した(4)一八九八（明治三十一）年十二月八日、芝公園の紅葉館において地租増徴反対同盟の発起会が開かれた。この会合では、鈴木重遠が会長に推薦され、鈴木重遠は谷干城を幹事長に指名し、その他三〇名の幹事が推薦されて地租増徴反対同盟の組織が整い、野党としての行動組織となった(5)。これより前、十二月一日に政府の地租増徴案提出を目前に控えて、憲政本党系の新聞記者たちで組織している同志記者倶楽部は、「吾人は断じて地租増徴に反対す」「前項の意見を遂行するため地租増徴反対同盟の組織に尽力すべし」という建議案を採択し、準備委員十一名を設けて地租増徴反対同盟組織のための活動にあたらせた(6)。その準備委員たちは各々、憲政本党、憲政党、中立団体、貴族院の各団体、およびこれらの院外諸団体に向かって交渉し、憲政本党の院外団体である憲政同志会の賛成を得た。(7) ここに、同志記者倶楽部と憲政同志会の二つの組織から地租増徴反対同盟は成り立ったのである。憲政本党としては地租増徴反対同盟に正式に参加していたわけではなかった。衆議院で地租増徴には反対していたが、院外活動に憲政本党としては取り組まなかったのである。その理由は、党派の政治活動という形をとらず、国民運動的な形態をとることによって、より広範な政治的エネルギーを吸収しようとしたのであろう。

地租増徴反対同盟の幹事長となった谷干城は、「地租問題は実に人民の休戚に関し、延て国家の安危に関す（中略）余は従来尊農の主義にして、日本の安寧を維持するは実に自作農業者多数なるにありとす」(8)と述べているように、農本主義的な発想を持ち、自作農を国家の根幹と考え、地租増徴による自作農への攻撃をほんとうに恐れていたのである。地租増徴による自作農の減少は国家の安危にかかわることと考えていたのであった。しかし、日清戦後経営が進展すればするほど国家財政は膨張し、その財源は、増税、とくに地租増徴に頼らざるを得なかったから、自作農に崩壊の危機が迫っているという危惧は大きくならざるを得ない。谷干城自身は「軍備拡張論者で、決して縮少論者ではない」(9)と言っているにもかかわらず、「野夫は（中略）軍備縮少の為に斃ふるるは名誉とするものなり」(10)と言うように軍備縮少論にならざるを得なかった。また、谷干城は「軍備不足に帰し臥薪嘗胆の名の下に七師団を一躍し十三師団に増加し厳然戦争の準備を敢てし内は国力の如何を不顧外は欧米各邦の嫌疑を招」(11)くような対外関係の緊張を望んではいなかったのである。(12) それ故に、谷干城は「外国に対し平和主義を取るものなり、外交上英雄主義を排し、君子主義を取るものなり」と の姿勢であった。また、日清戦争前の一八九二（明治二十五）年当時に、「軍備の拡張案は政府案に一層鞭を加之度事」(13)との態度を示したのは、「明治六十年までに掛らなければ海岸の防禦は十分に出来ぬと言ふのは如何にも情けない事柄である」(14)と思ったからに外ならない。このように、谷干城の対外論には対外膨張的発想はきわめて少く、軍拡批判も一応徹底していた。その軍拡批判に裏付けされた地租増徴反対論は強固なものであった。それ故に、谷干城の減租論は、第二次山県内閣と憲政党の対外膨張→軍拡→地租増徴の論理に対抗し得たのである。憲政本党の地租増徴反対＝細民保護的なポーズに批判的であった田口卯吉さえも、「余輩は将軍（谷のこと＝筆者）が細民の友たるを知るなり[15]」と認めていたのである。

このような地租増徴反対運動＝減租運動の指導者に対して、憲政本党の首脳部は、地租増徴反対（減租）が軍拡批判＝日清戦後経営反対になることを極度に恐れ、それと距離を置こうとした。憲政本党は政党として政権へ接近するためには、地租軽減を主張することによって対露戦を想定した軍拡を中心とする日清戦後経営そのものを否定するわけにはいかなかったのである。軍拡批判は政権への道を閉すことになる。それ故に、憲政本党領袖である武富時敏は「地租を減ずべきや否やと言う問題は既に過去の問題となって、今日の問題は此地租が果して減じ得るべきや否やと言う問題になって居る。此地租を減じ得べき方策さへ立ち[16]」さえすればよいと言って、減租論の民力休養論的側面＝軍拡批判的側面を意識的にはずし、減租論を単なる財源問題の枠内に閉込めようとしたのであった。それ故に、武富の減租案[17]は、植民地となった台湾の経費が地租増加の根源であるとして、台湾守備隊の編成がえによって四〇〇万円の倹約、台湾の憲兵を廃止して民政局の巡査を増すことによって一〇〇万円の倹約、台湾の樟脳を専売にしてその関税を増すことによって一〇〇万円の収入増、その他で合計八〇〇万円によって減租を実行しようとするものであった。武富は、「子（谷干城＝筆者）ハ旧ニ依リ軍備拡張攻撃の演説を繰返し居候我党の人士ニして子の一行に伴ふときは軍備拡張攻撃の道連れを為す様ニて心苦しき限ニ御座候[18]」と谷干城の軍拡攻撃に巻き込まれることを恐れるとともに、「(四国減租）大会ハ存外の盛況ニて数日前同所に開きたる自由派の会合ニ比すれば数倍の盛況ニ御座候（中略）四国の人士ハ今度の大会ニて四国の形勢一変すべしと踊躍罷在候夫程の効果ハ無論覚束なく候[19]」とも述べて、減租運動が党勢拡張策として有効ではないと分析していたのであった。

しかし、あえて谷干城に近い立場から憲政本党内において軍備縮少によって減租の論理を押し進めて行こうとする人々があった。これを憲政本党内の軍備縮少派[20]という。彼等はいわゆる三衛門派と称される浜口吉右衛門、石原半右衛門、金岡又左衛門を中心として、神鞭知常、大東義徹等の一派も彼等に近く、憲政本党内には最大五〇名近くの勢力を占めていたと思われる。[21]彼等の中には国民同盟会から対露同志会へ結集していくメンバーも多く、いわば民衆の政治的エネルギーに着目した人々も数多く含まれていたのである。彼等の説は、「今日の財政を整理せむには、軍備を緊縮して行政費を削減するの外名案なし。増税案には反対しながら、政府の十年計画に賛成するは矛盾なり」[22]として、増税反対がそのまま軍拡反対に直結しなければならないとするものであった。その要旨は「我国の所得は大凡十億円に過ぎざれば、其の一割即ち一億円以上の歳出を許すは国力の殆ど堪へざる所なり、但し行掛り上止むを得ざる事情ありといはゞ、一億四千万円までを限度とし、（日清＝筆者）戦役前の歳出八千五百万円の上に、行政費一千八百万円、軍事費三千五百万円を加へたる以外のものは、経常臨時両費を問わず、総べて之を許さざることゝすべし」[23]とする極端な財政緊縮論となった。

このような軍備縮少派の要求に対して、憲政本党内では党情大革新派、又は前官吏派と呼ばれる人々が対立していた。彼等は党の首脳部として松隈内閣下で官僚となって日清戦後経営に携わった人々である。また憲政党内閣の下で彼等が編成した予算案は、地租増徴をすることを除けば、第二次山県内閣の予算案とほとんど同じものであった。それ故に、彼等は第二次山県内閣の政策には基本的には反対せず、憲政党―政友会のように政権党への脱皮をはかろうとする人々であった。

このような状況の中で、憲政本党東北倶楽部は「財政は前内閣の計画を踏襲せず更に計画を立つる事」「政費は大に削減を行ふ事」「前条の方針を以て其調査を本部に要求すること」[24]という決議を行って軍備縮少＝減租貫徹派への援護を行った。こうして軍備縮少派や減租をめざす人々は憲政本党が藩閥政府側の戦後経営に加担してきたことすべてを否定し、真の民党にたちかえることを主張したのであった。

一八八九（明治三十二）年二月十日に三浦梧楼によって両派の調停が行われた。その結果、憲政本党の政務調査会において「歳出額の程度を定めず成る可く節減の方針を執る可し」「陸海軍費を緊縮し、諸般の行政を整理すべし」「地租郵便醤油税を復旧して減租の方針を取る可し」「増税は種目を論ぜず、一切之を行はざる可し」[25]と決議された。減租の方針が確認されたことで、一応軍備縮少派の勝利と見てよいであろう。

『日本』や『日本人』による国粋主義者たちも憲政本党が減租の方針をとることを望んでいた。彼等国粋主義者は「非増税を唱へて而して軍備の緊縮を計らざれば、将た如何にして財政を処理し得べきや、他に財源ありと言ふと雖も国民は決して信を措かざるべし、（中略）党中の健全なる分子は斯の如き両立し難き言説を作して空中に楼閣を築くが如き両立し難き冀望を以て日一日と空過するよりは此際断然悔悛して其図を一変し、大に軍備の緊縮を叫びて非増租と唱和し、以て善く両立併行せる否な一而不二の議論を唱へんには若かずとの意を懐ける者ありと聞く、是れ誠に当を得たるの見と謂ふべし。（中略）十年一日の如く藩閥打破を口にしながら却て軍備の拡張を黙許するは是れ即ち藩閥拡張の黙許と均しく、軍備を拡張すればするの度大なる丈け藩閥は益々勢力を加へ其の生命は亦た益々長久なるべきことを」[26]と述べて、憲政本党の主張や政策に矛盾が多いことを批判していた。憲政本党の党勢拡張策についても「藩閥の儕輩を吸収し得ざるが如き豈に遺憾とするに足らんや、寧ろ新智識を有して将に社会に現出せんとし、而して藩閥以外に立ちて些の関係を有せざる者を採容するの優るあるに若かざるなり」[27]として、憲政本党が徹底した反藩閥の政党に立ち戻ることを求めた。この頃まで、国粋主義者たちも「民の負担を増すことを図り、反抗する者あらば、即ち曰く愛国心なし」[28]と主張するような反藩閥の姿勢を取り続けていたのである。

こうして、憲政本党内の軍備縮少派の勢力が大きくなり、彼等に対する声援が強くなってきたことに対する党内の非軍備縮少派の反撃が党制革新問題であった。それは一八九九（明治三十二）年一月初旬から問題となりはじめ、二月十四日には代議士総会を開いてその問題を討議するまでになった。党制改革の理由は「本党従来の党制は党勢総攬の上に於て不便尠からざるは久しく諸君と共に実験し来る所となれば、爾今以後旧来の組織を一変し、此に総理一名、副総理二名を新設して、以て機務を総攬し、敏活の行動を自在ならしめんと欲す。故に吾々役員一同は挙て総辞職を為すべければ、願くは先づ仮りに副総理を選み、以て百般善後《ママ》の処理を委任したし[29]」されるように、明らかに軍備縮少派を押えて、新設した総理による党内統制力の強化をねらったものである。なぜならば、この党制改革を積極的に推進したのは、「役員諸氏亦た誠意を以て之に賛同し、自ら奮て評議員会及び代議士会を開き、以て斯案を提案せん[30]」とした憲政本党の首脳部であり、前官吏派と呼ばれる人々であった。このように党制改革問題は、憲政本党の首脳部が政権獲得の前提条件として党の整備と秩序の維持を名目に統制力の強化を計ったものであった。換言すれば、党制改革に名をかりた軍備縮少派の封じ込め策であった。これに対し、軍備縮少派の一人でもある田中正造は「此の如き改革案を提出して以て其の内訌紛擾を増長せしむるは我等の與みする所にあらず[31]」と述べて批判している。

また、一八九九（明治三十二）年の初めの時期には、軍備縮少派の勢力が前官吏派の勢力を凌いでいたために総理新設の件は流れた。党則改正のための臨時大会は後に開くことに決定し、二月二十日に至って新しく楠本正隆、犬養毅、河野広中が総務委員に選ばれて党務を統括することになった。一応、軍備縮少派の勝利に帰したのである。

しかし、憲政本党が軍備縮少派の論理を持ち続けることは、政権獲得への志向を断念するに等しい。その意味で軍拡批判の論理は政策としては貫徹できないだろうことも明らかである。減租のために軍備縮少を持ち出すことは、中国分割＝植民地獲得競争の激化という国際関係の緊張の中では全く現実に合わない政策になっていたからである。憲政本党系の各地方の減租大会で強調されたのは、「内に養ふ所なくんば外に向って伸ぶるを得ざるなり[32]」とする対外膨張を前提とする論理であった。国粋主義者たちの減租論も義和団事件から日露戦争にいたる対外緊張の高まりによって放棄される運命にあった。もはや、地租軽減＝減租を叫ぶような時代状況ではなかったのである。しかし、その一方で、減租を叫ぶことによって広く民衆の政治的エネルギーを引き出そうとする政治路線は、大正デモクラシーを支える政治路線へと転換をとげ、息長く存続するであろうことも確かである。

三　国民同盟会と憲政本党

清国内でその勢力を拡大しつつあった義和団は、一九〇〇（明治三十三）年五月には北京・天津に向かい、清国の中枢部を占領する状況になった。憲政本党はこの義和団運動の拡大による国際的な緊張を利用して十分な成果をあげることができない減租のスローガンを放棄し、対外的な積極論によって人々の政治的エネルギーの吸収を企てようとしたのである。また、国内における伊藤博文の立憲政友会設立は憲政本党に深刻な動揺と打撃を引き起こしていた。それ故に、対外的にも、対内的にも、スローガンの変更は政友会設立による動揺を防ぎ止め、再度憲政本党へ結集させることができるものが求められた。

一九〇〇（明治三十三）年六月、憲政本党総務委員の犬養毅は「只憂うベキハ国家ニ御座候此度ノ外交一歩を誤れば将来回復す可からざる危険ノ形勢ヲ成立せしムベク（中略）内治の事に関しては政友如雲に候得共東亜時局に就て臭味ノ友を求め候得ハ実ニ索莫を感し居候此一点ハ中々地租問題と比すべきものにあらず此を棄てても彼ハ棄てられ不申候」[33]と述べて、早くも清国の義和団事件による緊張が高まってきたことを理由に憲政本党が減租論を放棄し、対外的な積極論に転換することが必要だと唱えた。憲政本党評議会が六月十五日に義和団事件について決議を上げたのに呼応して、憲政本党新潟支部も「我党は時局の難きに処して、益鞏固なる内閣を望むと雖此際にては敢て軽動せざるべし」「清国事変に処して、列国均衡の上に於て一歩も譲らず、一面は清国政府を開誘して隣誼を尽すべし」[34]とする決議によって挙国一致への期待を表明したのである。

一九〇〇（明治三十三）年八月三十日、東亜同文会幹事会の席上ではじめて国民同盟会について話題になった。その時の様子を近衛篤麿は「これより国民の世論を喚起するの方針を取らざる可らずとて、団体を仮に三箇に分ち、先輩等の一派、頭山を首領としたる青年者の一派と、新聞同盟の一派とすること、而して速かに其成立を計る事とし、唱道《ママ》する処の論点は、北京より撤兵して野心なき事を天下に示すべし（日本首唱して列国応ぜざれば単独にても退く事）、朝鮮を独力扶植する事（これは余〔近衛篤麿のこと＝筆者〕未だ同意せず、何となれば是が為団体の弱くなる惧あればなり）、以上の目的並に支那保全に対する行動ある国に対しては、我国は非常の決意をもって其野心を強圧する事、此意味にて一つの宣言案の様のものを起草する事」[35]とその日記に記した。この後、九月二十四日に発起人会を開いて国民同盟会は成立し、十月二十一日には八〇〇名の来会者を集めて懇親会が開かれた。

憲政本党としては、国民同盟会にはじめから参加していたわけではなかった。しかし、東亜同文会を通じて近衛と個人的な関係にある犬養毅や神鞭知常等が個人としてそれに加っていていたのである。憲政本党が近衛篤麿に接触し、国民同盟会への合流を打信したのは一九〇〇（明治三十三）年九月六日である。その日、柴四朗が近衛篤麿に「進歩党（憲政本党＝筆者）より余等の説に賛同し団体組織の交渉を為すために何人か不日来るべし」[36]と語ったが、まだこの時点では全党参加を意味するものではなかった。憲政本党が国民同盟会との組織提携を決定したのは十月十八日であった。その日の状況は、「本部に於て評議員代議士連合会を開きたり、出席者は楠本、河野、犬養三総務を始め七十余名にして鈴木重遠を会長に推し、先づ犬養総務より同盟会の成立経過を報告し、次で楠本総務より吾々総務は目下の時局に鑑み対清政策に付同盟会と提携して運動するの必要ありと決定したり、就ては満場の賛同を得、其代表交渉の為め五名の委員を挙ぐることとしたしと発議し、異議なく之を可決し」[37]たというものであった。この決定によって、憲政本党からの交渉委員として神鞭知常、波多野伝三郎、降旗元太郎、岩崎万次郎、山田烈盛の五人が決定したのであった。[38]

憲政本党が正式の提携を打ち出す以前の十月三日、憲政本党徳島支部総会は、「現下の対清策に就いては国民同盟会の趣旨を賛成し成るべく我同志へ加入を勧告すること」「県下各所に演説会を開き、吾党の主義を闡明にし党勢を拡張すること」等の決議を行ったのである。[39]これによって、憲政本党の支部段階でも国民同盟会への接近があり、それによって党勢拡張の梃子にしようとしていたことがわかる。

このように国民同盟会への加担を決めたことは、憲政本党の政策転換を意味した。今まで掲げてきた減租のスローガンを下ろし、義和団事件によって高まった国際的緊張を党勢拡大の旗幟にしようとはかったのである。国民同盟会に結集する政治勢力に依拠して憲政本党の党勢拡大をはかろうとしたのである。また、現実的には政友会成立による憲政本党の動揺を回避しようとするものでもあった。『近衛篤麿日記』には、「陳ば春畝公（伊藤博文＝筆者）の新政党愈発表相成候段、右に対する御高慮は如何に御座候哉。未だ発表早々に付当県内有志者の意向も充分相分り兼候へ共、陰に同情を表し居候ものも有之、小生へも勧誘有之候。此際小生等親友両三輩の態度甚だ大切に付、篤と閣下（近衛篤麿＝筆者）の御意見拝承致度候」[40]という書翰が収められているように、政友会の成立によって憲政本党の地盤は大きく揺いでいたのである。それ故に、長谷場純孝等の国民同盟会中の政友会系の人々が「此会（国民同盟会＝筆者）の発表を新政党（政友会＝筆者）組織の後にせられたし」[41]という意向を示したのに対し、犬養毅は「今日の場合乗機二字最肝要に付、長谷場の曠日弥久説は到底同意し難きものと被存候」[42]と近衛篤麿へ書き送っている。犬養は政友会成立以前に国民同盟会を成立させたかったのである。なぜなら、国民同盟会の成立を遅らせることは、政友会に対抗できる結集軸を失い、自らの陣営を政友会によって侵食されることを意味していたからである。

国民同盟会に参加した憲政本党は、ほんとうに義和団事件による国際的緊張を利用した対外的な積極論によって政治的エネルギーを結集することが可能で、それによって党勢拡大ができたのであろうか。そのような条件があったのか、なかったのかを政友会と政治的勢力基盤を争わなければならない憲政本党と、政治的な対立を内部に持ち込ませまいとして非政社を唱える国民同盟会との関係の中で考えてみたい。そのためには、第一に対外的な積極論が政治的対立の論争点となるのか、という問題を考え、第二に盛り上がってきた政治的なエネルギーをどのようにして現実的な政治の場へ持ち込むのか、換言すれば、それによって議会内の力関係を変えるものとすることができるのか、という問題を考えることとしたい。

第一の問題について考えてみよう。中国の分割が日本の安全を危くするという危機意識によって叫ばれていた対外的な積極論は、その背後に対露強硬論があることは言うまでもなかろう。それ故に、日本の「国論」全体を喚起するものとならなければならず、それには党派の別なく運動しなくてはならないであろう。しかし、「支那問題はやがて対露策なり、伊藤侯は固より其思ふ所を異にすべし、国民同盟会は党派を問わず、是に於てか、憲政本党の党員之き、帝国党の党員之き　東亜同文会々員之き、天下説を同うするも争て之く、斯くの如くして国民同盟会は或る対露策を抱懐する一政党たり、而して伊藤侯率ゆる所の政友会は之に対して其懐く所の対露策を以て争うべし、是に至て旗幟明らかなり、対露策は一時の問題に非ず、日本人が永く離るべからざるの問題なり、是れやがて政党の別つ所なり(43)」と言われているように、この頃においては、憲政本党や帝国党にとって、対外的な積極論＝対露強硬論が「政党の旗幟」を明らかにする唯一の方法となっていた。しかし、憲政本党や帝国党が対露強硬論を政策論争の中心におけばおくほど、「党派を問わない国民同盟会」の運動論理とはかけはなれてしまうことになる。国民同盟会の運動論理は政治的対立や政策論争となじまないものであった。

一方、政友会側も対外問題が政治的な対立になることを避け、憲政本党が仕懸る政策論争を無視し続けた。九月十八日の政友会の仮総務委員会に於て、「国民同盟会の行動は外交上国家に不利なるものと認む、本会は挙げて之に反対す(44)」との決議をなし、江湖倶楽部より各政党によせた交渉覚書に対する回答には、「支那問題に関しては本会は目下一定不変の政策を発表するの必要を認めず、且つ国民同盟会に対しては已に本会の決議あり云々(45)」としたことがその反応のすべてであった。そのような政友会側の反応は、伊藤博文自身がロシアとの衝突を避けたいと思っていたこともあるが(46)、政友会は衆議院の過半数を制しており、現実に政治を動かし得る唯一の政党であるという自信にもよるものであろう(47)。「伊侯は立憲政友会の組織なりて早く外交問題を片付け（不十分にても）、自ら政府の後任を引受け大活動を試みんとの野心」[48]があると見られていたように、近衛篤麿等にも伊藤博文の自信が感じられたのである。また、伊藤自身も、「新内閣（第四次伊藤内閣＝筆者）漸く成れり、今に於て其外交方針を問ふ（中略）而して知る能はざるものは侯の対外方針なりとす」[49]と評されたように、自分の外交政策を明らかにせず、論争の種にならないように努めた。それ故に、国民同盟会に連なる対外積極論者たちは、伊藤のそのような態度を外交超然主義[50]と呼んだ。伊藤博文が第二次山県有朋内閣の後をうけて内閣を組織し、政権の座についた後も国民同盟会を無視し続けたのは当然のことであった。ただ、国民同盟会の活動が政友会を脅し始めた時、近衛篤麿をそれから引き離すために国民同盟会を「政社」に認定したのである。[51]

以上のように第一の問題については、対外的な積極論＝対露強硬論を主張することで政策論争を展開していこうとすることは「国論を喚起するために党派を問わない国民同盟会」の運動を矮小化することとなった。また、政友会側でも対露強硬論を無視して政策論争化せず、挑発にものらなかったのである。こうして、対外的な積極論は、第十三議会における地租増徴問題のようなはっきりした政策論争としての意味を持ち得なかったのである。

第二の問題は、国民同盟会が現実に政治的な力関係を変えることができるのか、換言すれば、政友会と対抗できる政治勢力となりきれるかどうか、ということである。憲政本党が正式に国民同盟会へ加担する直前の十月九日の『近衛篤麿日記』には次のようなことが記されている。「三浦子爵来りて、昨日星岡茶寮にて進歩党中重立たるもの集り、同盟会の事ニ付熟議せり、近衛公の決心弱きは同盟会の永続せざる徴なり、又進歩党はこれに賛して同盟会の跡仕末を為さゞる可らざるに至らん抔、種々の説あり、三浦子は一々これを説破して、如此感情的の議論をもって国家の大問題を軽率に看過するは不可なりとて、結局進歩党は党として同盟会の趣旨に賛成し、別に運動する事とし、同盟会には神鞭、降旗等を交渉委員として出し置く事とせりと報ぜり。ドーデモよさそうな事乍ら、党人根性といふべしか、呵呵」[52]と。このように、憲政本党にとっては近衛篤麿の動向、すなわち、近衛が「国民同盟会運動」ともいうべき政治運動のほんとうの中心になってくれるかどうかが最大の関心事であった。近衛篤麿は五摂家筆頭の公爵であり、貴族院議長であった。新しい政治家として注目されている存在である。いわば、政友会の伊藤博文や西園寺公望に対抗し得る人物だったのである。近衛篤麿の動向こそが国民同盟会発展のカギであった。政党としての憲政本党が国民同盟会に期待したものは、ただ単に「国論の喚起」だけではなく、それによって政治的エネルギーを結集させ、党勢拡張を行い、衆議院における力関係を変える。すなわち、政友会に対抗できる勢力となることであった。しかし、国民同盟会は「国論の喚起」という目的からして「政党政社に関係なく、会員は皆個人の資格を以て何れの政党政派の意思《ママ》を含入することは本会の可成避けんとする所(53)」とする非政社の組織として活動することとなった。それには近衛の個人的事情もあったのである。近衛は国民同盟会設立以後も貴族院議長や学習院々長を辞職する意志を持っていなかったことと、国民同盟会を支持する貴族院議員たちも政社を起こしてまでの政治運動には積極的でなかったことなどがその理由であった(54)。それ故に、「一切の組織を為さず、発起人の名義を総て廃す。但し会務は一切余（近衛篤麿＝筆者）に一任すること(55)」とするような非政社主義が、組織としては不可欠な近衛篤麿の活動を最大限に保証するものとなっていたのであった。

しかし、近衛の活動の自由を保障する非政社主義も、近衛が国民同盟会に尽力することを阻害するものとなった。政府（第二次山県内閣や第四次伊藤内閣）は、国民同盟会を政社に認定することによって近衛を国民同盟会から切り離そうとする意志を持っていた。そのため、近衛側としてはたえずそのことに注意を払っておく必要があった。佐々友房は「只々注意すべきは政友会より非常に肉薄して政府に迫り、是非共政社に見なさしめ、而して閣下と同盟会とを引離し、僕滅策を講じつゝ有之候(56)」と近衛に書き送っている。また、佐々友房は「大坂《ママ》其他へ御出張の向（大阪やそのほかにおける国民同盟会大会のこと＝筆者）有之候へども、此等は御熟考ものと存候。折角本日決議により敵派の意表に出居候（発起人の名儀を廃して個人参加の形にしたこと＝筆者）を更に其術中に陥る如き事は可成避度ものと存候(57)」とする書翰を送って、近衛自身の政治活動を極力押さえるように要望したのである。このように、国民同盟会の非政社主義を維持するためには政府側の政社認定に対して絶えず警戒しなければならなかった。近衛の表だった活動は一定の規制下におく必要があったのである。

それにもかかわらず、国民同盟会運動の進展は近衛の役割りを増大させるばかりであった。それは、「政友会も愈昨日（九月十八日＝筆者）国民同盟会に反対の宣言仕候趣、時論是より愈昴り可申勢、外交の方針硬軟の標榜よりして政客論壇と共に一大鴻溝を造るの自然的結果、あまり好しからず候共自由進歩両派（政友会と憲政本党のこと）旗鼓対塁と可相成、勢の趨く所、今に於て避くるに難き処[58]」とされたように、政友会との政治的な対立が激化し、各々の支持者の獲得合戦となってきたからである。こうなった時、国民同盟会の支持基盤の拡大をはかるためには、対外的な積極論を叫ぶよりも、「近衛篤麿」という名前の方がはるかに必要なものとなってきた。それは、政友会が伊藤博文というネームバリューによって成立してきたという側面があったからである。国民同盟会近畿大懇親会の準備事務所は、その案内状とともに次のような詫び状を近衛に送ってきた。「却説今回大阪大会に付一方ならざる御心配を相掛け、地方一同感激罷在候。然るに別紙の如き書面を同志に配布致候は実に僭越至極に存候次第に御座候へども、実は御存の通、伊藤侯は其政友会加盟勧誘に一々自著の書面を発したるの今日に、地方人士若くは当地方に故なく嫌居候政党向の名義にて出会を促すも其効果薄しと存じ、大会の盛況を希望するの余り、不知不識御書面中の御記名を切り抜き、斯かる不都合の書面を発送致したるは今と相成り恐縮の外無之候[59]」と近衛篤麿の署名を無断で使用したことを詫びたのである。

このような状況に際して、近衛の去就そのものが国民同盟会にとって最大の問題となったのである。それは、国民同盟会が政治運動ができる団体として脱皮し、現実に政治を担える組織となるのかならぬのか、という問題になったと言っても過言ではない。その頃、京都にいた根津一は近衛に「学習院の御位置も勿論重任に御座候得共、同盟会の発達国家の前途との関係は之に比し更に重要の者歟と被存申候（中略）学習院の御位置御辞任被為遊候はゞ、満天下就れ歟正大の進退、忠君愛国の御衷情に感泣奮起せざるものあらんや。夫れ天下を得るは人心を得るの謂にして、人心得るは識者の同情を得るにあり。一たび識者の同情を攬り満天下の人心を収め得て、茲に信望孚《ママ》透其地盤の上に立ち、上、聖上を輔佐して列国に対立す。事茲に到らば何を謀て歟成らざらん。何を企て歟遂げざらん」[60]と書き送り、近衛が政権の座につかなければ、国民同盟会の主張する対外的な積極論は実現できないと忠告したのであった。五百木良三は、そうなれば、「進歩、帝国二党は合して以て閣下を頂くこと寧ろ自然の大勢、閣下克く之れを善用するあらば直ちに一大政党を提ぐる亦難きにあらず。既に一大政党を成立せんか、現内閣（この手紙の時は第二次山県内閣＝筆者）の相続者をして政友会たらしむるも、次ぎに来るべき内閣は即ち閣下を首脳に頂くの政党たるべきは必せり」[61]とまで述べて、近衛の本格的な政治活動に期待したのである。「近衛の新党」は伊藤博文の政友会に十分対抗できる政党になると考えられていたのである。

この頃、近衛篤麿の新政党設立に期待する者も多かった。中江兆民も近衛に新党設立を勧告していた[62]。それは近衛がデモクラット的性格を持つと見られていたと、すなわち、責任内閣の組織、反藩閥的な立場、対外的な積極論などに大きな期待をかけられていたからである[63]。これらに対する期待は政友会に吸され得ない政治的志向を持つ者の集約された考え方であった。この当時における二大政党的な構図が浮かび上がる可能性があったのである。

しかし、近衛へのこのような期待は、彼が非政社に徹することで見事に裏切られた。肥塚竜はその不満を次の様に述べている。「国民挙げて之（国民同盟会＝筆者）を歓迎し、政府の対清策も此会の指導を待って決する程の勢力を咄嗟の間に収むべしと思ふなるに其勢力増進の速力は余輩予想の五分の一にも達せざる感あるは何故ぞや、余輩接するに是れ二ケの勢力増進を躊躇せしむ者あるに由る、曰く、会長其人の活動を欠く事、曰く、其の趣意の未だ周知せられざる事是なり（中略）吾人は往々国民同盟会員に聞く、曰く、支那保全の主義方法は未だ之を聞かず、只会長の近衛公たるが為め公を信じて入会したるなり」[64]と述べられているように、国民同盟会に対する不満や失望が素直に表明されている。

「国論の喚起」だけを望んでいなかった人たちにとって「曩きに発起準備を開き宣言書を発布するや全国各新聞の殆ど三分二以上は同盟会に同意を表せり。此一事以て本会は其目的の半を達したると言ふを得べし。（中略）同盟会は大体の国論を一定し、以て当局者の後勁と為るを以て足れり」[65]として政治運動へ踏み出すことをしない近衛の態度は不満だったのである。それ故に、近衛の新党に対する期待は長く続き、近衛の新政党問題は、一九〇一（明治三十四）年六月、彼が韓国、北清へ旅行を行う直前まで続いていたのである[66]。

憲政本党が対外的な積極論によって政治的エネルギーを結集しようとした国民同盟会は、その内部に以上のような矛盾を内在させていたのである。華族主義的な立場から藩閥官僚政治に反感を持っていたのと同じように[67]、政党を利益集団の徒党と見なしていた近衛は、国民同盟会を政治的団体に転換させることをしなかった。一方、国民同盟会のほとんどの活動は憲政本党員によって担われていたのであった[68]。国民同盟会の活動を党勢拡大運動と考えていた憲政本党の失望は大きかったと言えよう。こうして国民同盟会の運動は沈滞していくのである。日英同盟の成立や露清密約の破棄による露清間の満州還付条約の締結によって「支那保全」の名目がなくなり、その存在意義がなくなった国民同盟会は一九〇二（明治三十五）年四月にいたって解散してしまうのである。

四　憲政本党の党制改革と三四倶楽部結成

政友会の成立と国民同盟会の展開の中で、憲政本党は党をどのような方向にもっていこうとしていたのであろうか。

前述のように、第十三議会の地租増徴案成立後、憲政本党内では減租運動にのった軍備縮少派が勝利をおさめ、それに対して、前官吏派とされる党の首脳部を中心とした巻き返しがあった。それは軍備縮少派の「増税反対・軍備縮少」に対する「党組織の改革」という形をとって表面化したものであった。「党組織の改革」とは「減租・軍備縮少」のスローガンの変更・放棄を意図したものであり、党制改革とスローガンの変更は表裏一体のものであった。

　第十四議会で有効な政策提起ができない憲政本党内では局面打開の声が高まっていった。その頃、憲政党は伊藤博文への接近をはかりはじめ、憲政本党も新しい提携関係を求めて活発に動きはじめていた。一九〇〇（明治三十三）年に入ってすぐ、新聞『日本』は次のように憲政本党の内情を伝えている。「同党にては犬養、尾崎、神鞭の間には旧臘来より新生面打開の議熟し居りて、先づ其の打開の順序として予て大会の議を経て宣言し有る、少なくとも新税を課せずして云々、の財政方針を変更し、税法を改良し、財政の紊乱を整理するなどと言へる広義的意味のものとなす筈にて近日各代議士兼評議員会を開き其方針を決する由にて金岡又佐衛門以下三衛門派の如きも監獄費支弁案が通過したる以上は最早新税を課せずして云々などの切詰算用をなす可からざれば今少しく融通のきく可き党議を決定せざる可からずと称へ居れりとのことなるが同党の此方針変更案は新生面の打開に関しては頗る意味あることなりと言へり」[70]と。しかし、このような党の政策転換は容易にはできなかった。憲政本党は政友会に対抗するべく国民同盟会の活動に片足を置く一方、党制改革問題とともに政策転換をはかっていくこととなった。

　一九〇〇（明治三十三）年八月に入って、憲政本党内では総理新設を骨子とする党組織の改革が本格的な議題となり始めていた。[71]それは、高田早苗が「政友会の成立と共に伊藤侯が政党の先頭に起《ママ》つことになったので党内に少なからぬ動揺が生じました。確かにそれは本党の危機でございます。この際どうしても閣下の如き大政治家が本党の首領として伊藤侯に対峙して下さいませぬと本党は瓦解するでありませう」[72]と大隈重信に述べたように、総理新設は政友会成立に伴う党内の動揺を最小限にくいとめようとするものであった。それ故に、憲政本党東京支部が「代議士評議員会が総理新設を可決したるは時宜に適したる決議と認む」[73]としたように総理を置くことについて党内には異論がなかったようである。しかし、それ以外の党の組織変更については党内の意見の一致はむずかしかった。[74]なぜなら、総理新設は政友会成立による動揺をくいとめるためにやむをえない処置であるとしても、それ以外の党組織の変更は党内各派の力関係を変える可能性があったからである。それでも、九月末までには憲政本党内に設立されていた党則改正委員会において、総理、副総理を各一名設置し、政務委員三名を置くことなどが議了されて総務委員に報告された[75]。このようにして、一応党制改革の準備は出来上ったのである。

一九〇〇（明治三十三）年十二月十八日、第十五議会のための憲政本党大会が開かれた。そこで総理新設、政務委員五名の党制改革案が可決された。大隈重信が改進党の解党以来置かれていなかった総理の地位についたのである。そして、政務委員と評議員は追って大隈より指名することとなった[76]。このやり方は政友会の総裁指名を模倣したものであろう。これとともに注目すべきことは、官紀振粛や清国保全の決議とともに、「清国事変及び国家の発達に伴ふ必要の経費は之を支出することを辞せずと雖も、不急の経費は之を排除する[77]」とする財政政策に関する決議がなされたことである。義和団事件を口実として、「不急の経費は削減する」としつつも政府の軍備拡張予算に賛成する姿勢を示したのである。十二月二十日、大隈は総理として鳩山和夫、武富時敏、柴四朗、箕浦勝人、山田喜之助の五名を政務委員に推薦した。五名の政務委員の中に軍備縮小派はいなかったのである。この時、楠本正隆は「我党は創出以来常に衆議を容れて万般の政務を処理し来りたれば大隈総理に於ても此旨を諒して党務を処理されたし[78]」と総理専制を暗に批判したのに対して、大隈は「凡そ政党を組織したる以上は互に譲歩して其政見の実行を期せざる可からず、政友会は総裁専制なるも予は広く衆議を聴きて党務を総理すべければ充分御注意ありたし[79]」と答えなければならなかったのである。この応酬はまだ軍備縮小派の勢力があなどれないものであることを示している。

大隈の総理就任によって政務委員から軍備縮小派が排除されるとともに、政府予算案の賛成が示され、憲政本党の路線変更が明確となった。しかし、そのことが第十五議会の政府予算案に対する賛否と主導権争いがからんで党内対立が激化した。

第十五議会の焦点は増税問題であった。義和団事件のために日本が出兵した夏以来、出兵費用を支出するための増税は避けられないとされていた。その増税は、名目的には義和団事件に対する出兵費とされていたが、それぱかりではなかった。公債の募集を以て支弁するはずであった事業費の募集難部分の振替支出分や、既定計画の鉄道建設費の不足分補塡の財源ともされており、いわば日清戦後経営を後押しするための増税でもあった。この増税案は、酒税、砂糖消費税、海関税の三税によって一八〇〇万円を増徴しようとするものであった(80)。

この増税問題に対して憲政本党内部においては、無条件賛成論から、地租復旧（減租）と交換条件にせよとするもの、絶対的反対論を唱えるものまで多岐にわたっていた(81)。憲政本党としては、減租・軍備縮小派と目されていた犬養が「本党にて増税賛成致候も税其物ノ賛成ニ非すして内閣ノ言フガ儘ニ要求ヲ容レ置き候て支那問題に全力ヲ挙けしめんと欲したるに外ならず(82)」と言っているように、「支那保全」を叫ぶ以上は賛成しない訳にはいかなかったのである。これに対して、絶対的反対論を唱える人々は、減租・軍備縮小の原則論を叫び、「北清事変の費途に供するためには、一方に二千万円の公債売放を決行し、一方には政費を節減せば可なり(83)」とするものであった。一九〇一（明治三十四）年一月二十八日の増税反対派の会議において、「我等は増税案に対し、絶対的に反対するものにして、是が為めに強硬の態度を執るべし(84)」との決議を行い、主張が通らないならば、脱党するという動きさえ示していた。同じ日に開かれていた憲政本党財政調査委員会では、増税反対派の勝利に帰したのである。この財政調査委員会の中で増税反対の者は市島謙吉、三輪潤太郎、初見八郎、金岡又左衛門、石原半右衛門、竹内正志、加藤六蔵の七名であり、増税賛成の者は武富時敏、柴四朗、関直彦、加藤政之助、大津淳一郎、箕浦勝人の六名であった(85)。増税に賛成した委員の内、武富、柴、箕浦は憲政本党の政務委員でもあった。党首脳部の意見は否定されてしまったのである。こうした状況の中で、大隈重信は一月二十九日の代議士総会に臨み、「北清の変乱は尚終熄せず将士は既に外にあって時局の転変如何によっては更に優勢なる兵員を増派しなければならぬ必要を見るかも知れぬ。この時、増税を以てそれを支給するほかに何等の方法も見出されぬ。それに外交上の形勢に伴ふ軍事費は国民が飽くまで忍耐して、それを担当しなければならぬ(86)」と演説し、総理としての意向と威光を示すことで反対派を押さえつけようとしたのである。しかし、増税反対論は尚も根強く、二月四日にいたってようやく憲政本党は増税賛成をその党議として決定したのであった。一方、増税反対派の議員たちは脱党して新たに三四倶楽部を結成したのである。(87)

五　おわりに——感想もふくめて——

本稿は伊藤博文による立憲政友会結成前後における憲政本党の動向を国民同盟会との関係とからめて描いたものである。憲政本党は、反藩閥の姿勢・対外的な積極論で国論の喚起を行うことをめざした国民同盟会に依拠しつつ政友会と対抗し、党勢拡大をはかったが国民同盟会を政治的結集の中軸にすることができずに失敗した。まさに同床異夢であった国民同盟会は政界再編の起爆剤とはならなかったのである。

憲政本党は政府の提出した義和団事件にかかわる増税案に賛成することによって、事実上、軍備拡張と日清戦後経営を容認し、自由民権運動以来の地租軽減＝減租派を切りすてて政権をめざす党に脱皮する条件を整えた。その過程で反藩閥の姿勢を自分の手でくずしていった。

以上のように、本稿は立憲政友会設立の歴史的意義に隠されてしまった憲政本党と国民同盟会という瑣末な歴史事象を追いかけたものである。当時の状況から考えれば、憲政本党が五摂家筆頭という名門で貴族院議長・学習院長の近衛篤麿がはじめた国民同盟会と提携しようとしたのはそれほど悪い選択ではなかったといえよう。山県、松方、井上は論外として、伊藤や西園寺に対抗できる人物は近衛しかいなかったからである。しかし、近衛篤麿がとった国民同盟会の非政社主義では、現実政治における力関係を変えるものとはならなかったのである。憲政本党員たちの失望は深かったにちがいない。それから四〇年後、近衛篤麿の子・近衛文麿の新体制運動から起こった大政翼賛会が、内部の主導権争いから政治結社になれず公事結社となって政治活動を行うことができなかったことも思い出されて興味深い。また、憲政本党のことを考えれば、政友会に包摂されなかった左から右までの議員を擁して統一をとれない万年野党の姿が浮かび上がってくる。政権をとれるような党内体制を構築しようとしながら脱皮できず、「左翼バネ」のようにすぐ原則論へもどってしまうという性格は、自民党の福田康夫政権下における二〇〇七年後半の自民党との大連立にふみきれなかった民主党の行動と比較するとこれもまた興味深い。以上、本稿を執筆しながら考えた感想も書いておきたかった。

註

（1）宮地正人『日露戦後政治史の研究』東京大学出版会、一九七三年参照。
（2）酒田正敏『近代日本における対外硬運動の研究』東京大学出版会、一九七八年参照。
（3）国民同盟会に結集した団体や構成要素、その動向や消長については、坂井雄吉「近衛篤麿と明治三〇年代の対外硬派」『国家学会雑誌』八三ノ三・四。
（4）坂野潤治『明治憲法体制の成立』東京大学出版会、一九七一年、二〇六—二三五頁を参照。
（5）『日本』一八九八（明治三十一）年、十二月十日。
（6）『日本』一八九八（明治三十一）年、十二月三日。
（7）『憲政本党党報』憲政本党、第三号、一八九九（明治三十二）年、一月一日、四〇—四一頁。
（8）谷干城「非地租増徴論」『日本人』政教社、第七五号、一八九八（明治三十一）年、九月二十日、二二頁。
（9）註（7）に同じ。但、四二頁、地租増徴反対同盟発起会での谷干城の演説。
（10）谷干城『谷干城遺稿・下巻』靖献社、一九一二年、六〇八頁。一八九六（明治二十九）年、九月二十六日付陸実宛谷干城書翰。
（11）同右。但、六二四頁。一九〇〇（明治三十三）年、十月五日付望月小太郎宛谷干城書翰。
（12）同右。同頁。同書翰。
（13）同右。但、五七〇頁。一八九二（明治二十五）年、弘田正郎宛谷干城書翰。
（14）註（9）に同じ。

(15)「谷将軍の非地租増徴論」『東京経済雑誌』経済雑誌社、第九四二号、一八九八（明治三十一）年、八月二十七日、四五四頁。
(16)『大帝国』博文館、第一巻四号、一八九九（明治三十二）年、八月一日、四一頁。関西非増租大会での武富時敏の演説。
(17) 同右。
(18) 大隈重信文書、一八九九（明治三十二）年、四月二十二日付大隈重信宛武富時敏書翰。
(19) 同右。
(20) 藤村道生「軍備拡張と階級矛盾の展開」信夫清三郎・中山治一編『日露戦争史の研究』（河出書房新社、一九七二年）が軍備縮少派について詳細に分析している。
(21)『日本』一八九九（明治三十二）年、二月二〇日。
(22)「明治三十二年の政界」『太陽』博文館、第六巻一号、一八九九（明治三十二）年、一月一日、四〇頁。
(23) 同右。
(24)『憲政本党党報』憲政本党、第七号、一八九九（明治三十二）年、三月五日、四五頁。
(25) 註（22）に同じ。
(26)「憲政本党の根本的矯革」『日本人』政教社、第八三号、一八九九（明治三十二）年、一月二十日、七―九頁。
(27)「憲政党の拡張と憲政本党の拡張」『日本人』政教社、第八〇号、一八九七（明治三十一）年、十二月五日、七―八頁。
(28)『日本』一八九八（明治三十一）年、十二月二十日。
(29) 註（24）に同じ。
(30) 同右。
(31)『日本』一八九九（明治三十二）年、二月十四日。
(32)『大帝国』博文館、第一巻第一号、一八九九（明治三十二）年、六月十五日、七一頁。
(33) 犬養毅『犬養木堂書翰集』人文閣、一九四〇年、五三―五四頁。一九〇〇（明治三十三）年、六月二十二日付秋保親兼宛犬養毅書翰。
(34)『大帝国』博文館、第三巻一号、一九〇〇（明治三十三）年、七月五日、六三頁。「政況」欄による。
(35) 近衛篤麿『近衛篤麿日記・第三巻』鹿島研究所出版会、一九六八年、一九〇〇（明治三十三）年、八月三〇日、二九一頁。

(36) 同右、一九〇〇（明治三十三）年、九月六日、二九五頁。
(37) 『大帝国』博文館、第三巻九号、一九〇〇（明治三十三）年、十一月五日、六九―七〇頁。
(38) 同右。
(39) 『大帝国』博文館、第三巻八号、一九〇〇（明治三十三）年、十月二〇日、七一頁。
(40) 註（35）に同じ。但、一九〇〇（明治三十三）年、八月二十八日、二八八頁。
(41) 同右。但、一九〇〇（明治三十三）年、九月七日、二九六頁。
(42) 同右。但、一九〇〇（明治三十三）年、九月八日、三〇八頁。
(43) 「政党の旗幟」『日本人』政教社、第一二三号、一九〇〇（明治三十三）年、八月五日、七頁。
(44) 『立憲政友会史、第一巻』立憲政友会出版局、一九二四年、四〇頁。
(45) 同右。
(46) 『伊藤博文秘録』春秋社、一九二九年、一三六頁。
(47) 『続伊藤博文秘録』春秋社、一九三〇年、一五六頁。伊藤は政党が政治を行う意義は空論をしないことであると言っている。
(48) 註（35）に同じ。但、一九〇〇（明治三十三）年、八月三十日、二九一頁。
(49) 「政治界（伊藤侯と外交方針）」『太陽』第六巻一三号、一九〇〇（明治三十三）年、十一月一日、三八頁。
(50) 『日本』一九〇〇（明治三十三）年、九月六日。
(51) 『近衛篤麿日記・第四巻』鹿島研究所出版会、一九六八年、一九〇一（明治三十四）年、一月二十二日、二六頁。
(52) 註（35）に同じ。但、一九〇〇（明治三十三）年、十月九日、三四九―三五〇頁。
(53) 同右。但、一九〇〇（明治三十三）年、十月三日、三三八頁。
(54) 同右。但、一九〇〇（明治三十三）年、十月五日、三四二頁。貴族院議員たちは、政社に認定された時のことを考えて、同志の倶楽部をつくっていた。それにより同盟会を裏面から援助することにしていたのである。
(55) 同右。但、一九〇〇（明治三十三）年、九月二三日、三二三頁。
(56) 同右。但、一九〇〇（明治三十三）年、九月二二日、三二三頁。
(57) 同右。但、一九〇〇（明治三十三）年、九月二四日、三二四頁、。

(58) 同右。但、一九〇〇（明治三十三）年、九月十九日、三一八頁。
(59) 同右。但、一九〇〇（明治三十三）年、十二月五日、三八九頁。
(60) 同右。但、一九〇〇（明治三十三）年、十月九日、三五〇頁。
(61) 同右。但、一九〇〇（明治三十三）年、九月二十六日、三三九頁。
(62) 同右。但、一九〇〇（明治三十三）年、十一月二十五日、三八五頁。
(63) 註（3）に同じ。
(64) 肥塚竜「国民同盟会」『日本人』政教社、第一二八号、一九〇〇（明治三十三）年、十二月五日、九頁。
(65) 「輿論一斑」・近衛篤麿「国民同盟会に就きて」「膨張の日本・第九」より『太陽』博文館、第六巻十三号、一九〇〇（明治三十三）年、十一月一日。
(66) 註（51）に同じ。但、一九〇一（明治三十四）年、六月二十六日、二一六―二一七頁。
(67) 近衛は第二次松方正義内閣および第二次山県有朋内閣からの入閣要請を拒否した。
(68) 註の（2）に同じ。
(69) 第十四議会前の憲政本党大会において、「陸海軍、台湾、其他諸般の行政を整理し、別に新税を徴課せずして、少なくとも、地租、醤油、郵便の三税を復旧すること」等の決議がなされたことをさしている。大津淳一郎『大日本憲政史・第五巻』原書房、一九六九年、五九頁。
(70) 『日本』一九〇〇（明治三十三）年、一月十五日。
(71) 『大帝国』博文館、第三巻五号、一九〇〇（明治三十三）年、九月五日、五四―五五頁。
(72) 『大隈侯八十五年史・第二巻』原書房、一九七〇年、三五二頁。
(73) 註（71）と同じ。但、六〇頁。
(74) 『大帝国』博文館、第三巻六号、一九〇〇（明治三十三）年、九月二十日、六〇頁。
(75) 『大帝国』博文館、第三巻七号、一九〇〇（明治三十三）年、十月五日、六〇頁。
(76) 『毎日新聞』一九〇〇（明治三十三）年、十二月十九日。
(77) 註の（69）に同じ。但、一四一頁。

(78)『毎日新聞』一九〇〇（明治三十三）年、十二月二十一日。尚、楠本正隆は減租・軍備縮少派である。
(79)同右。
(80)『明治財政史・第三巻』吉川弘文館、一九七一年、一〇八四頁。
(81)『日本』一九〇一（明治三十四）年、一月二十日。
(82)註の（33）に同じ。但、一九〇一（明治三十四）年、二月二十八日付小橋藻三衛宛犬養毅書翰、五六頁。
(83)『日本』一九〇一（明治三十四）年、一月二十六日。
(84)『毎日新聞』一九〇一（明治三十四）年、一月二十八日。
(85)『日本』一九〇一（明治三十四）年、一月二十九日。
(86)註の（72）に同じ。但、三六〇頁。
(87)三四倶楽部の名は、年号は明治三十四年、人は三四名ということから命名されたという。委員は石原半右衛門、金岡又左衛門、高岡忠卿、伊藤直純、清水静十郎、今村千代太の七名である（『毎日新聞』一九〇一（明治三十四）年二月二十日）。尚、三四倶楽部は工藤行幹等などの増税反対者中の穏健派を仲介として憲政本党との友好関係を保っていた。

〔付記〕本稿で史料として使用した雑誌『大帝国』は憲政本党の準党報とも言うべきものである。憲政本党党報が第十号で廃刊になった時、犬養毅が資金を提供して博文堂より出版していたものであるが、党内対立の激化の中ですぐ発行不能に追い込まれた（『毎日新聞』一九〇〇（明治三十三）年十二月七日）。

日本統治下の台湾と軍隊
―明治時代を中心に―

柏木一朗

はじめに

松下芳男氏は警察力と軍備力とは、国家の実力を表現するものであって国家存立上の重要な要素であるとし、警察力（対内的実力）は、主として国内の治安および秩序を紊乱するものに対して使用され、軍備力（対外的実力）は主として国家の独立を脅威するものに対して使用される、また例外的に軍備力が警察力の不足を補うため、もしくは警察力が軍備力として使用される場合があるが、軍備力が警察力として使用されるのは、本来は警察力が使用されるべきものであるのにその鎮定力が微弱にしてその事態に堪えざる場合であると述べている。松下氏はその具体例として

一、新国家建設当初、新政府に反対する勢力を抑圧する場合
二、現政治体制に対する革命勢力を弾圧する場合
三、社会的あるいは政治的暴動にあたり警察力の不足した場合
四、天災地変の大変動にあたり治安を維持するに警察力だけでは足りない場合

をあげている。(1)

明治初年各地で発生した不平士族による武装蜂起は西南戦争を最後に終息した。明治十四（一八八一）年、憲兵条例が制定され警察権の行使について専門教育を受けた憲兵が誕生した。同十九（一八八六）年、治安維持と国内の警備を担当していた鎮台は廃止され師団が編成された。陸軍は師団が単独でも海外派兵が可能となったことから軍備力を対内的なものから対外的なものへと転換していった。西南戦争後、軍隊が対内的実力を発揮するため出動したのは加波山事件、秩父暴動、日比谷焼打事件、労働争議、米騒動、関東大震災、二・二六事件などであるが組織的武力行使にはいたっていない。

軍隊が平時に治安維持のため組織的に武力行使をおこなったのが台湾である。その規模の大きさから大江志乃夫氏はこれを「台湾植民地戦争」と呼称している。大江氏は日清講和発効後の明治二十八（一八九五）年五月二十九日に開始されたこの「戦争」を三期に分類している。(2)

第一期　清国台湾巡撫唐景崧を大統領に擁する台湾民主国を崩壊させ台湾全土を軍事的に制圧するまでの期間。戦時編制の野戦師団二個師団（近衛・第二師団）を投入。

第二期　武装蜂起した中国系平地住民のゲリラ的抵抗を鎮圧する明治三十五（一九〇二）年までの約七年間。平時編制の台湾守備混成旅団（第一・第二・第三旅団）を投入。

第三期　少数民族である山地系住民（戦前は高砂族、現在は原住民と呼称）に対して軍（台湾守備隊二個）と警察による包囲網縮小作戦。期間は大正四（一九一五）年までの約一三年間。

大江氏が分類するところの「第二期の戦争」で治安維持の主体となったのが前期は軍隊、後期は警察である。前期の総督は桂太郎と乃木希典、後期は児玉源太郎であった。この「戦争」を終結させた児玉は民政長官後藤新平とともに近代台湾の基礎を作った人物として知られている。これに対して桂は在職四カ月（数日間、台湾を視察して帰国）で辞任したため語るべきものは何もない。乃木は日露戦争の軍司令官、学習院院長、明治天皇に殉死した軍人として知られているが、台湾総督としての事績について触れられることは殆どない。[3]その理由は総督として三個旅団（一個師団半の兵力）を指揮しながら「戦争」に勝利することができなかったためである。

台湾における治安維持に関する研究は、[4]これまで主として警察側の史料を使用して行なわれてきた。[5]しかし桂・乃木総督時代の台湾における治安維持の主体は軍隊であり警察はその補完にすぎなかった。日清戦争当時、陸軍は七個の常備師団を有していた。台湾の治安維持のため七個師団から抽出した兵員で三個混成旅団を編成（一個半師団に相当）し全島に配備したにも関わらず軍は治安の維持に失敗したのである。本稿ではその失敗の要因を探るとともに軍が治安維持の主体となったために生じた弊害が日本の台湾統治にいかなる影響を与えたかについて考察する。

一　台湾守備混成旅団と「匪徒鎮圧」

日清講和条約の締結にともない台湾は日本に割譲された。明治二十八（一八九五）年五月、海軍軍令部長樺山資紀中将は台湾総督に任じられ大将に昇進した。樺山は同年五月二十一日「台湾総督府仮条例」を制定し民政を施行した。台湾に上陸した近衛師団は清国台湾巡撫唐景崧を台湾民主国大統領とする清国旧兵を撃破し台北を占領するも猛暑とマラリアなど疫病の蔓延により大損害を受け、台湾中部および南部の抵抗勢力を鎮圧するにいたらなかった。近衛師団は新たに派遣された第二師団とともに台南の劉永福将軍率いる清国旧兵を鎮圧し同年十一月十八日、樺山は台湾の平定宣言を行った。約半年にわたるこの「戦争」は戦時編成の二個師団を投入した軍事作戦であったため大本営は八月六日「台湾総督府条例」（陸達第七〇号）を制定し民政を廃し軍政をしいた。このため民政関係の職員は当分の間、陸軍省の雇となった。同年九月二十八日、十月七日の両日、内地で募集された警察官（警部六六名、巡査六九二名）[6]が台湾に到着し全島に配備されたが、軍政下の台湾において警察は軍隊および憲兵の下風に立たざるを得なかった。

全島平定宣言後、台湾北東部の宜蘭で大規模な騒乱が発生した。このため急遽、内地より混成第七旅団（旅団長大久保春野少将）が台湾に派遣され鎮圧作戦が行なわれた。

翌二十九（一八九六）年四月一日、「台湾総督府条例」（勅令第八八号）[7]が施行され軍政は廃され再び民政となった。総督府に民政局と軍務局が設置（第一四条）され軍務局長には男爵立見尚文陸軍少将（陸軍大学校長事務取扱）が就任した。（民政局長は水野遵）。

この条例によると総督は親任の陸海軍大将若しくは中将（第二条）とし、総督は委任の範囲内で陸海軍を統率（第三条）し管轄区域内の防備（第五条）と安寧秩序を保持するための兵力を使用すること（第六条）が認められていた。また総督が必要と認める地域内において守備隊長もしくは駐在武官をして民政事務を兼掌することを得るとした。（第七条）。

同年四月一日、「台湾総督府軍務局官制」（勅令一一六号）[8]が公布された。「軍務局ハ台湾総督ノ管轄ニ属スル陸海軍軍政及軍令ニ関スル事ヲ掌スル所トス」（第一条）と規定された。局長は陸海軍中将もしくは少将で（第二条）、局内に陸軍部と海軍部が設置された（第四条）。軍務局長兼陸軍部長には立見尚文少将、海軍部長は角田秀松少将が任命された。[9]陸軍部は四課で構成され、「守備、出戦整備及作戦計画ニ関スル事項」は第一課が担当し課長には楠瀬幸彦中佐が就任した。楠瀬は臨時京城公使館付武官として閔妃殺害事件（明治二十八（一八九五）年十月七日）に参画し軍法会議にかけられたが（楠瀬は三カ月間入獄）、明治二十九（一八九六）年一月、無罪となった。楠瀬にとって陸軍部第一課長職は、名誉挽回と中央復帰の足がかりとなるポストだったに違いない。

近衛および第二師団は帰国の途につき台湾には平時編制の三個混成旅団が設置されることになった。同年四月六日、「台湾守備混成旅団司令部条例」（勅令一二一号）[10]が公布され「混成旅団長ハ陸軍少将ヲ以テ之ニ補シ台湾総督ニ隷シ部下軍隊ヲ統率シ所轄守備管区内ノ警備及匪徒鎮圧ノ事ニ任ス」（第一条）と規定された。混成旅団は「所轄守備管区内ノ警備及匪徒鎮圧」を第一の任務として設置されたのである。三個の台湾守備混成旅団はそれぞれ決められた所轄管区内（台湾北部・中部・南部）に配置され旅団隷下の各部隊は中隊単位（場所によっては小隊単位）で管区内に配置された。

混成旅団は常置の部隊ではなく将兵は、近衛および第一から第六師団から選抜された兵員で構成されていた。当時、常備師団は日清戦後の軍備拡張により七個から一三個に増加し新たに騎兵及び砲兵旅団が各二個づつ創設された。このほか師団には二個旅団、旅団は二個歩兵連隊、連隊は三個歩兵大隊、大隊は四個歩兵中隊で編制されていた。このほか師団には騎兵及び野戦砲兵一個連隊と工兵及び輜重兵一個大隊が配備された。旅団長（少将）は師団長（中将）と連隊長（大中佐）の中間に位置する指揮官で司令部には参謀は配置されず平時においては閑職であった。(11)台湾守備混成旅団司令部は参謀、副官、監督、軍医、獣医、法官の六部で構成（「台湾守備混成旅団司令部条例」第九条）され、旅団長は「守備管区内ノ警備及匪徒鎮圧ノ事ニ関シ要スレハ其管区内ニ駐在セル憲兵隊長及陸軍諸官庁ノ長官若クハ其派出員ニ命令スルノ権ヲ有ス」（「同」第五条）という権限を与えられていた。通常、憲兵は陸軍大臣の管轄に属していることから（明治二十九年勅令二三一号「憲兵条例」第一条）混成旅団長の権限は、内地の旅団長よりはるかに大きいことがわかる。独立した戦闘能力をもつ台湾守備混成旅団は歩兵二個連隊のほか騎兵一個中隊・野戦砲兵一個中隊・工兵一個中隊で編成された。(12)なお台湾にはこのほかには要塞砲兵二個大隊、台湾憲兵隊が配置されていた。台湾の歴代総督及び軍首脳は下記のとおりである。(13)

表1　明治二八年五月（領台時の軍首脳）

総督（二八年五月～二九年六月）	台湾副総督(二八年八月～二九年四月)
樺山資紀海軍大将	高島鞆之助陸軍中将
台湾軍政部部長（二八年五月～八月）　陸軍局参謀長（二八年八月～二九年四月）	
大島久直陸軍少将	
陸軍局長官（二八年五月～八月）	海軍局長官（二八年五月～八月）
福島安正陸軍大佐	田中綱常海軍大佐
近衛師団（二八年一月～）	第二師団（二八年四月～）
北白川宮能久親王（陣没）陸軍中将 野津道貫陸軍大将（二八年一一月～）	乃木希典陸軍中将

台湾総督（二九年六月～）

総督	在任	異動先・備考
桂太郎中将	二九年六月～	東京防御総督・三一年一月陸相
乃木希典中将	二九年一〇月～	休職・三一年一〇月第一一師団長
児玉源太郎中将	三一年二月～	参謀総長・三七年六月大将
佐久間左馬太大将	三九年四月～	退役
安東貞美大将	大正四年五月～	後備役
明石元二郎中将	七年六月～八年八月	台湾軍司令官・七年七月大将

陸軍幕僚参謀長(二九年四月～三〇年一一月、総督府軍務局長兼陸軍部長、四〇年一〇月、総督府陸軍部参謀長)

陸軍幕僚参謀長	在任	異動先・備考
立見尚文少将	二九年四月～	第八師団長(中将)・三九年五月大将
木越安綱少将	三一年一〇月～	陸軍省軍務局長・三七年一〇月中将
中村　覚少将	三三年四月～	第二旅団長・大正四年一月大将
武田秀山少将	三五年三月～	三五年一二月没
谷田文衛少将	三六年一月～	第一〇旅団長・四二年八月中将
宮本照明少将	四〇年二月～	後備役（中将）
足立愛蔵少将	大正元年八月～	野戦砲兵第三旅団長・三年五月中将
木下宇三郎少将	二年七月～	野戦砲兵第二旅団長・六年八月中将
有田恕少将	五年一月～	待命（中将）・六年一二月予備役編入
山田陸槌少将	六年八月～	交通兵団長・八年七月中将
東乙彦少将	七年八月～	駐支武官・一一年八月中将
曽田孝一郎少将	七年一一月～	台湾軍参謀長・一二年八月中将

台湾守備軍（日露戦争時に設置）

台湾守備軍司令官	在任期間	異動先・備考
黒瀬義門中将	三七年二月～一一月	休職・三八年六月留守第七師団長・四〇年三月予備役
上田有沢中将	三七年一一月～三九年七月	第七師団長・四五年二月大将（後備役）

表２　台湾守備混成旅団

台湾守備混成第一旅団（台北）		
旅団長	在任期間	異動先・備考
仲木之植少将	明治二九年三月～	第一二旅団長・三三年四月予備役
内藤之厚少将	三〇年四月～	三一年九月没
原田兼済少将	三一年一〇月～	第一七旅団長・三八年一月中将
土屋光春少将	三三年五月～	近衛第一旅団長・四三年大将
佐々木直少将	三四年五月～	第一二旅団長・三九年四月中将
竹内正策少将	三六年四月～	休職・四〇年二月中将
木村有恒少将	三六年七月～	近衛第一旅団長・四〇年一一月中将
伊崎良熙少将	三七年一〇月～	第三二旅団長・四三年一月後備役
須永武義少将	三八年七月～	第二二旅団長・四四年九月中将

台湾守備混成第二旅団（台中）明治三七年三月三一日旅団廃止		
旅団長	在任期間	異動先・備考
田村寛一少将	明治二九年三月～	近衛第二旅団長・三一年一〇月中将
河野通好少将	三〇年四月～	軍務局附・三九年四月中将
松村務本少将	三〇年九月～	第一旅団長・三七年七月中将
安東貞美少将	三一年一〇月～	第一九旅団長・大正四年一月大将
山中信義少将	三二年八月～	第一〇旅団長・三八年七月中将
平佐良蔵少将	三四年七月～	第一八旅団長・三九年七月中将
前田隆礼少将	三六年七月～	第二二旅団長・三八年三月(没)中将

台湾守備混成第三旅団（台南）明治三七年三月三一日、混成第二旅団と改称		
旅団長	在任期間	異動先・備考
比志島義輝少将	明治二九年三月～	第一五旅団長・三九年二月中将
高井敬義少将	三一年四月～	第二四旅団長・三九年三月中将
西島助義少将	三三年一月～	第七旅団長・三七年九月中将
山田保永少将	三五年二月～	第九旅団長・三九年七月中将

表3　台湾守備隊

台湾第一守備隊（台北）　明治四〇年九月創設　大正一四年五月　台湾守備隊に改編		
守備隊長	在任期間	異動先・備考
牛島本蕃少将	明治四〇年九月～	予備役編入
小泉保正少将	四一年一二月～	第一〇師団長（中将）
野島忠孝少将	四三年八月～	第一〇旅団長・大正三年一一月中将
平岡　茂少将	大正元年九月～	待命・予備役編入
板橋次郎少将	四年八月～	第四旅団長
岡田重久少将	六年八月～	第一旅団長・一一年八月中将
大川盛行少将	九年八月～	待命・予備役編入
松木直亮少将	一二年八月～	作戦資材整備会議幹事長・昭和八年一二月大将

台湾第二守備隊（台南）　明治四〇年九月創設　大正一四年五月廃止		
守備隊長	在任期間	異動先・備考
佐治為善少将	明治四〇年九月～	第九旅団長・四二年一一月予備役
擢沢静夫少将	四〇年一一月～	第一五旅団長・四四年九月中将
飯田左門少将	四三年五月～	第二五旅団長・大正三年一一月中将
萩野末吉少将	四五年四月～	待命・大正三年八月中将（予備役）
大島　新少将	大正三年八月～	待命・予備役編入
両角三郎少将	五年八月～	第一八旅団長
佐多武彦少将	七年一〇月～	第二師団附・一二年八月中将
奥田重栄少将	一〇年四月～	待命・予備役
日下　操少将	一三年二月～	台湾守備隊司令官

台湾守備隊（台北）昭和一五年一一月台湾守備隊を基幹として第四八師団創設		
守備隊長	在任	異動先・備考
日下　操少将	大正一四年五月～	奉天特務機関長
辰巳富吉少将	一五年三月～	待命・予備役編入
細木　研少将	昭和二年七月～	待命・予備役編入
篠田次助中将	四年八月～	待命・予備役編入
外山豊造中将	七年二月～	第九師団長
福田袈裟雄中将	九年八月～	待命・予備役編入
岩松義雄少将	一一年三月～	第一独立守備隊司令官
重藤千秋少将	一二年八月～	待命（中将進級）・予備役編入
波田重一中将	一三年三月～	第一九師団長
飯田祥二郎少将	一三年一一月～	近衛師団長・一四年八月中将
塩田定市少将	一四年九月～	一四年一〇月中将・東京湾要塞司令官
中川　広少将	一五年八月～	一五年一二月中将・第四八師団長

表4　台湾軍

台湾軍司令官	在任期間	転任先・備考	台湾軍参謀長	在任期間
明石元二郎大将	大正八年八月～	死去	曽田孝一郎少将	大正八年八月～
柴五郎大将	八年一一月～	軍事参議官	佐藤小次郎少将	一〇年二月～
福田雅太郎中将 一〇年一二月大将	一〇年五月～	軍事参議官	 渡辺金造少将	 一三年二月～
鈴木荘六中将	一二年八月～	朝鮮軍司令官		
菅野尚一中将 一四年八月大将	一三年八月～	軍事参議官		
田中国重中将 三年八月大将	一五年七月～	軍事参議官	佐藤子之助少将	昭和二年七月～
菱刈隆中将 四年八月大将	昭和三年八月～	関東軍司令官	小杉武司少将	五年四月～
渡辺錠太郎中将 六年八月大将	五年六月～	航空本部長 兼軍事参議官	 清水喜重少将	 七年四月～
真崎甚三郎中将 八年六月大将	六年八月～	参謀次長	 大塚堅之助少将	 八年三月～
阿部信行中将 八年六月大将	七年一月～	軍事参議官	桑木崇明少将	九年一月～
松井石根中将 八年一〇月大将	八年八月～	軍事参議官		
寺内寿一中将 一〇年一〇月大将	九年八月～	軍事参議官	荻洲立兵少将	一〇年八月～
柳川平助中将	一〇年一二月～	参謀本部附	秦雅尚少将	一二年三月～
畑俊六中将 一二年一一月大将・ 一九年六月元帥	一一年八月～	軍事参議官	田中久一少将 大津和郎少将	一三年二月～ 一三年一〇月～
古荘幹郎中将 一四年五月大将	一二年八月～	第二一軍司令官	上村幹男少将 和知鷹二少将	一五年三月～ 一六年三月～
児玉友雄中将 （予備役）	一三年九月～	召集解除	関口敬七郎少将 近藤新八少将	一七年二月～ 一八年一〇月～
牛島実常中将	一四年一二月～	参謀本部附	諫山春樹中将	一九年七月～
本間雅晴中将	一五年一二月～	第一四軍司令官		
安藤利吉中将 （予備役） 一九年一月大将	一六年一一月～	一九年九月第一〇方 面軍司令官一九年一 二月兼台湾総督		

表５－①　日清講和条約締結時の常備師団

師団	師団長（中将）	参謀長	旅団長（少将）		旅団長（少将）	
近衛	北白川宮能久親王	鮫島重雄	近衛一	川村景明	近衛二	山根信成
第一	山地元治	内山小二郎	第一	沖原光孚	第二	西寛二郎
第二	乃木希典	大久保利貞	第三	山口素臣	第四	伏見宮貞愛親王
第三	桂太郎	木越安綱	第五	大迫尚敏	第六	大島久直
第四	山沢静吾	原口兼済	第七	大久保春野	第八	田村寛一
第五	奥保鞏	上田有沢	第九	大島義昌	第一〇	立見尚文
第六	黒木為楨	松村務本	第一一	伊瀬地好成	第一二	長谷川好道
備考	参謀長は大佐もしくは中佐					

表５－②　日清戦後、軍備拡張時の常備師団（明治三一年一〇月一日）

師団	師団長（中将）	参謀長	旅団長（少将）		旅団長（少将）	
近衛	長谷川好道	牟田敬九郎	近衛一	大久保春野	近衛二	伊瀬地好成
一	川村景明	伊地知秀清	第一	松村務本	第二	武田秀山
二	西寛二郎	岡崎生三	第三	井上光	第一五	比志島義輝
三	大島義昌	仙波太郎	第五	大久保利貞	第一七	土屋光春
四	小川又次	高木作蔵	第七	粟飯原常世	第一九	波多野毅
五	山口素臣	大迫尚道	第九	真鍋斌	第二一	塚本勝嘉
六	茨木惟昭	一戸兵衛	第一一	飯田俊助	第二三	内藤正明
七	永山武四郎	松永正敏	第一三	吉田清一	第一四	斉藤太郎
八	立見尚文	今橋知勝	第四	岡村静彦	第一六	春田景義
九	大島久直	須永武義	第六	三好成行	第一八	山内長人
一〇	伏見宮貞愛親王	宇佐川一正	第八	沖原光孚	第二〇	浅田信興
一一	乃木希典	山口圭蔵	第二二	小嶋政利	第一〇	阪井重季
一二	田村寛一	山根武亮	第一二	仲木之植	第二四	西島助義
備考	師団参謀長は大佐もしくは中佐					

表６　総督府海軍幕僚参謀長（二九年四月～三〇年一一月、総督府軍務局海軍部長）

海軍幕僚参謀長	在任期間	転任先・備考
角田秀松少将	二八年八月～	佐世保鎮守府予備艦隊司令官・三三年五月中将
黒岡帯刀少将	三〇年一二月～	三四年七月待命、三六年九月中将（予備役編入）

表７　馬公要港部（海軍）

馬公要港部司令官	在任期間	転任先・備考
上村正之丞少将	明治三四年七月〜	佐世保鎮守府艦政部長・三八年一一月中将
尾本知道少将	三六年九月〜	三八年一月中将・同六月待命・四〇年一一月予備
植村永孚少将	三八年六月〜	三八年一一月中将・同一二月待命・四〇年二月予備
橋本正明中将	三八年一二月〜	三九年一一月旅順鎮守府司令長官・四二年八月予備
梨羽時起少将	三九年一一月〜	四〇年三月将官会議議員、・同月中将
鹿野勇之進中将	四〇年三月〜	待命・四四年四月予備役編入
玉利親賢中将	四二年一二月〜	待命・四四年一二月予備役編入
伊地知彦次郎中将	四三年一二月〜	将官会議議員
小泉鑅太郎少将	四四年一二月〜	大正元年一二月中将・待命・二年一二月予備役編入
西紳六郎少将	大正二年四月〜	二年九月中将・待命・三年一二月予備役編入
釜谷忠道少将	二年一二月〜	三年一二月中将・待命・四年一二月予備役編入
江口麟六少将	三年一二月〜	四年一二月中将・横須賀海軍工廠長
黒井悌次郎中将	四年一二月〜	旅順要港部司令官・九年八月大将
松村龍雄中将	五年一二月〜	将官会議議員
千坂智次郎中将	六年一二月〜	海軍兵学校校長
山路一善少将	七年六月〜	七年一二月中将・第二戦隊司令官
中川繁丑少将	八年一二月〜	将官会議議員
谷口尚真少将	九年一二月〜	将官会議議員・昭和三年四月大将
吉田清風中将	一〇年八月〜	将官会議議員
飯田久恒中将	一〇年一二月〜	将官会議議員
山内四郎少将	一二年六月〜	待命・一二年一一月没（中将）
田尻唯二少将	一二年一一月〜	出仕・一三年一二月中将・一四年三月予備役編入
藤原英三郎中将	一三年一二月〜	出仕・一四年一二月予備役編入
飯田延太郎少将	一四年八月〜	出仕・一四年一二月中将
七田今朝一少将	昭和二年一二月	出仕・昭和四年三月予備役編入
浜野英次郎少将	三年一二月〜	出仕・六年一二月中将
湯地秀生少将	五年一二月〜	出仕・六年一二月中将
後藤章少将	七年一月〜	海軍省教育局長・九年一一月中将
山内豊中少将	七年六月〜	出仕・九年四月予備役編入
新山良幸少将	八年一一月〜	出仕・年一一月中将・同一二月予備役編入
大野寛少将	九年一一月〜	九年一一月中将・出仕·一一年三月予備役編入
和田専三少将	一〇年一一月〜	出仕・一二年一二月中将・一三年三月予備役編入
水戸春造少将	一二年一二月〜	出仕・一四年一一月中将・一五年一二月予備役編入
原五郎中将	一三年一一月〜	舞鶴要湾部司令長官
高橋伊望中将	一四年一一月〜	出仕・同四月第三艦隊司令長官
山本弘毅中将	一六年二月〜	馬公警備府司令長官

表8　馬公警備府（海軍）

馬公警備府司令長官	在任期間	転任先・備考
山本弘毅中将	昭和一六年一一月～	一七年一一月出仕・一八年三月予備役編入
高木武雄中将	一七年一一月～	高雄警備府司令長官

表9　高雄警備府（海軍）

高雄警備府司令長官	在任期間	転任先・備考
高木武雄中将	昭和一八年四月～	第六艦隊司令長官・一九年七月戦死（大将）
山県正郷中将	一八年六月～	第四南遣艦隊司令長官・二〇年三月自決（大将）
福田良三中将	一八年一一月～	支那方面艦隊司令長官
志摩清英中将	二〇年五月～	兼第一航空艦隊司令長官・二〇年六月免兼

二　初期日本統治下における「匪徒鎮圧」の実態

清国統治下の台湾において「水滸伝中の寇盗」の如く台湾各地に跋扈していた「土匪」は、一二〇年間で一二一回におよぶ叛乱をおこした(14)。この土匪の叛乱はその頻度と規模から「三年小叛五年大叛(15)」という諺があった。日本統治下の台湾において武装抵抗を行った中国系住民を総督府は総称して「土匪」「匪徒」と呼んだ。『台湾総督府警察沿革誌』ではこの「土匪」をさらに三つに分類している(16)。

第一　台湾接収の際、島内各地に割拠して日本軍に抵抗した清国旧兵

第二　いわゆる土匪、草賊にして即ち盗賊の性質を多分に加えたる輩で放蕩無頼の悪漢

第三　当初、住民の良否の区別が容易ではなかったため玉石混交の禍を免れず土匪掃討戦の巻き添えを受け匪群に入りたるもの

第一の土匪は、大江氏の分類による「第一期の戦争」で戦時編制の近衛および第二師団により鎮圧され第二・第三の「土匪」は混成旅団、憲兵、警察の三者によって鎮圧された。第一・第二の土匪についての説明が明白であるのに対し第三の土匪の説明は歯切れが悪い。なぜならば第三の土匪は、日本軍によって生み出されたからである。

第三の土匪は、樺山総督時代に萌芽し桂総督時代に発生した雲林事件によって

一気に拡大したといってよいだろう。

明治二十九（一八九六）年一月、台湾北東部の宜蘭附近で発生した土匪の大蜂起[17]に対し内地から派遣された混成第七旅団（第四師団隷下の第七旅団を基幹に編制。一月十三日、基隆に司令部が到着）は、良民と土匪を区別することなく幾千の民を殺戮し家屋と財産を焼き払った。二月十六日までに同旅団各隊が斬殺した「土匪」は二四五四人、憲兵隊は三七七人にのぼった[18]。第四師団（第七・第八旅団を基幹）は日清戦争の際、遼東に上陸するも敵と一戦も交えぬまま凱旋した。第七旅団（旅団長大久保春野少将）は歩兵第八連隊（大阪・連隊長前田隆礼中佐）、第九連隊（大津・連隊長草場彦輔中佐）を基幹に編制されていたが、彼ら将兵にとって台湾派遣は功績をあげる絶好のチャンスだった。

この討伐戦は台湾の住民を戦慄させ日本人に対する不安と反感は一気に増大した。これに敗残の清国旧兵や土匪の流した流言（旧来の台湾住民を機に乗じて皆殺しにする、財産を残らず没収して住人は奴隷として使役する等）が流れ反日感情をさらに煽り立てた[19]。

そのような状況の中で同年六月、雲林事件が発生した。当時の台湾総督桂太郎はその自伝の中で「其地の守備隊及び地方官は土匪を殄滅せんか為に殆ど玉石倶に焚くの勢ひを以て殺戮を敢てすることを憚らざりき」とその軍隊の蛮行を認めている[20]。

桂は視察のため台湾を訪れた伊藤博文首相、西郷従道海相に随行する形で六月十三日、台北に到着した[21]。一行は台湾各地を巡視したのち二十三日には澎湖島を経て対岸の厦門に向かった[22]。一行が台中に滞在中の六月十四日、台湾中部の雲林守備隊は、東南約四里の太平頂で土匪が蜂起したとの報告を受け偵察隊を現地に派遣した。ところが偵察隊は逆に土匪に包囲され隊長の中村道明中尉以下五名が戦死、六名が負傷するという被害を受けて退却した。この報告を受けた総督府は翌十五日、混成第二旅団長（田村寛一少将）に対し「太平頂及其付近ノ土匪ハ根底ヨリ之ヲ討伐スヘキ旨命令」を発した[23]。雲林（現在の斗六）は島内視察中の首相と総督が滞在する台中（第二旅団司令部所在地）から南へ約五〇キロ、第二旅団は面子をかけて「根底ヨリ之ヲ討伐」にかかった。同十九日、第二旅団第四連隊（本部は嘉義）第三大隊長佐藤常政少佐が討伐隊指揮官として雲林に派遣された。佐藤少佐は雲林守備隊（守備隊長古市龍八郎大尉）ほか応援の部隊を率い、雲林支庁長松村雄之進ら文官を伴って太平頂付近の村落を焼き払い土匪三五人を殺戮するとともに中村中尉の遺体を収容した。(24)同二十二日、第二旅団司令部は土匪掃討を報告する電報を総督府に発し(25)事件は、これで解決するかにみえた。ところがこの掃討作戦が引き金となって雲林を中心に大暴動が発生した。家を焼かれ家族を殺害された住民が土匪と合流して暴動をおこしたのである。この暴動により台湾中部は大混乱におちいり土匪の攻撃を受けた雲林と埔里の守備隊は守備地を捨てて敗走した。この大暴動は日本の新聞を連日、賑わしたほか日本軍が住民を虐殺しているという記事がロンドンタイムスをはじめ外国新聞にも掲載され国内外から日本の台湾統治を疑問視する声があがった。軍は暴動の発生要因よりも雲林と埔里の部隊が守備地を捨てて敗走したことを重視し佐藤少佐と石塚烈三郎大尉（埔里守備隊長）は軍法会議にかけられ禁固一二年の刑を言い渡された。（明治三十四〔一九〇一〕年七月特赦(26)）また雲林支庁長松村雄之進は行政処分を受けて職を解かれ本国に召還された。雲林事件の詳細については拙稿「日清戦争後に於ける台湾の治安問題—雲林虐殺事件を中心に—」を参照されたい。(27)

　雲林事件は日本の国内問題として処理されたため国際問題へとは発展しなかった。しかし台湾の土匪問題は日本の植民地統治の根幹と国際的信用を揺るがす危険を有していることが改めて認識された。その後の調査により大暴動が発生した要因は、軍隊の無秩序な行動にあることが浮き彫りになった。「第三の土匪」を生み出した軍隊の治安維持活動の実態は左記のとおりである。

表10　雲林地方の住民被害状況

地名	被害状況（明治二九年）
海豊崙	戸数一〇〇・人口四〇〇人。六月二三日、当該荘総理が村内の長老五三名とともに土匪討伐から帰途の軍隊を接待。食後、軍隊は村人を弁髪でしばり五人一組にして銃殺。兵士は荘内に乱入し婦女を捕らえ装飾品と貨幣を強奪し汚辱を加えた。この際、女性二名が殺害された。軍隊の放火により七三戸が焼失。
石瑠班	戸数四〇〇・人口一〇〇〇人。六月二三日、軍隊は村人の供応を受けた後、総理以下村人を縛り銃殺。家屋に侵入して財貨を強奪し婦女に汚辱を加えた後、家屋を放火。焼失家屋二〇〇戸、死者九一名、このほか三、四才の嬰児も殺害。
九芎林	戸数二〇〇・人口三〇〇人。六月二三日、軍隊は村人の供応を受けた後、住民を数戸の家屋に押込め銃殺ないしは斬殺し放火。また弁髪で村人を縛り銃殺したほか蕃薯の皮を頭にかぶせ石油を注ぎ放火。焼失家屋七三戸、死者四三名。
花街厝	全荘焼失・死者七、八名
林杞埔	焼失家屋僅少・死者三〇余人
社寮荘	全荘焼失・死傷者不明
集々街	戸数三、四〇〇戸　軍隊は石油をまき放火、全荘ほぼ焼失し現存家屋一〇余戸・死傷者不明。
庵古坑	軍隊が太平頂攻撃の通過拠点にある村。軍隊は良民には危害を加えないと約束し村民は討伐を終えた軍隊を接待。部隊の一部は日暮れになって荘外に潜伏、夜になって軍隊は内外で呼応し村を攻撃。村人一〇〇有余名全員を殺害。
廍亭尾	庵古坑同様、軍隊は良民を殺害しないと言明、村人が村に戻ったところ老幼男女を問わず虐殺。廍亭尾と庵古坑の住民は激昂し全荘連合して日本政府に抵抗し富豪は資材を捐し貧者は身を犠牲にすることを誓い付近の各荘に激を発して協同加入を募った。
東勢坑	全荘焼失・軍隊は村人を殺戮。
茄苳脚 渓邊厝	六月一九、二〇日、軍隊は家屋に放火し住民を斬殺。
雲林	六月三〇日、土匪が雲林を襲撃した際、雲林監獄内の既決囚一二名とその他、囚徒若干名を警察官が斬殺。また員林街憲兵署に拘置されていた住民とその従僕夫婦三名を憲兵が斬殺。
埔里社	六月一三日、土匪の襲撃により軍隊は退却したが同一八日に奪回。軍は住民を逮捕し土匪として一〇〇有余人を斬殺。埔里社城外の一二、三ケ荘、五城堡内の二荘を土匪が出没もしくは潜伏しているとして焼却。軍隊及び憲兵は土匪容疑者を法院に送致することを嫌い法官の囚徒送致請求を拒絶、夜間に容疑者を密かに斬殺して田間に埋め証拠を隠滅した。
鹿港	土匪撃退後、支庁、軍隊、憲兵、警察は住民八〇余名を逮捕し四〇名を浜辺で殺戮。兇徒が多少いたことは明白だが良民も含まれていた。
嘉義	土匪が嘉義に三、四里接近した際、嘉義守備隊は突如、嘉義城で最も繁威の西門外市街に放火。この放火で嘉義総理の家族（女性）が焼死、嘉義付近の住民は日本人を厭悪し信用しなくなった。
二林街	二林街を通過した北斗守備隊は市内を暴掠し婦女子の装飾品や洋銀毛布等を掠奪した。

（備考）国立国会図書館憲政資料室「松方家文書」（大蔵省文庫）所収「台湾ノ実況」より作成。

三　台湾の治安問題と乃木希典

辞意を表明した桂総督の後任には第五師団長奥保鞏中将の名前があがった。しかし奥は参謀本部次長川上操六中将に対し、

「実ニ総督之任タル文武之行政ヲ統ヘ其実、民政最モ重キニ居リ着々其施政進捗要スル今日ニシテ此之、重大ナル責任ニ対シ民政ニ無経験ノミナラス会而夢幻ニモ感覚無之、况ヤ台湾施政之事ハ、至大ニシテ此之責任之失態ハ、直ニ対外ニ国辱ヲ普及シ死ストモ其罪ヲ償フ事不能次第ニ有之、到底此之無限無量之重任ニ対シ御受申上候事ハ難相成、尚且ツ国家ニ対シ不忠之罪難被免次第ニ有之、困難痛心罷在申候」（明治二十九年〔一八九六〕十月六日付川上操六宛奥保鞏書翰[28]）。

と固辞したため第三師団長乃木希典中将が第三代総督に就任した。

十月十四日、総督に任命された乃木は十一月九日、台北に到着した。乃木は十二月二日、文武官一般に対して紀律を正し徳義を重んじる旨の訓示を行った[29]。翌三十（一八九七）年一月十四日、乃木は治安維持問題解決のため上京する部下に守備隊増加の上申書を託した。治安問題解決の具体策として土語風習に爛熟した主として熟蕃人を選抜して土民兵を編成し治安維持の向上と経費削減を企図した[30]。

同年五月八日は、日清講和条約第五条[31]による台湾住民の国籍帰属決定期限であった。日本国籍を選択した場合、徴兵や断髪が実施されるなど種々の流言が流れたが退去者は五四六〇人にとどまった。しかしこの住民の動揺に乗じて五月八日深夜、土匪約六〇〇人が台北の大稲埕に乱入し守備隊と戦闘となった。台北中心部に暴徒の乱入を許したことに総督府は衝撃を受けた。七月八日、民間に次の謡歌が流布している報告が総督府にもたらされた。

「茘枝紅　殺致給日本無半人　龍眼黒　殺致給日本去平埔」(32)

茘枝（レイシはムクロジ科の常葉樹で果実は食用、ライチーともいう）が熟する時（旧暦六月下旬）兵をおこし日本人を討ち龍眼（リュウガンはムクロジ科の常葉樹で果実は食用）が成熟する時（旧暦七月上旬）までに平定して台湾を恢復するという歌であった。

六月二十五日、乃木は台北を出発し上京の途についた。八月二日、乃木は御座所において天皇から次の勅語を賜った。

台湾諸島朕カ版図ニ帰セシヨリ日尚浅ク新附ノ民未タ或ハ其堵ニ安セサル者アラン宜シク民情旧慣ヲ視察シ撫恤ヲ加フヘシ卿善ク朕カ意ヲ体シ官紀ヲ慎粛シ政綱ヲ簡明ニシ以テ徳化ヲ宣揚スルコトヲ勉メヨ

恐懼して台湾に帰府した乃木は、同月二十四日午前八時、台湾総督府舞楽堂前に軍務局長・旅団長以下文武高等官二〇〇余名を前に勅語を奉読したあと訓示を行った。(33)

十月十一日、立見軍務局長は乃木に対して三段警備を具申した。(34) この警備実施の理由を列挙すると台湾は、交通が不便であり物価も台北に比較して台中や埔里は二、三倍である。また蕃界に接近するにしたがって物価は高騰する。土匪の出没度が高い地と平穏な地では勤務疲労度の差が大きく、山地では夜食が必要であるため警戒区を静謐の度に応じてこれを三分割し、給付する食料の額に格差をつけて給付する。憲兵、巡査は勤務上同一のものではなく各地で管轄をめぐりトラブルが多発している。そこで土匪と戦闘の可能性の高いところには憲兵を、平穏無事なところには、警察官を配置すべきである。第一区は憲兵のみ、第二区は憲兵と巡査を併置し、第三区には軍紀取締上必要な憲兵の他は悉く巡査を配置するのが適当である。土匪が頻繁に出没し戦闘が日常的な花蓮港、雲林、台東地方には行政機関を設置しても実績が上がらないため、第一区の守備隊長に行政権を兼摂させるのが適当である。第二、第三区は純然たる民政管区とする。条約改正を目前としている現今、外国人を土匪の出没する土地に雑居もしくは旅行させては外交問題に発展し、条約改正に多大の悪影響を与えてしまう。そこで第一区は戦時同様として外国人の雑居及び旅行を不許可とする。この三段警備の実施により軍隊は、土匪を平地から山岳地帯に追いやることはできたが、軍隊がその管轄地域を完全に封鎖することは不可能であった。また軍隊の威力は、集団行動により発揮されるものであり封鎖を徹底しようとすればするほど兵力を分散しなくてはならなかった。さらに警察、憲兵、軍隊の三者は任務を遂行するにあたり常に対立し台湾住民は、この三者のいずれに従うべきか混乱するなど縦割り組織がもたらす弊害に官民ともに悩まされた。郵便を例にあげると土匪は金品強奪を目的に郵便電信局や郵便輸送者を襲撃した。このため郵便輸送には必ず護衛が付けられたが、各警備区域を跨ぐたびに護衛の引継ぎや郵便列車に警乗する兵士の手配や手当の支出をめぐる問題が生じた。また旅団司令部所在地の郵便電信局（台北・台中・台南）が護衛に関する重要な交渉を旅団と行なう場合、郵便電信局長は総督府民政長官を通じて陸軍部長に依頼を行ない陸軍部長から旅団長へ命令を出してもらわねばならなかった。初期台湾統治時代の郵便事業については拙稿「明治三〇年前後における台湾の郵便事業と治安問題」[35]を参照されたい。

内地では乃木の総督罷免問題が取り沙汰されていた。明治三十（一八九七）年十月十八日、天皇は監軍山県有朋陸軍大将に対し後任総督についての意見を求めたが、山県は適任者がいないこと、乃木に詔勅を賜ってから日が浅いことなどを理由に乃木の留任を求めて了承された。この時、後任候補には児玉源太郎陸軍少将の名前もあがったが山県は、児玉は陸軍次官として軍備拡張計画の要であり議会対策の上でも必要として反対した。[36]十一月一日、「台湾総督府官制」（勅令三六二号）ならびに「台湾総督府陸軍幕僚条例」（勅令三六三号）が公布された。軍務局は廃止され陸軍幕僚が設置されたが立見は陸軍幕僚参謀長、楠瀬は陸軍幕僚参謀として留任した。翌三十一（一八九八）年二月十三日、上京のため台北を出発した乃木は同二十六日、依願免本官となって第三師団長児玉源太郎陸軍中将が第四代台湾総督に任命（児玉の台北到着は三月二十八日）[37]された。[38]

乃木総督時代の台湾は、軍政同然であり総督官邸周辺にも土匪が放った弾丸が飛んでくるという状態であった。台湾日々新聞の主筆で総督府の史料編纂官をつとめた尾崎秀真は「治安の万全を期するため乃木は多数の土匪を殺さねばならなかった」のだと回想している。[39]乃木は治安の維持と官紀振粛に励んだがその両方に失敗した。[40]桂太郎は乃木を「殆ど軍隊を制馭すると同一の縄墨を以て、台湾を統治せんと試みたり」[41]と評している。桂・乃木両総督のもとで軍の指揮を執った立見尚文は戊辰戦争の際、桑名藩雷神隊長として薩長と戦い西南戦争では新撰旅団参謀副長として活躍した。日清戦争では第一〇旅団長（第五師団）として平壌攻略戦に参加し寡兵をもって牡丹台を攻略、日露戦争では第八師団長として黒溝台を占領し軍功を称えられた。明治三十九（一九〇六）年立見は大将に進級し没後、その嗣子は父の功績により子爵に陞爵した。立見の下で土民軍の編制、三段警備の実施に携わった楠瀬幸彦は明治三十一（一八九八）年十月、西部都督部参謀長に転任し中央復帰を果たした。楠瀬は大正二（一九一三）年六月、陸軍大臣に就任した。[42]立見と楠瀬も乃木と同様に「軍隊を制馭」するがごとく台湾の治安維持に精力を傾けたが「第二の戦争」に勝利することはできなかった。次にその失敗の要因について考えてみよう。

四　「匪徒鎮圧」作戦の失敗

日本軍は『台湾総督府警察沿革誌』の分類によるところの「第一の土匪」を鎮圧した勢いで「第二の土匪」を一気に殲滅しようと試みたが逆に新たな「第三の土匪」を生み出してしまいその結果、台湾の治安状況を悪化させてしまった。

乃木は「殆ど軍隊を制馭すると同一の縄墨を以て、台湾を統治せんと試みた」が、乃木以下総督府の軍首脳は、正規軍との戦闘を想定して訓練された軍隊をゲリラ的な戦闘に投入し運用する能力に欠けていた。明治二十九（一八九六）年六月に発生した雲林事件において軍は、守備地を捨てて敗走した指揮官の責任は追求したが、土匪討伐戦と称して村落を焼き払い無辜の民を殺害した件については指揮官の責任を問わなかった。軍は「第三の土匪」を生み出した責任を不問に付しその後も「所轄守備管区内ノ警備及匪徒鎮圧」に精をだした。

雲林事件直後の明治二十九（一八九六）年九月十八日、第二次松方正義内閣が成立した。首相兼蔵相松方正義の元に届けられた報告書には軍隊が治安維持の主体であることの弊害が列挙されている。それによると軍隊の使用は凶悪犯を法に服さしめるために司法警察力の不足を補助するにすぎない。抗敵者を武力攻撃する場合は、正当防衛でやむをえない場合のみに限定されるべきで、逮捕者を殺戮し復讐心から家屋に放火することは、台湾の統治に悪影響をおよぼすだけである。司法機関を整備し軍隊の職務と司法警察官の職務を明確に分離して各自の責任の所在を詳らかにすべきである。数十名の強盗団の鎮圧に守備兵の一部が出動することは民心を騒擾し失費を増大させるだけである。軍人は司法警察事務に経験がない上に勇進猛撃が功績となるため残忍な殺戮や家屋の焼却行動に走りがちである。各守備隊の配置は、ほとんど司法警察的な配備であり各隊を細分して数多の場所に配備されているが、軍隊組織は一定の定数を備えてこそ戦闘能力を発揮するものである。この様な配置は非常事態発生の際、並立した将棋の駒のように次々と倒れがちで雲林及び埔里守備隊敗走の要因もここにあるといえる。また細分された将兵が村落に駐屯すると兵卒や軍夫が民家に侵入して婦女に無礼を加え家畜を強奪し住民へ暴力をふるう。軍事警察官である憲兵は本務に熟達していない。台湾の憲兵は早急に選抜され派遣されたのかと疑ってしまう。また憲兵は住民に対し横暴であり容疑者を軽率に勾引し勾留してしまう。警察官も同様だが台湾には司法警察主務官である検察官が不在である。(43) このほか県庁、軍隊、憲兵、警察は各自並立し支庁直轄地でも支庁、軍隊、憲兵、警察は各自並立し交互親睦することなく互いに権限を争っている。このため住民に対する命令系統が不統一である。軍隊は住民に横暴で徴発と称し物資を掠奪し家屋や祠を占拠し妄りに嫌疑をかけた住民を殺戮してしまう。各地に分屯する守備隊（一中隊一二〇～三〇名）は入院や病後休養者が多く現員は九〇人前後であり果敢勇進に乏しく士気が低い。軍隊の威信失墜の原因は、混成部隊であるため将卒間が親密ではなく団結力に欠けている。将兵は気候や習俗の違う土地に駐屯し居住飲食が不便な上、給養が不充分である。兵卒は薄給のため台湾の物価騰貴に苦しめられている。憲兵は横暴で容疑者に対し暴力、拷問を加え殺戮してしまうことが多い。また容疑者を逮捕しても移送中に逃亡を企てたとして殺害してしまう。移送したとしても法院（裁判所）に送致せず夜間に殺害し遺体を埋めて証拠を隠滅する者もいた。これに対して警察官は全島に一二〇〇名しか配置されておらず、うち三分の一は病人のため勤務者は八〇〇人にすぎない。このため地方によっては警察官の半分が病人である。内地で募集した警察官が台湾に着任した当時は、軍政時代だったため給与は高かったが（巡査は一一円以上一五円以下、食料一〇円及び装備一式支給）民政に移行すると給与は内地と同一になってしまった。このため退職者が増加し在職者の不平不満は高まった。その結果、怠惰に流れ物資の横奪強買、住民に対する暴行、掠奪を行なう者が多くなった。総督府は台北で巡査の欠員補充を行なったが、台湾各地で驕惰無行を理由に解雇された軍夫を採用した。彼らは警察事務能力に欠ける上、横暴であり住民は元軍夫であることを軽侮し畏れた。(44)

台湾に配備された三個の混成旅団は中隊（もしくは小隊）単位で各地に配置(45)されたため兵力を集中して使用することができなかった。警察官は本来、市町村の派出所、駐在所に数名の巡査が分散して勤務することで威力を発揮し治安維持の体制ができあがる。憲兵もまたしかりであるが台湾の場合、少人数で勤務する警察官派出所および憲兵屯所は土匪の襲撃の対象となり危険であった。このため必然的に守備隊の配置は、司法警察的な配備となり各隊を細分して数多の場所に配備されることとなったのである。警察官は銃器の取り扱いに不慣れなため憲兵が増員された。しかし憲兵は警察官の二倍半の経費がかかるので増員には限界があった。守備兵はその性格上、行政警察権よりも司法警察権を行使しがちでありその結果が桂のいうところの「其地の守備隊及び地方官は土匪を殄滅せんか為に殆ど玉石倶に焚くの勢ひを以て殺戮を敢てすることを憚らざりき」だったのである。「第二の土匪」は住民に紛れこみ山野に隠れてゲリラ的攻撃を行なった。日本の警察、憲兵、軍隊は言語（台湾語）が不通のため諜報活動や取調べに支障をきたし炎暑、疫病の流行、物価の騰貴、土匪のゲリラ的攻撃に心身ともに疲れ果てていったのである。台湾の治安維持にかかる経費は増大し国家財政にも影響を与えた。

明治三十（一八九七）年二月四日、大蔵省主計官阪谷芳郎は首相兼蔵相松方正義に「台湾経営ニ関スル処分ノ件ニ付建議」(46)を提出した。この建議で阪谷は台湾に関する明治三十年度歳出は二三〇〇余万円で、対する歳入は八〇〇余万円であり差引一五〇〇余万円の不足が生じている。台湾に関する明治二十八年度予算は臨時軍事費、明治二十九年度は前年度余剰金と臨時軍事費残金、明治三十年度は償金と臨時軍事費残金からの拠出したが明治二十八年度から明治三十年度はあくまで臨時的措置であり、来る明治三十一年度の予算は台湾経営に対する前途長久の計画をたてた上で概算要求を行なわねばならないと述べ、経費節減の方法として「第一、陸軍守備兵費節減」「第二、憲兵費節減」「第三、臨時運輸通信部費臨時建築部費兵站部費等ハ三〇年度限リ廃止」「第四、民政部組織ヲ簡易ニシ経費節減」をあげた。その他、台湾の租税その他歳入の増加、経費節約と台湾の歳入増加をはかった上での赤字は内地で期間限定の増税を行なう。台湾の鉄道敷設、築港等の土木費は臨時特別支弁で行ない台湾の歳出を支弁することを眼目に関係各省から委員を出して総理大臣を委員長に調査整理を行なうことを建議した。国家財政の観点からも明治三十一年度より台湾の治安維持は抜本的に見直す必要性があったといよう。会計年度で見た場合、乃木は明治三十年度をもって辞職（明治三十一〔一八九七〕年二月二十六日）し、明治三十一年度から総督は児玉源太郎に代わったのである。

五　「戦争」の終結——児玉総督の登場——

第四代総督に就任した児玉源太郎の前職は第三師団長であった。児玉が第三師団の指揮をとったのは僅か一カ月だったが、これは児玉に師団長（師団は二個旅団を基幹にして編制）の軍歴を付けさせ台湾総督に据えるための措置であった。児玉は明治二十五（一八九二）年五月、陸軍次官兼軍務局長に就任し軍政の要として日清戦争の勝利に貢献した。また政府委員として議会にたびたび出席し台湾に関する議員の質問に答えた。児玉は台湾統治の問題点を十分把握した上で総督に就任したといよう。

明治三十一（一八九八）年三月二日、内務省衛生局長後藤新平が総督府民政局長（六月二十日、民政長官と改称）に任命された。立見は陸軍幕僚参謀長に留任したが同年十月一日、中将に昇進して新設の第八師団長に任命された。立見の後任には台湾陸軍補給廠長の木越安綱少将が任命された[47]。土民軍編制に熱心だった楠瀬幸彦大佐は西部都督部参謀長に転出し台湾を去った。また第一および第二混成旅団長の交代も行なわれ第一旅団長には原口兼済少将（前任者の内藤之厚少将は同年九月六日、病死）、同第二旅団長には安東貞美少将（前任者の松村務本少将は第一旅団長に栄転）が着任した。台湾の治安維持問題は、児玉、後藤、木越の三者の手に委ねられたのである。

同年六月一日、児玉総督は「予の職務は台湾を治むるに在て台湾を征討するにあらす」[48]と統治方針を明確に示した[49]。同月二十二日、児玉は陸軍大臣桂太郎に対して意見具申を行なった。それによると昨年六月、東京で開催された参謀長会議において陸軍大臣高島鞆之助中将および参謀総長小松宮彰仁親王から各師団参謀長に対し台湾守備隊将校以下の人選についての訓示が行なわれたにも拘らず実際は大いに背反があるとし、昨年末の定期交代に際して台湾在勤中に年齢満限となる「老巧士官」を派遣し又「戸山学校ノ教育ヲ終ラサル特務曹長出身ノ将校」が全歩兵隊に一一〇名も配属されたことは「教育不充分ノ者ヲ特撰セシモノカト疑ハレ」又、混成第三旅団第五連隊に配属された下士官は「禁固刑ヲ受ケシ者一名」「懲罰処分ヲ受ケシ者一五名（内二回以上ノ者四名）」兵卒では「中重軽禁固ニ処セラレタル者一七名（内二回以上ノ者一名）」同じく守備騎兵第二中隊のように少数の交代員中に「禁固ニ処セラレタル者二名」「懲罰処分ヲ受ケタル者一六名」も含まれていたことは「隊中劣等ノ者ヲ特撰派遣セシ者ト云フモ敢テ過言ニ非サルヘシ」とし「本島守備隊ニ入ルハ恰モ不名誉ノ位置ニ就ク如キノ観念ヲ抱キ為ニ大ニ士気ノ振作ヲ害シ諸般ノ業務ニ関スルコトアリ約言セハ一旦本島守備隊ニ編入セラレタル者ノ多クハ呆然トシテ気ヲ失フタルモノノ如シ」と述べ以後、「精練卓越強壮有為ノ者ヲ特撰派遣」するよう求めた[50]。

明治三十（一八九七）年十月三十一日の「府令第五三号警察署名称位置及管轄区域台北県の部改正」[51]により実施された所謂「三段警備」は、翌年十一月の台中県（府令第一〇二号）より順次廃止され明治三十二（一八九九）年四月の台北県の改正（府令第二八号）をもって廃止となった。明治三十一（一八九八）年十月十一日、経費削減のため台湾守備混成旅団は、二個連隊編制を廃止し大隊編制となった。[52]

児玉は土匪招降策を推進する一方で未遂でも本刑を課すという「匪徒刑罰令」（台湾総督府律令第二四号　明治三十一〔一八九八〕年十二月五日公布）を施行した。[53]また警察力を強化し土匪は法院に送致して裁くことを日本人および台湾人に徹底周知させることによって台湾の治安回復を図った。児玉は「第二の土匪」と「第三の土匪」を峻別しまず「第三の土匪」を消滅させ次に後藤新平が「水滸伝ノ活劇」「上州ノ長脇差ノ如キ類」[54]と呼ぶところの「第二の土匪」の鎮圧を行なった。明治三十五（一九〇二）年、台湾中部で実施された大規模な「第二の土匪」掃討戦を最後に「第二の戦争」は終結した。明治三十七（一九〇四）年三月三十一日、雲林、嘉義を管轄していた第二旅団（司令部は台中）が廃止され第三旅団（台南）が第二旅団と改称された。さらに日露戦争後の明治四十（一九〇七）年九月、台湾守備混成旅団は廃止され、かわって台湾第一守備隊（台北）と台湾第二守備隊（台南）が創設され常置部隊として台湾の警備にあたった。「第二の戦争」終結後、軍と警察は山地系住民（当時は生蕃と呼称）に対して包囲網縮小作戦である「第三の戦争」を開始したが、治安維持の主体は警察であり軍隊はその補完にすぎなかった。大正十四（一九二五）年五月、台湾第二守備隊は廃止され台湾第一守備隊は台湾守備隊に改編された。昭和五（一九三〇）年十月の霧社事件の際に出動したのはこの台湾守備隊の将兵である。

おわりに

西南戦争が終わった頃から、武力による反政府運動は姿を消し軍隊の治安維持任務を補完するようなそれまでの警察の機能は役割を終わった[55]。ところが警察は台湾で再び軍隊の治安維持任務を補完することになった。しかし憲兵でさえ土匪を取り締まることができない状況下では警察は無力であり補完どころか軍隊の保護を必要とした。台湾守備混成旅団は、内地の各師団から抽出した寄せ集めの将兵を中隊単位で各地に分散配備した。この配置方法は憲兵や警察の場合、有効だったが台湾では逆効果となった。守備隊長となった中隊長（大尉）は、土匪の捜索や偵察のために兵力をさらに細分化しなくてはならなかった。その結果、現場の指揮を下級将校や下士官に委ねることとなったが、彼らには警察権の行使の経験も知識もなく、あるのは「匪徒鎮圧」という命令を遂行し眼前の敵を倒すことであった。児玉総督は台湾の統治よりも「匪徒鎮圧」を第一と考える陸軍幕僚および混成旅団長以下将兵に対し強力な指導力をもってこれを統御した。児玉は司法機関および警察力を強化することにより日本人も含む台湾住民総てを法のもとに服さしめようとしたのである。桂・乃木時代の総督府は、軍務局（のち陸軍幕僚）が民政局を凌駕する勢いであったが、児玉は軍部（立見尚文、木越安綱）と民政局（後藤新平）をバランスよく統御し軍主体の治安維持政策を根本的に見直すことによって台湾の治安を回復していった。治安の回復により台湾統治はようやく軌道に乗りはじめ全島に配備された警察が治安維持の主体となっていった。その結果、台湾守備混成旅団は軍備力を対内的実力から対外的実力行使へと切り替えることが可能になった。その象徴的事例が厦門事件である。明治三十三（一九〇〇）年の北清事変の際、台湾対岸の厦門で発生した東本願寺放火事件に乗じて児玉は、台湾守備混成第一旅団（旅団長土屋光春少将、司令部台北）を動員し厦門占領を企てた。当時の台湾は大型船が着岸できる港を有していなかったため台湾貿易は良港をもつ厦門に依存していた。厦門には日本国籍を取得した台湾人商人が多く居住していた。また台湾人の祖先は福建省出身者が多かったため古来より厦門は台湾と大陸を結ぶ窓口であった。この窓口を通じて土匪は武器弾薬を入手し、大陸へ逃亡した土匪の大頭目はここから台湾の部下たちに命令を発していると目されていた。児玉は北清事変に乗じて「第二の土匪」の鎮圧と台湾経済の基盤を固めるため厦門占領を計画したのである。この厦門事件は、欧米列強との関係悪化を危惧する伊藤博文首相、桂太郎陸相、山本権兵衛海相の反対により派兵は中止された。台湾守備混成第一旅団の先遣隊を乗せた船は厦門を目前にして台湾へ引き返し児玉の野望はここに潰えたのである。厦門事件については拙稿「台湾総督府と厦門事件」(56)を参照されたい。

註

(1)　松下芳男『暴動鎮圧史』柏書房、一九七七年、九頁。

(2)　大江志乃夫「植民地領有と軍部―特に台湾植民地征服戦争の位置づけをめぐって―」『歴史学研究』四六〇、一九七八年。同『日露戦争と日本軍隊』第一章第一節、立風書房、一九八七年。

(3)　台湾総督時代の乃木については渡部求『台湾と乃木大将』(大日本文化協会出版部、一九四〇年)がある。なお乃木の日記は、台湾総督時代の部分がすべて欠落している。「乃木希典日記及記録」(宮内庁書陵部所蔵請求番号五一五―二〇一)乃木神社社務所編『乃木希典全集』中巻(国書刊行会、一九九四年)に活字化され所収。

(4)　黄昭堂『台湾民主国の研究』東京大学出版会、一九七〇年。許世楷『日本統治下の台湾』東京大学出版会、一九七二年。向山寛夫『日本統治下における台湾民族運動史』中央経済研究所、一九八七年。論文では小林英夫「初期台湾占領政策について(1)～(3)」(『駒澤大学経済論集』八巻二・四号、一〇巻一号、一九七六―一九七九年)、小林道彦「一八九七年における高野台湾高等法院長非職事件について」(中央大学大学院生研究機関誌編集委員会『論究』一四巻一号、一九八二年)、同「後藤新平と植民地経営」(史学研究会『史林』六八巻五号、一九八五年)、西山伸「台湾初期統治と対外姿勢」(山本四郎編『近代日本の政党と官僚』東京創元社、一九九一年)、斎藤容子「桂園体制の形成と台湾統治問題」(史学会『史学雑誌』一〇三編一号、一九九四年)、

駒込武『「文明」の秩序とミッション』（近代日本研究会『年報近代日本研究一九』山川出版社、一九九七年）、松尾章一『近代日本植民地統治史研究の現状と課題─台湾を中心に─』（『法政大学多摩論集』第一七巻第二号、二〇〇一年）、北村嘉恵『台湾植民地戦争下の先住民政策─撫墾署と先住民の対応─』（『日本史研究』四九四号、二〇〇三年）などがある。伝記では徳富蘇峰編『公爵桂太郎伝』乾巻（原書房、一九六七年。原本、一九一七年）、土屋新之助『立見大将伝』（日正社、一九二八年）、大路会『大路水野遵先生』（同事務所、一九三〇年）、服部直吉『尾張が生んだ水野遵』（澶南荘、一九三七年）、鶴見祐輔『後藤新平伝』台湾統治篇上下（太平洋協会、一九四三年）、桂太郎『桂太郎自伝』（平凡社、東洋文庫五六三、一九九三年）などがある。戦前に刊行された台湾の土匪鎮圧に関するものは嘉義庁警務課『嘉義勦匪誌』（嘉義庁警務課、一九〇六年）、台湾総督府法務部『台湾匪乱小史』（台湾総督府法務部、一九二〇年、山辺健太郎編『現代史資料（二一）台湾（一）』みすず書房、一九七一年に全文記載）、秋澤次郎『台湾匪誌』（杉田書店、一九二三年）がある。回想記は、枠元乙吉編『台湾回顧録』（松浦屋印刷部、一九二〇年）、内藤龍平『台湾四〇年回顧』（精秀社、一九三六年）、遠藤正雄『地天老人一代記』（岳温泉、一九六〇年、木村泰治自叙伝）が参考になる。憲兵隊については台湾憲兵隊編『台湾憲兵隊史』（一九三二年）があるが軍隊（台湾守備混成旅団から第一〇方面軍）についてはまとまった刊行物はない。台湾文献館所蔵「台湾総督府文書」の中に若干の軍関係の史料は含まれているが、主に領台直後の軍政に関するものである。台湾総督府文書については、中京大学社会科学研究所『台湾総督府文書目録』（ゆまに書房、一九九三─刊行中）の解説を参照のこと。軍が作成し焼却を免れた数少ない史料に台湾総督府陸軍幕僚『台湾総督府陸軍幕僚歴史草案』（一九〇三─一九〇六印刷、原本国立中央図書館台湾分館所蔵、捷幼出版社、影印刊行、一九九一年）がある。編年体で編纂された史料だが記述は明治年間で終わっている上、凡例がないため編纂の意図ならびに取捨選択した史料の基準が不明確である。しかし治安維持活動に出動した軍隊の問題点、厳しい気候と伝染病に悩まされ過酷な軍務に疲弊していく将兵の姿、弛緩する軍紀などが綴られている点では貴重な史料といえよう。日本統治下の台湾における武装抵抗運動の研究は、戦前の刊行物を主に使用して行なわれてきた。しかし台湾平定作戦で抵抗勢力を鎮圧した日本軍が全島平定宣言後に「武装蜂起した中国系平地住民のゲリラ的抵抗」（総督府は彼らを土匪と呼称）を鎮圧できなかった理由についての分析は行なわれていない。

（5）　台湾警察協会『台湾警察協会雑誌』一九一七─一九二九年、一九三〇年より『台湾警察時報』と改題。台湾総督府警務局『台湾の警察』台湾総督府警務局、一九三二年。台湾総督府警務局『台湾総督府警察沿革誌』台湾総督府警務局、一九三七年。台湾総督府警務局『台湾警察遺芳録』台湾総督府警務局、一九四〇年。
(6) 前掲『台湾の警察』四頁。
(7) 内閣官報局『法令全書』第二九巻―三、原書房、一九八〇年、勅令の部一三六頁。
(8) 同右、一九八頁。
(9) 前掲『台湾総督府陸軍幕僚歴史草案』（以下『草案』）、明治二十九（一八九六）年、三八・三九頁）。
(10) 内閣官報局『法令全書』第二九巻―三、原書房、一九八〇年、勅令の部二一〇頁。
(11) 秦郁彦編『日本陸海軍総合事典』東京大学出版会、一九九一年、七三八頁。
(12) 台湾守備混成旅団創設から太平洋戦争敗戦にいたる台湾の陸軍部隊は次のとおりである。明治三十一（一八九八）年、三個混成旅団の基幹だった歩兵六個連隊が廃止され、歩兵一一個大隊（第一・第三旅団は各四個大隊、第二旅団は三個大隊で編成、各旅団の野戦砲兵中隊は大隊に拡充＝一個大隊は二個中隊編成）に改編された。また日露戦争直前の改正により旅団は三個から二個と削減されたが実兵力は歩兵と野戦砲兵は不変、騎兵と工兵が各一個中隊減、憲兵も若干減にとどまった。日露戦争後の明治四十（一九〇七）年、台湾守備混成旅団は廃止され台湾守備隊二個に縮小（各守備隊は歩兵一個連隊と山砲兵一個中隊で兵員は固有定員をもつ常備団体となる）とされたが兵員は派遣ではなく固有の定員をもつ常備団隊となった。大正八（一九一九）年総督が武官専任から文官任用も可能となったため台湾軍が創設された。同十四（一九二五）年の軍縮により台湾守備隊は一個に縮小された。台湾守備隊は台湾歩兵第一、第二連隊、台湾山砲兵大隊（二個中隊編成）、重砲兵二個大隊（旧要塞砲兵）により編成されていたが昭和十五（一九四〇）年年台湾守備隊を基幹として第四八師団（歩兵三個連隊基幹）が創設された。台湾軍は太平洋戦争の際、第一〇方面軍に改編され第三二軍（沖縄）を指揮下に置いて台湾と沖縄の防衛を担った。第四八師団が出征すると第一〇方面軍の隷下となった各部隊が大陸などから移動し台湾各地に配備され終戦を迎えた。
(13) 外山操編『帝国陸軍将官総覧』秋田書店、一九九〇年。外山操編『帝国海軍将官総覧』秋田書店、一九九〇年。秦郁彦編『日本陸海軍総合事典』東京大学出版会、一九九一年。外山操ほか編『帝国陸軍編制総覧』第一巻、芙蓉書房出版、一九九三年より作成。内閣印刷局内朝陽会『歴代顕官録』原書房、一九六七年。
(14) 前掲『嘉義勦匪誌』二頁。
(15) 前掲『台湾総督府警察沿革誌』第二巻（以下『沿革誌』）、二六四頁。

(16)　前掲『沿革誌』二六七頁。
(17)　同右、三〇一頁。前掲『台湾憲兵隊史』六三頁。
(18)　前掲『草案』九頁・二〇頁。
(19)　「台湾ノ施政ニ関スル意見書」国立国会図書館憲政資料室『松方家文書』（大蔵省文庫）所収マイクロフィルムR二七―一九―一、作成者不明「台湾総督府民政局」罫紙を使用。
(20)　前掲『桂太郎自伝』一五九頁、なお徳富蘇峰編著『公爵桂太郎伝』乾巻（原書房、一九六七年、七三五頁）にも同様の記述がある。
(21)　前掲『草案』六三頁。
(22)　同右、六八頁。
(23)　同右、六三頁。
(24)　同右、六七頁。
(25)　同右、六八頁。
(26)　防衛省防衛研究所図書館「陸軍省大日記」『明治三四年坤　貳大日記　七月』所収「二一四　有期流刑因佐藤常政外一名特赦の件」レファレンスコードC〇六〇八三五一五六〇〇。
(27)　法政大学史学会『法政史学』四八号、一九九六年、所収。
(28)　国立国会図書館憲政資料室『川上操六関係文書　日清戦役風雲帳　拾巻』。
(29)　前掲『草案』九九頁。
(30)　詳しくは本康宏史「台湾における軍事的統合の諸前提」（中京大学社会科学研究所台湾史研究部会『日本統治下台湾の支配と展開』中京大学社会科学研究所、二〇〇四年、所収）を参照のこと。
(31)　外務省編『日本外交文書』第二八巻、外務省、一九五三年、三六四頁。
(32)　前掲『草案』五一頁。
(33)　宮内庁『明治天皇紀』第九、吉川弘文館、一九七三年、二八五頁。
(34)　前掲『草案』七六頁。

(35) 前掲『日本統治下台湾の支配と展開』所収。
(36) 前掲『明治天皇紀』第九、三二三頁。
(37) 前掲『草案』一七頁。
(38) 前掲『明治天皇紀』第九、四〇二頁。
(39) 渡部求『台湾と乃木大将』大日本文化協会出版部、一九四〇年、六六頁。
(40) 詳しくは檜山幸夫「台湾統治の機構改革と官紀振粛問題―明治三〇年の台湾統治―」(中京大学社会科学研究所『台湾総督府文書目録』第二巻、一九九五年、三二五頁)を参照のこと。
(41) 前掲『桂太郎自伝』一七一頁。
(42) 軍人の経歴は特に註がない場合は、外山操編『帝国陸軍将官総覧』(秋田書店、一九九〇年)、外山操編『帝国海軍将官総覧』(秋田書店、一九九〇年)、秦郁彦編『日本陸海軍総合事典』(東京大学出版会、一九九一年)、外山操ほか編『帝国陸軍編制総覧』第一巻(芙蓉書房出版、一九九三年)より作成。
(43) 前掲「台湾ノ施政ニ関スル意見書」
(44) 「台湾ノ実況」前掲『松方家文書』所収(マイクロフィルムR二七―二三、作成者不明、明治二十九年)。
(45) 国立国会図書館憲政資料室『樺山資紀文書』書類の部二二四「台湾守備隊配備並守備隊長一覧」(明治二十九年四月二十日調)。
(46) 阪谷芳郎「台湾経営ニ関スル処分ノ件ニ付建議」(大久保達正編集『松方正義関係文書』大東文化大学東洋研究所、一九九五年所収、二三四頁)。阪谷は明治三十(一八九七)年四月、大蔵省主計局長に就任。
(47) 木越は日清戦争当時、第三師団参謀長として師団長桂太郎を補佐した。戦後、陸軍省軍務局軍事課長として陸軍次官の児玉を補佐した。ちなみに厦門事件の際、木越は陸軍省軍務局長の要職にあった。木越については舩木繁『陸軍大臣木越安綱』(河出書房新社、一九九三年)を参照のこと。
(48) 前掲『草案』三〇頁。
(49) 詳しくは檜山幸夫『台湾総督府の刷新と統治政策の転換―明治三一年の台湾統治―』(前掲『台湾総督府文書目録』第三巻、一九九六年、三五一頁)を参照のこと。
(50) 前掲『草案』三五頁。

(51) 前掲『沿革誌』第一巻、四二九頁。
(52) 陸軍省編『明治軍事史』下巻、原書房、一九六六年、原本一九二七年、一〇三六頁。
(53) 匪徒刑罰令については、檜山幸夫『台湾総督の律令制定権と外地統治論―「匪徒刑罰令」の制定と「台湾総督府臨時法院条例改正」を例として―』(前掲『台湾総督府文書目録』第四巻、一九九八年、四七一頁)および「明治三二年匪徒刑罰令による死刑執行一覧」(同五七三頁)、「明治三三年匪徒刑罰令による死刑執行一覧」(同五巻、一九九八年、五一七頁)を参照のこと。
(54) 明治三十一年十二月九日「明治二九年法律第六三号中改正法律案」における政府委員後藤新平の発言。『帝国議会議事速記録』一四、東京大学出版会、一九八〇年、一二頁。
(55) 岩井忠熊「軍事・警察機構の確立」『岩波講座　日本歴史』一五、近代二、岩波書店、一九七六年、二〇四頁。
(56) 安岡昭男編『近代日本の形成と展開』巌南堂書店、一九九八年所収。

台湾初期統治期における鉄道政策と台湾鉄道株式会社

鈴木敏弘

序

台湾における鉄道建設は、清朝統治下の光緒十三（一八八七）年、台湾巡撫劉銘傳の建議によって起工され、同十九（一八九三）年基隆から新竹に至る路線が完成した。新竹以南の路線については、今日の縦貫線同様に台湾西岸を通り高雄に至る路線の敷設が意図されていた。その理由は、台湾島内における運輸の利便性を図ることによって、経済活動の活性化を目指し、台湾独自の力で軍事基盤を形成するという殖産興業とこれによる富国強兵という点にあった。しかし工事途中の光緒十七（一八九一）年、劉銘傳は台湾巡撫を解任され、後任の邵友濂の奏請により新竹までの開通をもって清朝による鉄道建設は中止された(1)。明治二十八（一八九五）年、日本の領有下となって以降、日本によって鉄道建設が推進され、今日の鉄道路線のほとんどが日本の統治時代に建設されたものである(2)。

このような日本統治下の台湾鉄道に関する専論的研究としては、高橋泰隆「台湾鉄道の成立」(3)、やまだあつし「植民地時代台湾総督府の鉄道経路選定について」(4)、高成鳳『植民地鉄道と民衆生活朝鮮・台湾・中国東北』(5)、拙稿「台湾初期統治期の鉄道政策と私設鉄道」[6]などがあり、また、台湾においても鉄道に関する研究が進められている[7]。ただし、拙稿以外の諸論考は、現地支配の実態を物語る台湾総督府文書を使用することなく、日本国内に存在する史料に依拠して研究されている。日本に残存する台湾統治史料である国立公文書館所蔵史料は、最終決済文書であり、現地における経緯等については不明な場合がある。そこで、本稿においては、台湾総督府文書中に史料が残されている台湾鉄道株式会社を事例として、台湾総督府は初期統治期の台湾においていかなる鉄道建設を意図していたのかについて明らかにしてみたい。

一　台湾統治と鉄道建設

明治二十八（一八九五）年四月十七日の日清講和条約調印の結果、台湾は日本に帰属することとなった。五月十日には、樺山資紀を台湾総督に任じた。同日出された「台湾統治ノ方針ニ関シ内閣総理大臣訓令」[8]には、台湾の行政組織および実施すべき要項として総督府に交通部を設置すること、そしてその目的は「現ニ鉄道ノ設アリ又郵便ノ事務アリ将来益々運輸交通ノ事業ヲ拡張スルノ要アリ」と記されている。同五月近衛師団長北白川宮能久親王が澳底に上陸し、六月三日には基隆の守備隊を追い出し、六日には総督樺山資紀が台湾上陸を果たした。

樺山は、台湾占領に際し清朝の敷設した鉄道の利用についてどのような認識を持っていたのであろうか。六月五日、樺山総督一行を乗せた横浜丸が基隆に入港する際に、樺山は望遠鏡で基隆の駅を眺めつつ小山鉄道技師を近くに招き「基隆台北間ノ鉄道ハ定メシ賊ノ破壊ヤシツラン若シ萬カ一ニモ役ニ立ツコトアラハ軍略上非常ナル便利ヲ与ヘン」[9]と述べている。

この樺山の発言は、台湾領有に際して進軍・糧秣輸送などのために鉄道の軍事的利用が念頭に置かれていたことを示している。事実、上陸第一陣の中には臨時鉄道隊が含まれ、樺山は上陸後ただちに同隊附逓信省鉄道技師小山保政に基隆・台北間の鉄道路線調査を命じている。そして樺山の命をうけた小山は、台湾上陸の翌七日にははやくも台北停車場に入り車両の点検をおこなった。その結果使用に耐え得る機関車は、わずか一両のみであり、その機関車も修繕を施さなくてはならない状態であった。(10)

六月六日に台湾上陸を果たした樺山が陸海軍の将校と民政官吏三〇余名を従え、はじめて基隆から台北までの列車に乗ったのは、六月十四日午後一時のことであった。この列車は途中二度も脱線し、ようやく台北に着いたのは、午後七時半になっていた。(11)乗車していた樺山は、このような清朝によって建設された鉄道がそのままの状態では使用困難であると認識したことは間違いない。

実際、清朝によって建設された鉄道は、軌道や枕木の修理を施し、ようやく九日になって台北から基隆までの空車試運転をおこなうことができたのである。しかし試運転の結果、路線は勾配屈曲の度合が強い上、機関車は蒸気の漏れがおびただしく物資の輸送などの実用に耐え得る状況にはなく、再度の修理が必要であった。そのため、西京丸の修繕器で機関車の修理をおこない、基隆停車場も修繕を施し、翌十日より一日一回貨車一二両を連結した列車によって基隆・台北間の運行を開始した。その貨車に搭載されたのは、弾薬・糧食・総督府の荷物などであった。また、台北以南新竹にいたる路線であるが、六月十七日に台北で総督始政式がおこなわれた後も新竹は戦闘線内にあり、偵察に派遣された鉄道技手の報告によると、台湾敗兵によって線路・橋梁・電柱などを破壊された状態であった。しかしこれらも修繕を施し、近衛軍が新竹を占領する七月十日には台北・新竹間の運転も開始された。(12)

領有当初の段階では、台湾全島の平定をなしえてはおらず、台湾各地に軍隊の配置や緊急時に対応するために早期の鉄道敷設と道路建設がのぞまれた。樺山は、八月二十六日、台湾の防備と統治上の必要性から基隆から台北、台中、台南を経て打狗（高雄）に至る南北を貫く南北縦貫鉄道の建設と道路の開盤、そして基隆港の築港を急務として掲げ、こ

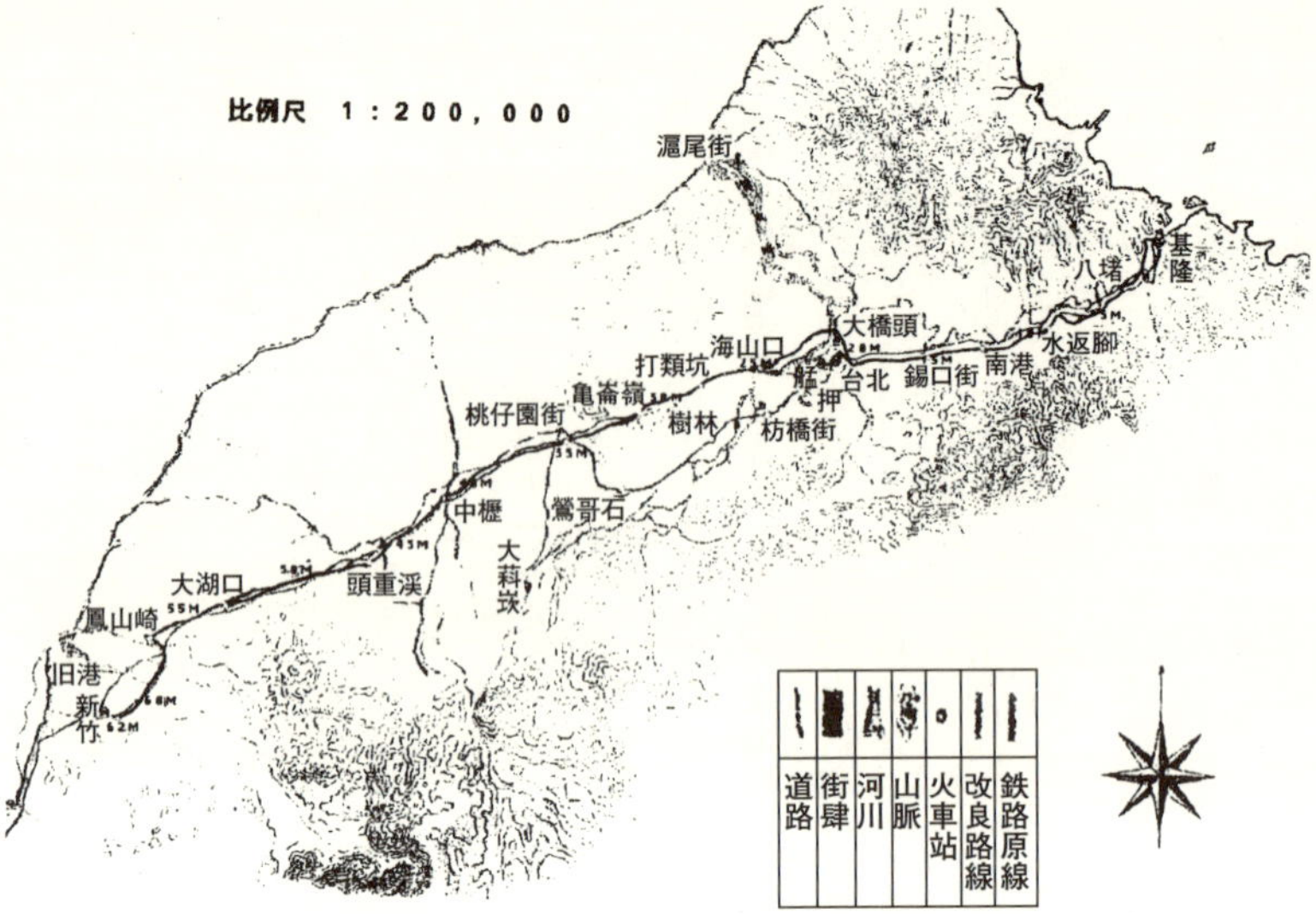

図　基隆・新竹間路線図（葉振輝著『台湾先賢先烈専輯　劉銘溥』）

れらの建設を政府に建議した。同年十月九日、参謀長彰仁親王から陸軍大臣大山巖に対し、台湾防備中第一に実施すべき緊要事業として島地の北端を起点として西半部の内地を貫き南端に達する完全なる鉄道を敷設し、一〇〇年の大計を確定することを協議した。その要旨は、基隆・新竹間には既設の鉄道が存在する。新竹以南は臨時台湾鉄道隊により線路を延長する計画があるが、既設鉄道が不完全であるため、鉄道隊であっても完全な線路を敷設するだけの能力はない。鉄道隊の目的は、単に作戦間背後の勤務を軽減するため、不完全である既設線路と同一の線路を延長するに過ぎず、台湾の防禦上この臨時的鉄道を交通の要具と看做する程の価値はない。したがって、完全な縦貫鉄道の敷設を設計するのは急務であり、将来において殖産興業上に大いなる便益を与えるものである。このためには、まず精細な測量をおこなって、将来の拠点となる都市や工業上・商業上に有益な地点を選定する必要がある、などの見解をまとめ、参謀本部も同様の希望を陸軍省に伝えた。それは既設路線を補修、延長する方法を破棄して新線建設への方針転換であり、その経営を陸軍省が担当し、費用は軍事費を予定した。

この協議の結果、翌明治二十九（一八九六）年三月九日南北縦貫鉄道建設と基隆港築港費支出については、実査測量の後に詮議することが閣議決定され、調査費として一〇万円が支出された。この内縦貫鉄道の調査費は七万七三六〇余円であり、調査は、三月十四日から開始され、区間によって終了時期の違いはあるが、最終的には六月末にすべての線区が終了した。(13) この調査は、逓信省鉄道技師増田礼作を中心におこなわれ、その調査結果について鉄道隊長山根武亮が意見を述べている。(14)

（前略）

該報告ノ総督ニ提出シタルノ後ハ更ニ審議ヲ経テ閣議ニ上リ速ニ改築及布設ニ著手セラルルコトヲ信ス何トナレハ此ノ工事ノ他ノ経営事業ニ比シテ軍事上緊中ノ最緊ナル者ナレハナリ而シテ該事業ハ縦令駿速ニ之ヲ行フトスルモ尚四年ノ日子ヲ要ス故ニ五箇年間ノ継続事業ト予定スルハ最適当ナル判断ナルヘシ此ノ一日千金ノ最要時期ニ際シ此ノ如キ長日月ヲ要スル工事ノ一日モ速ニ著手セラルルコト亦断シテ疑ハサルトコロナリ思ハサリキ茲ニ突如トシテ此ノ縦貫鉄道カ私設ノ出願者ヲ見ル事トナリ今ヤ私設許否ノ利害得失ニ就テ講究スルノ必要ヲ生スルニ至リシヲ抑〻鉄道ヲ国有トスヘキカ将タ又民有ト為スヘキヤニ就テハ長ク世界ノ問題トナリ甲議乙論殆シ底止スルトコロヲ知ラス然レトモ茲ニ之ヲ根本的ニ論議スルノ要ヲ見ス只我台湾鉄道ニ就テハ一考スルニ今ヤ上陳ノ如ク軍事上一日モ速ニ改築及布設ヲ要スルカ為ニ総督及参謀総長陸軍大臣ハ熱心之ヲ主張セラレ調査ハ已ニ完了シ予算ハ之ヲ議会ニ提出シテ布設ノ期モ将ニ近キニアラムトス此ノ一潟千里ノ今日ニ於テ何ヲ苦ムテカ私設ノ要ヲ見ムトスルカ若シ閣議之ヲ不容国資継カス議会モ亦協賛セラルノ暁ニ至リテハ是レ実ニ万已ヲ得サルノ勢ナレハ宜敷之ヲ民間ノ資ニ仰ク固ヨリ可ナリ然レトモ未タ閣議ニ稟セサルノミナラス曩ニ一意主張セラレシ参謀総長陸軍大臣ニ謀ラサルノ今日ニ於テ独リ総督府ニハ忽チ前議ヲ飜シ之ヲ私設ト為サムトスル抑〻亦順序ニ於テ矛盾スルトコロナキカ小官ハ偏ニ総督府ノ断然此ノ願書ヲ抛却シ曩ニ採ルトコロノ軌條ニ依リテ一直ニ進行シ以テ改築布設ノ一日モ速ナルノ尤其ノ当ヲ得タル者ナラム事ヲ信ス台湾ノ今日ニ於テ鉄道私設論カ決シテ耳ヲ傾クル時期ニ非ラサルコトハ上文反復詳

説スルトコロナリ（後略）

このように山根は、基隆・新竹間改築と打狗（高雄）までの路線は、軍事上の理由により早急に国有によって建設する必要があること、基隆・台北間は改築工事に着手していたということもあり、官設という方針で進めるべきであるとしている。しかし、「突如トシテ此ノ縦貫鉄道カ私設ノ出願者ヲ見ル事トナリ」とあるように、国有で改築工事が進められていたにも関わらず、私設鉄道建設の動きがあったのである。これについては次節で詳論したい。

二　台湾鉄道株式会社の設立と保護政策

前節で述べたような台湾における鉄道建設は、その早急な必要性から、官設による方向で進展していたにもかかわらず、私設による建設案が浮上してきたのであった。台湾における私設鉄道建設はどのような動向であったのかをみてみたい。まず最初に台湾における私設鉄道建設計画を提出したのは、浪辺甚吉、横山孫一、大蔵喜八郎ら数十名による「台湾興業会」であった。その計画は①速やかな竣工、②新設費は八〇〇万円、③政府の保護、という内容であった。しかしこれは政府調査による建設費用見積りが一八〇〇万円であることから、計画が杜撰であることを批判された。ついで、子爵岡部長職、安場保和らが台湾興業会を発展させて、明治二十九（一八九六）年五月台湾鉄道株式会社を発起した(15)。

そもそも、台湾における鉄道建設が官設から私設となった理由としては、日清戦争に際しての軍事費増大に伴う財政難、経済成長とそれに伴う私設鉄道の繁栄の動きに呼応して勃興した第二次私設鉄道ブーム、台湾人の資本参加の可能性や、工事の速成が考えられていた。つまり、官設の場合にはその費用は公債に依存するがその募集は困難であるという判断があり、私設計画が採られたのである。

まずはじめに、台湾鉄道株式会社から提出された「台湾鉄道布設願書」(16)から、同社の性格を見てみたい。

台湾鉄道布設願書

今般私共発起人ト為リ資本金一千五百万円ヲ以テ台湾鉄道会社ヲ組織シ台北ヲ起点トシ新竹、苗栗、台中、嘉義、楊厝、鳳山ヲ経テ打狗ニ至ル縦貫線並ニ楊厝ヨリ台南ヲ経テ安平ニ至ル支線合計二百二十八哩間ニ鉄道布設致度候尤モ此事業タル徒ニ営利ヲ目的トスル次第ニハ無之軍備上必要ナルハ勿論殖産興業ノ発達上少ナカラサル影響有之且全島百般ノ整理モ運輸交通ノ道開ケ始テ其緒ニ就クノ有様ニ有之鉄道布設ハ今日ノ場合一日モ猶予スヘカラサル最大急務ト被存候然レトモ台湾ニ於ケル事業ハ内地ト異リ頗ル多額ノ経費ヲ要スルノミナラス種々ノ危険之ニ伴ヒ且其収入ノ如キモ詳ナラス随テ収支ノ計算相立タサル今日之カ布設ニ着手スル次第ニ有之候得ハ到底内地同様ノ方法ニ依リテ此大事業ヲ完成スル能ハサルハ明白ナル道理ニ有之候仮令他日ニ於テ相当ノ利益ヲ得ルノ見込判然タルモ今日予メ之カ調査ノ結果ヲ示スノ標準ナキヲ以テ内地資本家ヲシテ之ニ資本ヲ投セシムル実ニ至難ノ業タルヲ免レサル次第ニ御座候就テハ本鉄道ノ事業ニ対シ特別ノ御詮議ヲ以テ左記ノ件々御保護被成下度奉願上候

第一　本鉄道会社ニ於テ鉄道布設ニ要スル敷地（復線）及停車揚用地工揚敷設地鉄道機械器具及用材置場倉庫家屋等ニ要スル地所ニシテ官有地ニ属スルモノハ無代価御下附其他ノ地所ハ相当ノ御処分ヲ以テ同上御下附相願度候事

第二　汽車用工場用ニ要スル石炭礦区ハ工域ト年限トヲ定メ採掘御許可ノ上礦区税并礦業税御免除相願度候事

第三　台北ヨリ新竹ヲ経テ香山ニ至ル既設鉄道并打狗ヨリ嘉義ニ至ル軍用軽便鉄道及両鉄道附属品悉皆ハ該線路ニ代ルヘキ本鉄道布設竣功ノ上無代価御下附相願度候事

第四　煉瓦用土工用土取場石材切出石灰并バラスト採取場ハ第一ノ場合同様無代価御下附相願度候事

第五　枕木其他必要ナル木材有ル山林ニシテ御差支ナキモノハ無代価御下附相願度候事

第六　第二、第四、第五ニ掲載スル諸物品運搬ノ為布設スル鉄道敷地其他必要ノ地所ハ第一同様ノ御保護相願度候事

第七　本鉄道ニ要スル材料一切ハ輸入税御免除相願度候事

第八　線路実測及工事中ハ勿論営業上必要ノ場合ニ於テハ軍隊ノ御保護ヲ仰度候事

第九　基隆ヨリ宜蘭台北ヨリ淡水并鳳山ヨリ恒春ニ至ル線路及其他共将来本島交通ノ程度増進スルニ従ヒ漸次鉄道増設致度見込ニ付右布設ノ際ハ前記本鉄道ト同一ノ御保護相願度候事

但本鉄道会社ニ於テ布設ニ着手セサルニ先チ政府ニ於テ該線路ノ布設急ヲ要スルト見認メヲレタルトキハ本社ニ於テ直ニ工事ニ着手セサル場合ハ官線トシテ布設セラル丶歟或ハ他ノ会社ニ布設ヲ許可セラル丶モ聊カ異議無之候事

右ノ条々特別ヲ以テ御許可被成下候上ハ鉄道ニ関スル規則其他百事総督府ノ御命令ヲ遵奉シ不都合無之様可仕尤工事着手後一千五百万円以外ニ資本ヲ要スル場合有之候共本願書ニ記載セル縦貫線路工事ニ遅滞ヲ惹起ス等ノ事ハ万々無之様可致候間何卒至急願意御許可被成下度依テ仮定款設計書及線路略図等相添此段奉願候也

明治二十九年五月五日

この「布設目論見書」によると、(一)鉄道敷設用地等官有地の無償下付、(二)使用石炭の採掘及び鉱区税・鉱業税の免除、(三)台北—新竹—香山間既設鉄道および打狗・嘉義間の軍用軽便鉄道と附属品の無償下附、(四)土取場・石材・石灰・バラスト採掘場の無償下附、(五)山林の無償下附、(六)鉄道材料の輸入税免除等々鉄道敷地・敷設材料の無償下附と会社事業に対する全面的保護というものであった。

そして、この「布設目論見書」による建設見積額は、台北・新竹間四二マイルの改良工事費合計二六一万八九八九円、

平均一マイルあたり六万二三五六円九〇銭弱。台南支線楊厝・安平間一〇マイルは、合計四六万六二八九円、平均一マイルあたり四万六六二八円九〇銭。新竹・打狗（高雄）間一七七マイルは、新築工事費合計一一九一万四七二二円、平均一マイルあたり六万七三一四円九〇銭弱となっている。この建設費用ははたして妥当であろうか。前節で引用した山根の報告書には、官設の場合の建設見積が記載されている。試みに山根の見積との比較計算をおこなってみたい。山根の報告書による数値は、基隆・新竹間六〇マイル七〇チェーンの旧線改築工費は五二六万七六二五円、新竹から台中・台南・鳳山を経由して打狗に至る一七六マイル六〇チェーン四〇ノットの工費一八八八万八八四〇円。台南・安平間の支線は一〇マイル二〇チェーン、工費四九万九一七〇円。改築及新設線の合計二三七マイル五〇チェーン及び一〇マイル二〇チェーンの支線の工費総額を二四一五万六四七六円と計算している。また、総工費中基隆・台北間は改築工事中の数値であり、一部は明治二十八（一八九五）年度に竣工予定となっているが、概算に大幅な変更はないと考えてよかろう。基隆・新竹間六〇マイル七〇チェーンの旧線改築工費は五二六万七六二五円であるから、一マイルあたり八万六七八一円三〇銭、新竹から台中・台南・鳳山を経由して打狗に至る一七六マイル六〇チェーン四〇ノットの工費は、一八八八万八八四〇円であるから、一マイルあたり一〇万六九五八円三二銭となる。台南・安平間の支線は一〇マイル二〇チェーン、工費四九万九一七〇円であるから、一マイルあたり四万八九三八円二四銭となる。台湾鉄道会社の建設見積額は山根の計算より安価である。単純計算であるから、簡単には比較できないが、特例ともいえるような全面的保護策に拠ってはじめて可能となる建設費とも考えられよう。ただし、このような積極的保護策がなければ、民間による建設が不可能であることを示唆していよう。

結果的には、明治二十九（一八九六）年十月二十七日、岡部長職らの申請は受理された。その際、台湾総督からつぎのような指令書が発令された[17]。

台湾総督官第七五号

台湾鉄道会社創立発起人

明治二十九年五月五日台湾鉄道会社ヲ組織シ台湾ニ鉄道ヲ布設スルノ件ハ許可スルニ付左ノ通心得ヘシ

一台北及新竹間ノ既設鉄道ヲ改築シ新竹、苗栗、台中、嘉義、楊厝、鳳山ヲ経テ打狗ニ至ル間并楊厝ヨリ台南ヲ経テ安平ニ至ル間ニ鉄道ヲ建築スルモノトス

二鉄道布設及運転上其他鉄道経営上各般ノ要件ハ別ニ達スヘシ

三鉄道保護申出ニ関スル条件ハ相当ノ詮議ヲ遂ケ更ニ指令スヘシ

明治二十九年十月二十七日

台湾総督男爵乃木希典

このような台湾鉄道会社に対する保護が具体的にどのようなものであったのかは、明治三十（一八九七）年一月十六日に出された「台湾鉄道保護条件」(18)から知ることができる。まず、台湾総督から主管大臣である拓殖務大臣に提出された稟議案から見てみたい。

第一　鉄道布設ニ要スル敷地及停車場用地工場敷地鉄道機械器具及用材置場倉庫家屋等ニ要スル官有地及民有地無代価下付ノ件

第二　台北ヨリ新竹ヲ経テ香山ニ至ル既設鉄道及附属品悉皆ハ該線路ニ代ルヘキ本鉄道布設竣功ノ上無代価下付ノ件

第三　鉄道ニ要スル材料一切ノ輸入税免除ノ件

この条件に対する台湾総督の要領は、

第一　官有地ヲ下付スルハ鉄道建築落成マテノ間ハ之ヲ許可シ妨ケナカルヘシト雖モ民有地ヲ下付スルハ総督府

之ヲ行フ能ハス但可成便宜ヲ与フルノ道ヲ取リ官有地ノ近傍ニアルモノハ之ト交換シテ付与スル等又ハ律令ヲ以テ土地収用ノ方法ヲ規定シ買収セシムルノ途ヲ開ク等ノコトハ妨ケサルヘシ又本文土地ノ種類ニハ十分制限ヲ加ヘサレハ濫弊ヲ生スヘシ故ニ私設鉄道条例第八条ニ準シ之ヲ許可セントス

第二　陸軍省ヨリ既ニ総督府ノ管理ニ移シタルモノニ就テハ之ヲ許可セントス

第三　材料ヲ限定シ及鉄道建築落成マテノ間許可スルハ妨ケナシト雖律令ヲ以テ之ヲ定ムルヲ要ス又物件ノ品目限定ニハ十分ノ査案ヲ要ス

というものである。すなわち、一、鉄道建築竣工まで建築に要する官有地は無償下附し民有地は近傍の官有地と交換付与するか、律令に拠り土地収用方法を規定し買収する。但し鉄道用地の種類は私設鉄道条例第八条に準じる。二、台北から新竹を経由して香山に至る既設鉄道及附属品のうち陸軍省から総督府の管理へと移管されたものは鉄道敷設竣工の上無償下付する。三、鉄道建築に要する材料は竣工までは律令に拠って輸入税を免除する。

この条件に対して、拓殖務大臣は、「台湾統治ノ要ハ交通ノ便ヲ開クヲ急務トシ鉄道ハ其ノ最急ナルモノナリ官有物ノ無償下付ハ法規上之ヲ禁スルノ明文ナキヲ以テ実際上事ノ可否ヲ断シ総督処分案第一第二ハ之ヲ是認セントストス云フモ官有物ノ無償下付ハ法文上特ニ明示スルヲ要シ又其交換ニ付テモ別段ノ規定ヲ要スルヲ以テ律令若クハ勅令ヲ以テ無償下付及交換ニ要スル特別ノ規定ヲ設ケサルヘカラス而シテ其規定中ニハ濫弊ヲ予防スルノ方法ニ付テ最モ厳重ナル条項ヲ定ムルヲ要スヘシ第三ハ律令ヲ以テ其品目及期間ヲ制限セントスルニ在リ」として「要スルニ政府ハ大体ニ於テ台湾総督ノ処分案ヲ是認シ而シテ寛厳宜シキニ従テ之ヲ処スルノ道ハ総督ノ為ス所ニ委センコトヲ望ム」というものであり、台湾総督の権限に委ねている。そして法文上について内閣法制局から「按スルニ私設事業ニ対シ政府ニ於テ特別ノ保護ヲ与フルハ十分ノ慎重ヲ要ス今台湾総督処分案件ニ就キ其当否ヲ考稽スルトキハ保護条件ハ適度ナリヤ否其他政府ニ於テ該鉄道ヲ買収シ得ルノ条件時期等ニ関シテハ多少ノ懸念ナキニアラサルモ右ハ総督職権内ノ事トシ之ニ一任スルノ外ナキノミナラス主務大臣請議ノ旨趣モ亦単ニ法令上ノ疑義ニ限レルヲ以テ本件ノ可否ニ就テハ之ヲ論スルノ必要ナシト思考ス」として、法制局は法令上の疑義のみについての判断であり、その権限についての可否については論じないとしている。そして、「要スルニ本件請議ノ趣旨ハ之ヲ法令上ヨリ観察スルニ大体ニ於テ差支ナシト信ス仍テ左案ノ通指令相成可然ト認ム」としている。この結果、台湾総督からの要領に沿った条件が認可されることとなった。そして、つぎのように勅令が出されている。(19)

勅令第百七十四号

第一条　台湾総督ハ必要ト認ムルトキハ台湾鉄道会社鉄道用地ニ供セントスル官有地ヲ無代価ニテ下付スルコトヲ得

第二条　左ニ記載スルモノヲ以テ鉄道用地トス

第一　線路ニ当ル敷地但シ其ノ幅員ハ築堤切取架橋等工事ノ必要ニ応シテ定ムルモノトス

第二　停車場及之ニ附属スル車庫貨物庫等ノ建築用ニ供スル土地

第三　前項ノ構内ニ常住ヲ要スル駅長車長及機関方等ノ家宅番人小屋等ノ建築用ニ供スル土地

第四　鉄道敷設又ハ運輸ニ要スル車輛器具ヲ製作修繕スル器械場及同上ノ資材器具ヲ貯蔵スル倉庫ノ建築用ニ供スル線路ニ沿ヒタル土地

第三条　鉄道用地ニアラスト雖汽車用工場用ニ要スル石炭又ハ鉄道敷設ニ要スル材料運搬ノ為敷設スル鉄道敷地其ノ他必要ノ土地ニシテ官有ニ係ルモノハ台湾総督ニ於テ必要ト認ムルトキハ無代価ニテ之ヲ下付シ又ハ台湾鉄道会社鉄道敷設竣工マテ無料ニテ之ヲ貸付スルコトヲ得

第四条　鉄道用地又ハ前条ニ掲ケタル目的ニ供セントスル土地民有ニ係ル場合ニ於テ之ト交換センカ為ニ台湾鉄道会社ヨリ官有地ノ下付ヲ請求スルトキハ台湾総督ハ無代価ニテ之ヲ下付スルコトヲ得但シ其官有地ハ交換セ

ントスル民有地ト評定価格相均シキモノニ限ル

第五条　台湾総督ハ公益ノ為必要ト認ムルトキハ既設官有鉄道並ニ之ニ附属スル建物器具等ヲ無代価ニテ台湾鉄道会社ニ下付スルコトヲ得

第六条　無代価ニテ下付スル官有地ニ附属スル建物植物等ハ併テ無代価ニテ之ヲ下付スルモノトス

このように、台湾鉄道株式会社保護に関する勅令は六条から成り、その眼目は、総督が必要と認めるときは鉄道用地に供する官有地、汽車ならびに工場に使用する石炭、鉄道材料運搬のため敷設する鉄道敷地その他必要な土地で官有地および既設官有鉄道とこれに附属する建物器具等を無代価で台湾鉄道株式会社に下付することができる点であろう。このような国家の全面的な保護のもとで台湾鉄道株式会社が成立した。

三　鉄道材料輸入税免除規定の成立過程

前節で述べたように、本国政府及び総督府は、台湾鉄道株式会社に対する過剰な保護策に拠って鉄道建設を推進しようと図った。ただし、その保護政策が無条件におこなわれたわけではなく、そこには一定の規制がはたらいていた。この点について台湾鉄道株式会社の鉄道建設輸入材料等の輸入税免除規則制定を例に考えてみたい。台湾鉄道会社の鉄道敷設用材料輸入税免除規則というのは、台湾における鉄道敷設の急務を認め、鉄道敷設に要する材料の輸入税免除の保護を与えたものである。ただし、輸入された鉄道敷設用材料を他の用途に転用するなど特典濫用の弊害をなくすことを目的として制定されたものである。これに関する史料は、日台の双方に残されている。[20]本来は、欄外を含め、双方の全文を引用すべきであるが、公文書という性格のため、総督府から本国への稟議書には律令として発布された条文が重複して記載され、また、文書の綴り順も逆順であり理解しにくいため必要箇所を文書の作成順に引用したい。なお、台湾総督府文書（以下A―〇と表記する）と国立公文書館所蔵公文類聚（以下、公文類聚と記す。B―〇と表記する）の構成を記しておきたい。台湾総督府文書は、五点の文書から成立している。A―1・民財第六〇一号「台湾鉄道会社鉄道敷設用材料輸入税免除律令案伺」、A―2・通鉄第四号「鉄道布設用品目中開設免除ヲ要スル品目」、A―3・台湾総督府評議会答申「台湾鉄道会社敷設用材料輸入税免除律令案」、A―4・電報「拓殖務大臣からの勅裁決定」、A―5・「律令第八号台湾鉄道会社鉄道敷設用材料輸入税免除規則」となっている。つぎに公文類聚の構成である。B―1・「上奏裁可書」、B―2・拓甲三一号「閣議決定書」、B―3・「指令案」、B―4・「参照文」、B―5・台甲第一〇一号「閣議請議書」、ここにA―1の民財六〇一号が添付されている。各々以上のような構成で一件の文書が綴られている。

A―2・通鉄第四号「鉄道布設用品目中関税免除ヲ要スル品目」

鉄道布設用品目中関税免除ヲ要スル品目別紙取調候ニ付其輸入税免除ノ義可然御取計相成度此段申進及候

明治三十年二月廿五日

通信部

財務部御中

一　測量器械及附属品
一　建築用具及附属品
一　橋梁鉄桁及附属品
一　軌条及附属品
一　停車場用品
一　器械場用品

一　機関車及附属品
一　客車其他車輌及附属品
一　建築用木材石材煉瓦及セメント其他諸品

A―3・「台湾総督府評議会答申」

一台湾鉄道会社敷設用材料輸入税免除律令案

右案還付候也

明治卅年三月四日

評議会幹事

秘書官御中

評議会ハ台湾鉄道会社鉄道敷設用材料輸入税免除ノ件律令案ヲ別紙ノ通修正可決セリ此段及通牒候也

明治三十年三月四日

台湾総督府評議会議長代理

民政局長　水野遵

台湾総督男爵乃木希典殿

律令案

台湾鉄道株式会社鉄道敷設用材料輸入税免除ノ件

第一条　台湾鉄道株式会社ニ於テ鉄道敷設ノ為ニ要スル材料ニシテ左ニ掲クルモノハ輸入税ヲ免除ス

一　汽関車客車貨車及其附属品

二　軌鉄及其附属品

三　橋梁用鉄材

四　軌道用木材

前各項ノ貨物ハ台湾鉄道株式会社又ハ其代理者ニ於テ直接輸入スルモノニ限ル

第二条　輸入税免除ヲ受ケタル貨物ヲ転売譲与若クハ他ノ物品ト交換セントスルトキハ台湾鉄道株式会社ハ台湾総督ノ証明ヲ受ケ輸入港税関ニ輸入税ヲ納ムヘシ但会社ニ於テ之ヲ供用シタル後其使用ニ堪ヘサルニ至リ台湾総督ノ認許ヲ受ケ不用物品トシテ転売譲与又ハ交換スルモノハ此限ニアラス

第三条　輸入税免除ヲ受クヘキ貨物ノ数量ハ台湾鉄道株式会社ニ於予メ限定シ台湾総督ノ認許ヲ受クヘシ

第四条　台湾鉄道株式会社ハ帳簿ヲ設輸入税免除ヲ受ケテ陸揚シタル貨物ノ出納ヲ明ニスヘシ帳簿ノ様式ハ台湾総督府之ヲ定ム

第五条　第二条ノ規程ニ背キ輸入税ヲ納メス又ハ台湾総督ノ認許ヲ受ケスシテ転売譲与又ハ交換ヲ為シタルトキハ輸入税額ニ倍ノ罰金ニ処ス

第六条　本令ノ有効期限ハ本令発布ノ日ヨリ五箇年間トス

A―1・「台湾鉄道会社鉄道敷設用材料輸入税免除律令案伺」

（欄外）　秘　急

民財第六〇一号　明治　年　月　日　受領
号　明治　年　月　日　公文掛長　発送
明治　年　月　日　浄書　掛長　主任
財務部長　立案　関税課長
租税課長

総督

民政局長　参事官
総務部長
通信部長　臨時鉄道掛長

台湾鉄道会社鉄道敷設材料輸入税免除律令案伺

台湾鉄道会社ニ於テ鉄道敷設ノ為ニ要ス材料輸入税免除ノ儀ニ付テハ曩ニ台甲第九〇号ヲ以テ品目及期限ヲ定メ律令提出スヘキ旨拓殖務大臣ヨリ指令有之其品目ニ付キテハ別紙ノ通リ通信部ノ意見モ有之候ヘ共案スルニ他ノ用途ニ供シ得ヘキ貨物ヲモ免税ノ特典ヲ与ヘラルコトヲハ他日取締上不都合ノ結果ヲ生スヘキ恐有之候条其成分ヲ省略シ主トシテ直接鉄道敷設ニ必要ナル材料ノミニ制限御許可相成候指除度依テ左案御提出相成可然仰高批

台湾鉄道会社鉄道敷設用材料輸入税免除律令案

第一条　台湾鉄道株式会社ニ於テ鉄道敷設ノ為ニ要スル材料ニシテ左ニ掲クルモノハ輸入税ヲ免除ス

一、汽関車　客車　貨車及其附属品
二、軌鉄及其附属品
三、橋梁用鉄材
四、軌道用木材
前各項ノ貨物ハ台湾鉄道株式会社又ハ其代理者ニ於テ直接輸入スルモノニ限ル
第二条　輸入税免除ヲ受ケタル貨物ヲ転売譲与若クハ他ノ物品ト交換セントスルトキハ台湾鉄道株式会社ハ台湾総督府ノ証明ヲ受ケ輸入港税関ニ輸入税ヲ納ムヘシ但会社ニ於テ之ヲ供用シタル後其使用ニ堪ヘサルニ至リ台湾総督府ノ認許ヲ受ケ不用物品トシテ転売譲与又ハ交換スルモノハ此限ニアラス
第三条　輸入税免除ヲ受クヘキ貨物ノ数量ハ台湾鉄道株式会社ニ於予メ限定シ台湾総督府ノ認許ヲ受クヘシ
第四条　台湾鉄道株式会社ハ帳簿ヲ設ケ輸入税免除ヲ受ケテ陸揚シタル貨物ノ出納ヲ明ニスヘシ帳簿ノ様式ハ台湾総督府之ヲ定ム
第五条　第二条ノ規程ニ背キ輸入税ヲ納メス又ハ台湾総督府ノ認許ヲ受ケスシテ転売譲与又ハ交換ヲ為シタルトキハ輸入税額二倍ノ罰金ニ処ス
第六条　本令ノ有効期限ハ本令発布ノ日ヨリ五年間トス

理由

政府ハ台湾鉄道敷設ノ急務タルヲ認メテ之レカ敷設ヲ台湾鉄道会社ニ許可スルニ方リ鉄道敷設ニ要スル材料ノ輸入税免除ノ保護ヲ与フヘキコトヲ指令セリ是レ本令発布ノ必要ナル理由トス而シテ本令ハ敷設用材料ノ中最モ重要ナルモノニ就テ此ノ特典ヲ与ヘ且ツ会社カ輸入ノ上之ヲ他ノ用途ニ使用シ特典濫用ノ弊害ナカラシメンコト

ヲ目的トシテ制定セリ

撃a―5・台甲第一〇一号「閣議請議書」

台甲第一〇一号

別紙台湾鉄道会社鉄道布設用材料輸入税免除規則之件上奏書進達ス

明治三十年五月十七日

拓殖務大臣子爵高嶋鞆之助

内閣総理大臣臨時代理

枢密院議長伯爵黒田清隆殿

別紙台湾鉄道会社鉄道布設用材料輸入税免除規則ハ台湾現時ノ状況ニ照ラシ鉄道事業保護ノ為メ最モ必要ナル命令ト認メ候間明治二十九年法律第六十三号ニ依リ

御裁可在ラセラレ度謹テ

上奏ス

拓殖務大臣子爵高嶋鞆之助

民財六〇一号

台湾鉄道会社鉄道敷設用材料輸入税免除規則制定ノ必要有之明治二十九年度法律第六十三号第二条第一項ノ規定ニ依リ台湾総督府評議会ノ議決ヲ採リ別紙免除律令案提出候間御執奏相成候様致度此段及稟申候也

明治三十年三月五日

台湾総督男爵乃木希典

拓殖務大臣子爵高嶋鞆之助殿

（律令案および理由書A—1と同文のため省略）

B—2・拓甲三一「閣議書」

拓甲三一　　五月卅日　裁可

明治三十年五月二十七日

内閣総理大臣代　　法制局長官

外務大臣　大蔵大臣　海軍大臣　文部大臣　逓信大臣　黒田議長

内務大臣　陸軍大臣　司法大臣　農商大臣　拓殖務大臣

別紙拓殖務大臣上奏ノ件ヲ審査スルニ台湾現時ノ状況ニ照ラシ鉄道事業保護ノ為メ台湾鉄道会社鉄道布設用材料輸入税免除規則ヲ要スト云フニ在リ右ハ曩ニ閣議決定ノ趣旨ニ依リタルモノニシテ差支無之儀ト思考スレハ上奏ノ通閣議決定セラレ可然ト認ム

B—1・「上奏裁可書」

拓殖務大臣上奏台湾鉄道会社鉄道布設用材料輸入税免除規則律令案右謹テ裁可ヲ仰ク

明治三十年五月二十九日

内閣総理大臣臨時代理

枢密院議長伯爵黒田清隆（花押）

B—3・「指令案」

指令案

台湾鉄道会社鉄道布設用材料輸入税免除規則ノ件ハ上奏ノ通勅裁ヲ経タリ

明治三十年六月一日

A—4・「電報」

タイワンソウトクフ　タクシヨクムダイジン

官　マツイテウ

タイワンテツドウカイシヤテツドウフセツヨウザイリヨウユニユウゼイメンジキソクホンケツ一ニチチヨクサイヲヘタリ

訳　台湾鉄道会社鉄道布設用材料輸入税免除規定本月一日勅裁ヲ経タリ

A—5・「律令第八号　台湾鉄道会社鉄道敷設用材料輸入税免除ノ件」

（欄外）

永久　一八ノ三　一四ノ二　号　一六葉

至急

民財第一九五八号　明治　年　六月　十五日受領　公文掛長

律令第八号　明治　年　六月二十六日　浄書　発送

一九六　　明治　卅年　六月　九日　立案　　掛長　　主任

代　　　　財務部長　　関税課長

総督　　台湾鉄道会社鉄道敷設　　租税課長

　　民政局長　　用材料輸入税免除規則律令　　監督課長

　　　総務部長　　　　文書課長

　　　通信部長　　　　外事課長

　　　　　　　　臨時鉄道掛長

台湾鉄道会社鉄道敷設用材料輸入税免除ノ件律令発布方伺之件

台湾鉄道会社鉄道敷設用材料輸入税免除規則本月一日勅裁ヲ経タル旨拓殖務大臣ヨリ別紙電報ノ通通牒有之就テハ左案ノ通律令御発布相成可然哉此段仰高裁

案

台湾総督府評議会ノ議決ヲ経タル台湾鉄道会社鉄道敷設用材料輸入税免除規則勅裁ヲ得テ茲ニ之ヲ発布ス

明治三十年　月　日　　　総督

律令第　号

台湾鉄道会社鉄道敷設用材料輸入税免除規則

第一条　台湾鉄道会社ニ於テ鉄道敷設ノ為ニ要スル材料ニシテ左ニ掲クルモノハ輸入税ヲ免除ス

一、汽関車　客車　貨車及其附属品
二、軌鉄及其附属品
三、橋梁用鉄材
四、軌道用木材
前各項ノ貨物ハ台湾鉄道会社又ハ其代理者ニ於テ直接輸入スルモノニ限ル
第二条　輸入税免除ヲ受ケタル貨物ヲ転売譲与若クハ他ノ物品ト交換セントスルトキハ台湾鉄道会社ハ台湾総督ノ証明ヲ受ケ輸入港税関ニ輸入税ヲ納ムヘシ但会社ニ於テ之ヲ供用シタル後其使用ニ堪ヘサルニ至リ台湾総督ノ認許ヲ受ケ不用物品トシテ転売譲与又ハ交換スルモノハ此限ニアラス
第三条　輸入税免除ヲ受クヘキ貨物ノ数量ハ台湾鉄道会社ニ於予メ限定シ台湾総督ノ認許ヲ受クヘシ
第四条　台湾鉄道会社ハ帳簿ヲ設ケ輸入税免除ヲ受ケテ陸揚シタル貨物ノ出納ヲ明ニスヘシ帳簿ノ様式ハ台湾総督之ヲ定ム
第五条　第二条ノ規程ニ背キ輸入税ヲ納メス又ハ台湾総督ノ認許ヲ受ケスシテ転売譲与又ハ交換ヲ為シタルトキハ輸入税額二倍ノ罰金ニ処ス
第六条　本令ノ有効期限ハ本令発布ノ日ヨリ五年間トス

以上、律令第八号台湾鉄道会社鉄道敷設用材料輸入税免除規則の制定過程を理解しやすいように引用してみた。この律令の政策原案文書は、鉄道を管轄する通信部で作成され、税制を管轄する財務部に提出された「通鉄第四号」（A—2）である。この原案が総督府評議会に出され、審議された結果が、総督府評議会の答申（A—3）である。なお、A—2とA—3の間に財務部から総督宛および総督から評議会宛の文書が存在したと思われる。そして、評議会の答申をうけて「民財六〇一号」（A—1）が作成された。これが、台湾総督府の原案文書であり、監督大臣である拓殖務大臣宛の稟議書案文書である。これは、台湾総督乃木希典から拓殖務大臣へと進達される。拓殖務大臣高嶋鞆之助は、この「民財六〇一号」をうけて、内閣総理大臣臨時代理枢密院議長伯爵黒田清隆に対して「閣議請議書」である「台甲第一〇一号」（B―5）が作成提出される。内閣では、「台甲第一〇一号」をうけて、「拓甲三二」（B―2）の閣議書が作成され、閣議に付された。また、「上奏裁可書」（B―1）によって天皇の裁可を得る。裁可の結果が「指令案」（B―3）である。この裁可通知書が、拓殖務大臣からの電報によって「台湾鉄道会社鉄道布設用材料輸入税免除規定本月一日勅裁ヲ経タリ」（A―4）と総督へ通知される。総督府では、この結果をうけて、「民財第一九五八号」（A―5）が作成され、「台湾鉄道会社鉄道敷設用材料輸入税免除規則律令」が発布された。

また、総督府通信部の原案（A―2）では、輸入税の免除品目は、測量器械及附属品・建築用具及附属品・橋梁鉄桁及附属品・軌条及附属品・停車場用品・器械場用品・機関車及附属品・客車其他車輛及附属品・建築用木材石材煉瓦及セメントその他諸品であるが、律令では、汽関車客車貨車及其附属品・軌鉄及其附属品・橋梁用鉄材・軌道用木材に限定されている。これは、台湾総督府評議会議によって修正され、また、「第三　鉄道敷設ニ要スル材料ノ輸入税免除ハ律令ヲ以テ其品目及期間ヲ限定スルコト」（B―4、参照文）とあるように、閣議決定の際にも一定の条件が付されていた。これは、台湾総督府文書と公文類聚とを比較することによって知ることができる情報である。なお、A―1とA―5の順序であるが、公文書の本来的綴り方からするならば、A―5が鑑文書となり、最も上に位置し、A―1がA―5のつぎにつづられるものと思われる。

四　台湾鉄道会社に対する批判

前節まで、台湾鉄道会社株式会社の設立経緯およびそれに対する政府のきわめて異例な保護策について論じてきた。

このような台湾鉄道株式会社に対して全く批判がなかったわけではない。明治三十（一八九七）年十二月の帝国議会では、貴族院 議員曽我祐準らから台湾鉄道に関して次のような質問が出されている。[21]

台湾鉄道ニ関スル質問趣意書

台湾鉄道ハ第十議会ニ於テ政府ノ主張セラル、処ニ依レハ台湾経営統治ノ上ニ於テ尤モ必要ニシテ且ツ急設ヲ要スルモノナルカ故ニ民設会社ニ其建設ノ権利ヲ附與シ殊ニ之ニ六歩ノ補助金ヲ與ヘ其他種々ナル特典ヲ附與スルコト、ナレリ右ニ対シ我々ハ其必要急設ニハ同意ナルモ之ヲ一ノ私立会社ニ委付スルヨリモ寧々政府自ラ之ヲ経営スル方却ニ得策且ツ捷径ナラント論シタレトモ政府ハ左ノ二個ノ理由ヲ以テ之ヲ排斥シテリ

一政府自ラ経営スレハ諸般ノ手続上一年モ後クル、可シ然ルニ台湾鉄道ハ最モ急設ヲ要スルガ故ニ之ヲ民設ニ許セバ此議案可決次第速ニ株主ヲ募集シ一年モ早ク着手スルコトヲ得ベシ

二之ヲ民設ニ許セハ内地ノ有力者ト台湾ノ住民ト共ニ株主トナリ相提携シテ自然彼我人民ノ親睦関係ガ多クナリ台湾統治ノ上ニ於テモ大イニ利益アリ

右第一ノ理由ニ付テハ本年三月右議案議決以来殆ント一週年ニ近カラントス台湾鉄道会社ハ果シテ政府ノ証言セシ如ク其事業ニ着手シ今月ハ何程ノ程度ニ進ミツ、アルヤ如何

其第二ノ理由タル彼我人民共ニ株主トナリ相往来親睦スルノ程度果シテ如何其株主ノ割合内地ノ人民幾何ヲ所有シ台湾在来ノ住民幾何ヲ所有スルヤ如何

右ハ台湾ノ統治上最モ緊急ノ事件ト信スルニ付現今ノ事実ヲ明確ニ答弁アランコトヲ望ム

この曽我の質問が問題の本質をついていよう。

また、三枝光太郎がつぎのような「台湾鉄道創立委員諸君に呈し同私設事業の解散を勧むる書」を著している。[22]

台湾鉄道創立委員貴下、回臆すれば同発起者が其の資金を一千五百万円其の株式を三十万株と為し以て縦貫鉄道

布設の許可を得たるは去明治二十九年にして爾来茲に四星霜其の間亦久しからずとせず而も到底成立の望あるを見す徒らに曠日彌久延期に累ぬるに延期を以てし荏苒とし歳月を空過するあるのみ事情斯の如きは豈に公私の大不利に非らずや若かず断じて解散の挙に出で疾く後図を為さんには請ふ少しく同事業既往の経過を述べ而して其の将来を推さむ（中略）

顧ふに同会社は前松方内閣と其の因縁殊に深し吾輩は一昨年時の当路者が或は日本銀行をして台湾鉄道の株券を其の担保中に加へしむべきを約し或は残株を政府に引受くべきを諾して而も屢々其の言を食むを聞くに際し其の遂に成すべからざるを察し当時書を裁して之を委員諸君に致し寧ろ同内閣の猶ほ其の地位を保つの間に於て解散の策に出でんことを勧告したりしも不幸にして諸君の容るゝ所とならず以て今日に至りたるは吾輩の遺憾とする所なり

今若し試みに総ての発起人と総ての株主とを一堂に会して其の意嚮如何んを問はんか万口一声早きを趁て解散すべきを以て之に答ふるや必せり況んや現に創立委員（二十余名）たる諸君と雖も其の中僅々二三氏を除くの外は亦皆其の腔子裏に解散説を包蔵せらるゝは吾輩の事実に徴して識る所なるに於ておや状勢既に斯の如し然るに只独り二三氏の尚ほ或は一木を以て大厦の傾倒するを支へ赤手を振て狂瀾を既倒に回さんことを欲するものあるが如きは吾人の了解に苦しむ所なり（後略）

この三枝の一文に見えるように、松方と設立委員の間には個人的な結合がうかがえる。三枝が指摘する台湾鉄道会社の発起人を列記してみると。近衛篤麿（公爵）・今村清之助・原六郎・堀田正養（子爵）・岡部長職（子爵）・小野金六・大倉喜八郎・渡邊治右衛門・川崎八右衛門・川村惇・安場保和（男爵）・真中忠直・松木直已・菊地長四郎・渋沢栄一・岡橋治助・松本重太郎・本山彦一・原善三郎・大谷嘉兵衛・渡邊福三郎・浜岡光哲・小室信夫・奥田正香・吉田禄在らである。(23)『近衛篤麿日記』には、岡部・堀田らの名が頻出し、台湾鉄道会社に関する記事も散見する。また、近衛と松方の関係であるが、この時期松方は内閣総理大臣であり、近衛は貴族院議長であるから、職務上の交流とみえなくもない。しかし、明治三十一（一八九八）年三月十八日、篤麿の父忠熈が死去した際の記事(24)を見てみると、両者の関係がうかがえよう。

十八日　金曜日　雨

一　払暁より御病勢益御進みになり、皮下注射数回、又人工呼吸等を行ひしも更に効なし。御脈搏甚しきは百八十回にも及ぶ。来集の親戚等も皆々御病間に伺候す。文麿も、病後なれ共御暇乞の為来る。午後二時四十分、溘焉として薨去せらる。嗚呼哀しい哉。何れも悲嘆にくれぬはなけれ共、分て多年御世話申上し侍女等の悲痛の状は、又断腸の種となりぬ。

一　兼て松方伯よりの注意ありし為、薨去の発表は暫時見合せり。常磐井殿、三門跡等読経あり。

一　晩刻松方伯来り、陞勲、国葬の事等彼是尽力したる事等話され、是等は種々の事情の為（これは別に記すべし）何れも出来ず、早く御発表宜しかるべしといへり。明朝発表と決し、昨十八日午後十時四十分と記せしむる事とせり。（後略）

このように、松方の教示に従い、松方も忠熈の贈位等に尽力を約束している。また、『近衛篤麿日記』には篤麿に対し松方がバックアップするような記述が見られる。近衛篤麿と松方正義の関係のみであるが、三枝が指摘する発起人と松方との個人的結合は、おそらく事実ではないかとおもわれる。台湾鉄道株式会社は、そのような関係の中から生まれたものといえよう。

結

以上のように、台湾鉄道株式会社をめぐる国家の保護政策を中心に論じてきた。台湾領有初期においては、政府の予算不足のため民間資本により台湾経営をおこなう方針がとられ、台湾鉄道会社の場合もこの方針のもとに過大な保護が施された。設立当初の明治二十九（一八九六）年の段階では、三〇万株の募集に対して七〇万株もの応募予約がされたが、翌年一月株式申込証拠金の払い込み通知をした際には、実際の申込みは七万株しかなく、政府は資本金払い込みに対する利子補給をおこない、また数々の保護政策を打ち出した。そして再度株式募集をおこなったが、前回募集分と合わせても一五万株にしかならなかった。そこで、二〇万株をもって会社成立として事業の推進をはかったが、五万株の応募者がおらず、英国のベーヤピーコック会社や仏国のフヒープリル会社などに資金援助を申込むが拒否された。この結果、明治三十二（一八九八）年十月二十五日、台湾鉄道株式会社創立発起人総会が開催され、会社の解散が決議された。[25]

台湾鉄道株式会社の解散に伴ない、政府は官設による鉄道敷設に方針を転換し、後藤新平を民政長官に任命し、明治三十二（一八九八）年十一月には鉄道部を設置して、後藤に鉄道部長を兼任させた。翌年四月には技師長に任命された長谷川謹介が台湾に赴任して縦貫鉄道建設にあたった。敷設工事は、清国によって敷設された基隆・新竹間のうち五マイルを除き、すべて新線で建設されることとなり、その緊急性から、南北双方から同時に工事がおこなわれ、基隆・台北・高雄の縦貫線が開通したのは、明治四十一（一九〇八）年四月二十日のことであった。そして十月二十四日、南北の中間点である台中公園で縦貫鉄道全線開通式がおこなわれた。[26]

註

（1）　劉銘傳については、伊能嘉矩『台湾巡撫トシテノ劉銘傳』（新高堂書店、一九〇五年）、葉振輝『台湾先賢先烈専輯　劉銘傳』（台湾省文献委員会、一九九八年）。

（2）　現在の台湾鉄道については、徳田耕一『台湾の鉄道　麗しの島の浪漫鉄路』（ＪＴＢ日本交通公社出版事業局、一九九六年）が参考となる。

(3) 高橋泰隆「台湾鉄道の成立」(『経営史学』第二十二巻第二号、経営史学会、一九七九年、同『日本植民地鉄道史の研究』所収、日本経済評論社、一九九八年)。
(4) やまだあつし「植民地時代台湾総督府の鉄道経路選定について」(『鉄道史学』第二十二号、鉄道史学会、一九九四年)。
(5) 高成鳳『植民地鉄道と民衆生活朝鮮・台湾・中国東北』(法政大学出版局、一九九九年)。
(6) 鈴木敏弘「台湾初期統治期の鉄道政策と私設鉄道」(『日本統治下台湾の支配と展開』中京大学社会科学研究所、二〇〇四年)。
(7) 台湾における鉄道に関する研究としては、蔡龍保『推動時代的巨輪　日治中期的台湾国有鉄道　一九一〇―一九三六』(二〇〇四年、台湾古籍出版有限公司) 三一七―三二七頁「参引書目」参照。
(8) 「台湾総督へ訓令」『公文類聚』第一九編、明治二十八年、第一巻、二A―一一・類七一四一〇〇、第一九文書、明治二十九年五月十日。
(9) 『台湾新報』明治三十年八月十五日―二十九日「後押汽車の由来」(台湾総督府鉄道部編『台湾鉄道史』上巻、一〇七―一〇八頁)。『台湾鉄道史』は台湾総督府鉄道部編で上・中・下の三巻が同部より一九一〇年刊行された。一九八五年に、野田正穂・原田勝正・青木栄一編『大正期鉄道史資料　第二集国有・民営鉄道史』第十九巻に『台湾鉄道史』上として、同第二〇巻に『台湾鉄道史』下として分冊収録され、日本経済評論社より復刻されている。また、明治後期産業発達史資料にも、第四一一巻『台湾鉄道史』上・第四一二巻『台湾鉄道史』中・第四一三巻『台湾鉄道史』下(龍渓書舎、一九九八年)として三分冊で収載されている。本稿においては、明治後期産業発達史資料本を使用した。以下、同書の引用は『台湾鉄道史』○巻、○○頁と記載する。
(10) 『台湾鉄道史』上巻、一一九―一二二頁。なお、本報告の原本は総督府文書中に残存している。『明治二十八年台湾総督府公文類纂甲種永久保存　第四一巻』第三七号文書。
(11) 同右、一四七―一五一頁。
(12) 同右、一〇七―一〇八頁。
(13) 同右、一五二頁。
(14) 同右、四〇八―四二一頁。
(15) 高橋前掲「台湾鉄道の成立」参照。
(16) 前掲『台湾鉄道史』上巻、四二一―四二七頁。

(17) 同右、四四五―四四六頁。
(18) 「台湾鉄道保護条件」『公文類聚』第二一編、明治三十年・第二五巻、二A―〇一一・類七九五―一〇〇、第十五文書、明治三十年一月十六日。同第十六号文書、明治三十年六月四日。
(19) 「台湾鉄道会社保護ニ関スル件」『御署名原本』明治三十年・勅令第一七四号、二―KS・御二八六二―〇〇。
(20) 「台湾鉄道会社鉄道布設用材料輸入税免除規則ヲ定ム」『公文類聚』第二一編、明治三十年、第二三巻、一―二A―〇一一―〇〇・類―〇〇七九二―一〇〇、第七文書、明治三十年六月一日。「台湾鉄道会社鉄道敷設用材料輸入税免除規則　律令第八号」『明治三十年台湾総督府公文類纂甲種永久保存　第二十五巻』第十号文書。
(21) 「貴族院議員久我通久外四名提出質問」『公文雑纂』明治三十年、第三十四巻、二A―一三・纂四三四一第二十文書、明治三十年十二月二十四日。
(22) 三枝光太郎「台湾鉄道創立委員諸君に呈し同私設事業の解散を勧むる書」(『台湾協会報第四号』一八九九年、台湾協会。ゆまに書房、一九八五年復刻)。
(23) 前掲『台湾鉄道史』上巻、四二四―四二七頁。
(24) 近衛篤麿『近衛篤麿日記』明治三十一年三月十八日条（近衛篤麿日記刊行会編『近衛篤麿日記』第二巻、鹿島研究所出版会、一九六八年）。
(25) 渋沢青淵記念財団竜門社編『渋沢栄一伝記資料集』第九巻（渋沢栄一伝記資料刊行会、一九五六年）二一九―二二一頁。
(26) 台湾縦貫鉄道全通式に関する注目すべき史料が発見された。檜山幸夫「台湾総督府陸軍部機密費関係文書について―台湾陸軍幕僚参謀長宮本照明少将手元文書を事例とする日本近代史料論的考察―」(『社会科学研究』第二十七巻第一号〔通巻第五十一号〕、中京大学社会科学研究所、二〇〇七年）参照。

第二部　日本近代史論への断章

日中戦争期の日本人の中国観

阿部　猛

アジア的停滞論

かつて、日本人は中国社会について著しい偏見をもっていた。日清戦争でわが国が勝利したことも理由の一つであるが、ヨーロッパ人の見方の影響も大きかった。人工灌漑による農業を基礎とするアジア社会は「停滞社会」であるとの見解がヨーロッパではふつうに行われていた。ウィットフォーゲル Karl August Wittfogel（一八九六—一九八八）の『解体過程にある支那の経済と社会』上・下（一九三六年、訳書は原書房、一九七七年）と『東洋的社会の理論』（一九三八年、訳書は一九四一年、日本評論社）などは代表的著作といえるが、彼はつぎのようにいう。

> 人工灌漑は、支那の農業の本質的一契機——それなくしては、支那農業がその特に集約的な諸形態を断じてとり得なかったであろうところの——となったのである。（中略）アジア的諸社会は（中略）一の進歩せずして再生産される社会、すなはち、一の停滞的なる社会の古典的タイプがつくり出されたのである。

一種の地理決定論であるが、これは、わが国の研究者に大きな影響を与えた。ナチス・ドイツの領土拡張政策の正当化に役割を果したハウスホーファー Karl Ernst Haushofer（一八六九—一九四六）の地政学 Geopoliticsの生存圏理論がもてはやされた時代である。

日中分岐点論

わが国には、明治以来、歴史の中に自国の先進性あるいは後進性を確かめようとする問題意識が一貫して存在した。ヨーロッパとの対比、比較史的考察というよりも、日本の歴史の中にヨーロッパの歴史との類似性を見出そうとするものであった。アジア社会の停滞性を説き、その中で、日本のみが典型的なヨーロッパ型（イギリス型）の封建社会を経験し、その帰結として、アジアの中で最も早く「近代化」への道を歩んだとしたのである。

第二次世界大戦後の日本歴史学界に大きな影響を与えた石母田正の『中世的世界の形成』（伊藤書店、一九四六年、のち岩波文庫に収める）も基本的には右のような考え方に拠っていた。石母田は、日本と中国の歴史の発展の違いを武士団の存在によって説明した。すなわち、中国では、強固な共同体的秩序が領主制の発展を阻害し、封建的武士団を成立させなかったのに対して、日本では、古い同族的組織から分離して独自の族的団結をなした武士団の成立が見られた。これこそ、東洋的古代の一環であった日本がそこから分離する過程であり、近代日本の礎石はここに据えられたのであるという。

劣等民族視

私どもが子どもの頃に愛読した書物の一つに平田晋策の『われ等若し戦はば』（講談社、一九三三年）がある。平田は早稲田大学在学中、陸軍への反軍的宣伝活動や反戦ビラの配布の罪で大正十（一九二一）年に懲役八カ月の刑を受けたが、『昭和遊撃隊』（講談社、一九三〇年）の著作で著名となった（高橋康雄『少年小説の世界』角川書店、一九八六年）。『われ等若し戦はば』は、予想される太平洋での日米両海軍の戦いを中心に描いた軍事小説といってよい。この書は、アメリカの軍事力の強大であることを強調し警告を発しているが、中国大陸における戦いについて、つぎのように述べている。

支那軍は負け癖のついた、犬のやうなものである。日本軍の姿を見たら、攻撃精神が縮んでしまふのだ。この心理的な病気は、どんな名将があらはれたって、永久になほるものではない。民族と民族との、精神力の違ひなのだから仕方がない。（中略）我々外国人としては、北京・上海・漢口・青島などさへ侵されなければ、黙って支那の苦しむのを見てゐてもいいのだが、同じ東洋民族として、われ等はこれを見捨てておくわけには行かないのだ。

また、大陸を転戦した桑島節郎は『華北戦記』（朝日文庫、一九九七年）で、第一中隊の古年兵は誰もが中国人を虫けら同然としか見ていなかったが、先輩衛生兵の青木一等兵は違っていた。中国人を愛し、軍医に内緒で、ときどき城内の中国人のもとに出かけ、施療していた、と記している。ときに中国人にやさしく接した者もいたが、多くの日本人は中国人を見下していた。しかし、こうした言動が戦争遂行上、占領政策上の障害となることを政府は十分承知しており、内務省は昭和十三（一九三八）年十月に「児童読物改善ニ関スル指示要項」（山中恒『ボクラ少国民』辺境社、一九七四年）を出しており、その中につぎの文章がある。

事変記事ノ扱ヒ方ハ、単ニ戦争美談ノミナラズ、例ヘバ「支那の子供ハ如何なる遊びをするか」「支那の子供は如何なるおやつを喰べるか」等支那ノ子供ノ生活ニ関スルモノ又ハ支那ノ風物ニ関スルモノ等子供ノ関心ノ対象トナルベキモノヲ取上ゲ、子供ニ支那ニ関スル知識ヲ与へ、以テ日支ノ提携ヲ積極的ニ強調スルヤウ取計ラフコト、従ツテ皇軍ノ勇猛果敢ナルコト強調スルノ余リ支那兵ヲ非常識ニ戯画化シ、或ハ敵愾心昂ルノ余リ支那人ヲ侮辱スル所謂「チャンコロ」等ニ類スル言葉ヲ使用スルコトハ一切排スルコト

また土木工学の専門家である宮本武之輔は『技術者の道』（科学主義工業社、一九三九年）の中でつぎのように述べている。

上海・南京の大建築は、コンクリートでありながら、その様式や装飾は全く支那古来の宮殿建築に則ってゐる。その強烈な国民意識であった。之に比べるとわが国の官庁建築が滔滔として西洋建築の模倣に甘んずる現状は之

を何と評すべきかを知らない。（中略）支那の国民性が非常に功利的であり、利己的である点は多くの人の力説するところであって、譬へば匪賊に拉致された人質の間でも、日本人同士は絶えてさうした相互扶助の精神が認められないと言ふ。（中略）中国人が日本語を習って日本を理解するに努めると同様に、日本人も亦支那語を習って中国を理解するに努めることが肝要である。（中略）日本民族は最も勤勉な民族の一つであると考えるが、支那民族もまたこれにおとらない勤勉な民族であると思ふ。

黒羽清隆はその著書『十五年戦争史』（三省堂、一九七九年）で曹汝霖の「一生の回憶」（一九六七年）の文章を引いている。

中国人で、日本軍に雇われてトラックを運転していた胡阿毛は、フル・スピードで河を目がけ、トラックを飛躍させ、車もろとも河中に葬った。一労働者まで、自ら進んでこういう壮烈な犠牲になったことだけでも、当時上海人の抗日心理を知ることができる。

そして黒羽は、「抗日救国」の抵抗状況が日本人の詩歌に反映していると見て、幾つかの歌を掲げる。

いたづらに敵を罵ることなかれ　よきは学ばん　はらからよ大きく　（谷浦謹一郎）

憎みてもやがてうすらぎ　倒れゐる少年兵に涙落ちたり　（富所積太郎）

不十分な中国理解

西所正道『「上海東亜同文書院」風雲録』（角川書店、二〇〇一年）は、戦前特異な存在として知られた上海東亜同文書院の顛末を述べた書物である。著者が同書院の出身者であることもあってか、この機関については肯定的過大評価の傾向なしとしないが、興味ふかい記録である。その中で西所は、初代院長根津一の言葉を紹介している。

日本が欧米の学術を採用してわずかの間に隆盛となったのは、千数百年にわたって中国文化が普及していたおかげである。故に先師たる中国の恩に報ゆるのは、日本にとって当然の務めである。

このような、中国との文化的なつながりを説き、日本文化が中国文化の強い影響を受けながら形成されてきたという見方は広く行われ、第二次世界大戦後の小学校の教科書でも、

中国から日本に伝えられたものは、昔から数多くあります。米や鉄の道具のつくり方・仏教などは、アジア大陸でおこり、中国から日本に伝えられました。また中国で生まれた漢字や、お茶・とうふなどの食べ物も伝えられ、日本の生活や文化に大きなえいきょうをあたえてきました（『小学校社会』6下・学校図書）

などと書かれている。しかし、中国を理解しようとする積極性には欠けていた。安藤彦太郎は『中国語と近代日本』（岩波新書、一九八八年）の中で、日本陸軍では、中国語を学んでも「自己を利益すること少な」い（出世の足しにはならない）とされ、関東軍が作ったテキストは、中国の民衆を尋問するための下士官用テキストだったと証言している。また、昭和十三（一九三八）年の第七十三帝国議会で文部大臣木戸幸一は、中国語教育の必要は認めながらも、「漢文」の教育の中に「時文」を入れるという程度の発言しかしていないと記している。

暴支膺懲

戦時中の学校教育では、当然のことながら、戦争の「正義」がわれにあることが強調される。国民学校の『初等科国史　下』（一九四三年）はつぎのように書いている。

わが国は、さきに、内鮮一体の実を挙げて、東洋平和の基を築き、今また日満不可分の堅陣を構へて、東亜のまもりを固めました。しかも、東洋永遠の平和を確立するには、日満支三国の緊密なる提携がぜひとも必要であります。わが国は、支那にこの旨を告げて、しきりに協力をすすめました。ところが支那の政府は、わが誠意を解せず、欧米の援助を頼みに排日を続け、盛んに軍備を整へて、日満両国にせまらうとしました。

果たして、昭和十二年七月七日、支那兵が、北京近くの盧溝橋で、演習中のわが軍に発砲して戦をいどみ、更に、わが居留民に危害を加へるものさへ現れました。

わが国は、支那の不正を正し、さわぎをくひ止めやうとつとめましたが、支那の非道はつのるばかりでした。暴支膺懲の軍が派遣せられ、戦は、やがて北支から中支・南支へとひろがりました。

この教科書の教師用図書は、

わが国は、道義のために国際聯盟を離脱して、自主独往、満州国の輔守にいそしんでゐたのであり、米英等一聯の列強の庇護を恃む支那は、不覚にも、わが自主独往の姿を孤立無援と見て、濫りに私怨を挟んで、戦をわれに挑んだのである。

と解説している。『初等科国史　下』のいう「暴支膺懲」のスローガンについて、永井荷風はその日記でつぎのように書いている。

この度日華交戦の事について日本人は暴支膺懲の語を以て表榜となせり、余窃に思ふに、華人等其領土内の互市場より日本人を追放せむとするは曾て文久年間水戸の浪士が横浜関交場を襲撃せむとし又長藩の兵が馬関通過の英蘭船を砲撃せし時の事情と豪も異る処なし。英仏聯合艦隊の長州攻撃するや特に膺懲といふが如き無意味なる主張をなさざりき。元来国と国との争奪にはいづれが是いづれが非なるや論究するに及ばず。又論究せむとするも得べからざるものなり。戦争の公平なる裁判は後の世の史家の任務たるのみ。（『断腸亭日乗』岩波書店、一九八〇年）

偏狭な「日本精神」

まず、つぎの文章を読んでほしい。

天つ日嗣の神聖にして一系無窮なる肇国の宏遠にして雄大なる、これわが国体の核心である。古来東西に幾多の国家が興亡したが、いづれも易姓革命の下に断続した国々に過ぎず、それぞれの建国精神はあっても、これを持続したものがなく、その歴史は我が国の歴史と大いに其の性質をことにするものがある。（中略）我国民性は、敬神崇祖の念に篤く、また包容創造の力に富むを以て、自ら崇高なる国民精神を生成発展せしめたのである。大和魂といひ、日本精神と呼ばれるのは、即ちこれである。国史の成跡は、即ち国民精神の凝って成れるものにほかならず、皇国の使命は、この崇高なる伝統的国民精神の発揮によって達成されるのである。

右の文章は、昭和十八（一九四三）年刊行の文部省編『師範歴史　本科用巻一』の序文の一部である。義務教育に携わる教員の養成を目的とする師範学校の歴史教育の目指すものとしては、これも当然のことであった。いわゆる皇国史観は、昭和十二（一九三七）年発行の文部省編『国体の本義』や、同十六（一九四一）年発行の文部省編『臣民の道』などで強調され、歴史教育を通じて国民道徳の育成を目指したのである（久保義三『昭和教育史』〔三一書房、一九九四年のち東信堂、二〇〇六年〕、拙著『太平洋戦争と歴史学』〔吉川弘文館、一九九九年〕）。

しかし、批判的な意見もないわけではなかった。意外というべきかもしれないが、著名な右翼の思想家津久井龍雄の文章である。昭和十六（一九四一）年に出た論集『文化と政治』（桃蹊書房、一九四一年）を見よう。彼はいう。

学校教育の中で歴史の教育が重んじられることは結構な事である。だが、歴史を国民道徳の振興、国民理想の昂揚のために用いようとするときには注意すべきことがある。ある時代にあって国民の亀鑑たりえたものが、他の時代において、その反対のものに転化することもあるということである。歴史が人間の歴史である限り、時に弱点あり、時に暗影あることはまぬかれないが、だからこそ深き教訓もある。歴史を強いて美化して自己陶酔する国民の大いに興隆することは稀である。むしろ、国家が大いなる前進をする時には、必ず内省が求められるのである。この際、日本精神の特徴は、支那精神や西洋思想と接触して初めて意識にのぼるのであって、儒教・

仏教・西欧思想を十二分に知る必要がある。偏狭なる日本精神は真の日本精神の敵である（津久井の文章を要約した）。

実情を知る者の懸念

昭和十四（一九三九）年八月九日付をもつ「在留邦人ノ言動ヨリ得タル国民教育ニ関シ軍部ヨリ観タル要望事項」なる、済南陸軍特務機関の記録がある。要望書は、「日本人ニ対シ対外発展ノ為メ雄大ナル気魄ノ教育ヲ要ス」と書き出す。在留日本人や中国人に対する態度を見ると、島国根性そのものであるし、戦勝国民としての優越感に陶酔して、支那人の長所を知らない。支那人と見ればみなこれを劣等視するのをやめよ。

第二に、支那の歴史と民族性、風俗・習慣を知る必要がある。

第三に、今は軍事力で威圧しているが、軍隊が撤退したらいかなることが起こるか、心もとない。そのためには、日本人は、支那人から尊敬されるよう努めなければならない。

第四に、日本人は支那人の長所、とくにその経済観念に学ぶべきである。

第五に、日本人は、一攫千金の夢を放棄して、自ら額に汗して堅実なる地盤を築く覚悟をもたなければならない。

第六に、日本の民衆に戦争の意義を徹底させなければならない。そして、利権漁り、目先の利を追うに汲々たる企業家・資本家は反省せよ。

第七に、在留邦人の品位向上が必要である。

第八に、防諜観念を養う必要がある。

第九に、事変処理について、徒に悲観的な見解を流布してはならない。

第十に、軍の名を悪用して商売をしたり、利権を得ようとしてはならない。

結語では、「日本人タルモノ大イニ自主自爰自己ノ一手一投ハ一ニ日本国ニ関スルモノナルコトヲ自覚スヘキナリ」「無知ヨリ来ル態度ト不用意ヨリ来ルモノト或ハ劣等民族視スルヨリ無意識ニ行ハルルモノアリト雖モ之カ矯正ニハ要スルニ差シ当リ教育ノ力ニ依リ各自ノ自覚ヲ促進スルヲ緊要トスヘシ」と述べる。

しかし、昭和十四（一九三九）年の「満支方面日本人小学校教員養成師範学校特別学級生徒養成ノ要項」（文部省）を見ると、八紘一宇の精神に基づく興亜政策の力説とか、部落また家庭における神事・祭祀について詳述することとされ、「神祇概論」「神社概論」「祝詞」「祭式行事作法」の授業に多くの時間を割いている。

広大なる戦場

昭和十三（一九三八）年のよく知られた流行歌の一つに、時雨音羽の「チンライ節」がある。その一節に、

刀などは不要不要（プユプヨ）アルヨ
ケンカ良くない、麦蒔くヨロシ
チャイナなかなかひろいひろいアルヨ
チンライ　チンライ

とある。当時の状況下では、これは「危険な」歌であったと思われるが、その頃はそのようには思われなかったらしく、発売禁止にもならず、却ってレコードは大量に軍に買いあげられ、これを歌った樋口静雄は、召集されたが四年間ほとんど軍務に就かず、歌ばかり歌わせられていたという（時雨音羽編『増補　日本歌謡集』社会思想社、一九六三年）。

正木ひろしは書いている。「戦況の地図をひらいて見ると、忠勇苛烈なる皇軍の占領した地域の広大無辺なのに驚く」「我々は果たしてこれだけの大領域を将来消化して行けるだろうか」「一時の気休めのための戦争としては犠牲が余り大き過ぎる」と。

戦場は拡大する。当初の考えは、陸上部隊数個師団の投入で中国軍に打撃を与えて、早期に終息へともっていけるのではないかというものであった。しかし、上海における中国軍の抵抗は予想外に強く、昭和十二（一九三七）年九月に三個師団、十月には四個師団を注ぎ込む結果となった。華北では八個師団を動員して戦線を拡大し、河北省の大部分を占領した。

中国大陸は広大であった。初めて大陸を歩いた兵士たちは、ゆけどもゆけども果てしなく続く麦畑や高粱畑に驚異の目を見張った。そして、歴史に裏付けられたこの国の底力を感じないわけにいかなかった。

慢々的と　いやしめいへども　支那国の　古き力を人疑わず（倉田昌平『昭和万葉集』巻六、講談社、一九七九年）

と認識を新たにするのである。よく知られているように、日本軍は中国大陸を「面」として制圧することはできず、「点」を抑えたにすぎなかったのである。

戦場を見た人びと

陸軍報道部は「敵抗戦力の検討」という記事で「若干の抗戦余力を持っており、抗戦意識もなほ侮り難く、すぐには参らぬ」と認めざるをえなかった（昭和十七〔一九四二〕年二月『週報』三〇六号）。実際に戦場で戦った兵士も、

機関銃に　しがみたるまま　こと切れし　支那中学生を　兵は讃えぬ（芳野滋『昭和万葉集』巻四、講談社、一九七九年）

あっぱれ　銃床についたまま　死んでゐる　この支那兵は　まだ若い（水野清一『昭和万葉集』巻五、同右）

とその敢闘を讃えるのである。また、

国と国　あひたたかふも　この捕虜に　吾れ憎しみの　心持たなく（田中寅雄『昭和万葉集』巻八、同右）

学生軍の　死骸ひとつ埋めたり　彼を生みたる　母をかなしみて（佐藤徹『昭和万葉集』巻四、同右）

我が兵と　敵兵の墓標が　それぞれに　並び建ちたる　丘は高からず（酒井光『昭和万葉集』巻五、同右）
遠し来て　ここに死にたる　敵兵はついに　故郷に帰ることなし（小泉苳三『従軍歌集　山西前線』）
亡骸は　敵と味方を分ためや　弾飛ぶなかに　曝されてあはれ（同右）

と、戦うことの虚しさを思うのである。また、昭和十二（一九三七）年に応召した中地清は、大陸に転戦し、武漢作戦にも従軍した。のちに彼は無事生還し、詩集『征旅転々』（一九四一年）を編んだ。中地は、湖州で「背の子のために、あえぎつつ、飯を求めて歩く」中国人の母親の姿に自分の母の姿を重ね合わせ、「その姿　神に似し」と歌った。心やさしい中地は、「敵屍に祈る」と題する詩をも書いている。

あちらに三つ
こちらに五つ
ごろごろと横たわる
敵の屍　まるで
野良犬のそれに変らず
　　………が敵とても
家もあろうに
帰りまつ　親もあろうに
無事いのる　妻もあろうに
散り去りし
友に流せし涙をわけて
せめて一滴手向けてやらん

（高崎隆治編『無名兵士の詩集』太平出版）

中華民国三十一年

中国の人民や兵士に対して、日本の兵士たちは必ずしも憎しみのみで戦ったのではない。当然のことながら、兵士たちは非戦の歌を歌うことはできなかった。しかし、彼らが戦争讃歌を歌わなかったことを、私たちは評価しなければならない。

岩井五郎は昭和十三（一九三八）年に衛生兵として応召、のち中支派遣軍報道部に勤務し同十八（一九四三）年に現地除隊となった。草野心平に詩を学び、雑誌『亜細亜』の同人であったが、二十二（一九四七）年上海で死亡したという。彼は若い中国兵士を殺したが「重慶軍無銘兵士へ」と題する詩を書いている。

君の若い血は
燃え噴いて
城壁に
ながれた

いま
さらに僕は
君の血を踏み
新しい道に赴かねばならないが
君の血の色を

たしかにおぼえていよう
何時の日か
かならず何時の日かに
君の出血がきれいな伝説になるような
うつくしい中国がもりあがってくる
巨きな中国がもりあがってくる
その日まで
中華民国三一年六月七日　僕は君を仆した

岩井は敵を殺すことによって深く傷ついた。しかし、彼にはこの戦いの意義を捉える力があった。彼は「支那」といわずに「中国」といい、「昭和十七年」といわずに「中華民国三一年」という見識があった。為政者は「不逞の輩」とか「鬼畜米英」などと称したが、兵たちは、対峙する「敵」を「鬼畜」などとは呼ばないのである。

また、作家火野葦平が子どもたちに宛てた手紙は、ごく普通の父親の気持ちを代弁しているといってよいであろう（昭和十三〔一九三八〕年一月十一日付）。

支那人ハ　カワイソウダヨ　センソウノタメ　家ハヤカレテシマイ　食べモノハナク（中略）四日モ五日モ　タベナイトユフモノガタクサンアル（中略）カワイソウナノデヤリタイケレドモ　トウチャンタチモアンマリ　タクサン　タベモノガナイ　五ツカ六ツ　クライノ　コドモガクルト　タケシヤ　ミエコタチノコトヲ　オモヒダシテ　トウチャンノゴハンヲ　ハンブン　ワケテヤル　ケフ　オバアサンニ米ヲスコシ　ヤッタトコロガ　ダカレテオッタ　三ツクライノ　女ノコドモニ手ヲアワセテ　オガンダ　トウチャンハ　ナミダガデタ」（『朝日新聞』平成十五〔二〇〇三〕年二月八日夕刊）

昭和十四（一九三九）年、上映禁止となった映画『戦ふ兵隊』を作った亀井文夫はのちに書いている。

ぼく自身、腹の中では、戦争の中絶を心から待望していた。戦場にあっても、中国人に対して「敵」という意識はまるで持てなかったし、一片の憎しみの感情も持てなかった。……僕にしてみれば、必ずしも気負った気持ちで反戦映画を作ろうとしたわけではなかったが……戦争で苦しむ大地、兵隊も農民も含めて、そこに生きる人間、馬や一本の草の悲しみまでも、のがさず記録したいと努力した（亀井文夫『たたかう映画』岩波新書、一九八九年）。

多くの日本人が「大東亜共栄圏の建設」「暴支膺懲」などのスローガンの下に大陸での戦いを正当化した中にあって、わずかとはいえ、批判的な人びとのいたことは救いであったといえよう。

（二〇〇三年十月四日「JCC中国講座」での講演原稿に加筆・修正）

過去と未来の間に
―明治時代の歴史像―

ピエール　スイリ

歴史全般、そしてとくに自国の歴史の表象は現代人の創造の世界の形成に貢献し、またその経験に影響を与える。歴史の表象は勿論中立的なものではない。歴史はそれ自身が歴史家の研究の成果と言えるが、それだけでなく歴史上のある時期における社会で提起された問題点を反映しているものであるとも言える。ここでは、明治時代の日本の場合において主な歴史に関する変移がどのように過去の表象、そして殊に未来の表象に影響を与えたかということを検討してゆきたい。そのために、この研究をするうえでの鍵となる日本史上の二つの時期に焦点を当てる。第一の鍵となる時期は日本の政体が変化を見、日本のエリートが他の国々との関係に関する認識を変えた一八六八年前後である。第二の時期は日本がますます国家主義に傾き帝国主義大国としての自覚をもち、そして植民地拡大政策に身を投じ始めた明治末期である。

明治維新の意義は日本では当然ながら、他の国々においても歴史学の考え方そのものに関する議論の対象となっている。明治維新以来しばらくの間日本は政治的、経済的、文化的近代化の道を進むこととなった。

一

幕末時代のアメリカ人の到来、そしてそれに続く多くの他の西洋人の到来は変化の進展を加速させ、また王制復古のためのクーデタに至らせたと考えられることが多い。このような観点から見ると、近代化は西洋との遭遇によってもたらされたものだとみなすことができる。ここから蘭学の重要性が喚起され、また江戸時代の社会に多少とも与えたその影響が認められる。このような洋学に対する日本人知識階級の欲求は日本の知的開化の度合いに比例する。つまり、開国前に一種の文化的開国があったと言えるのである。

あるいはまた、江戸時代における近代化潜伏期の進展の根本的な重要性を主張した歴史家もいる。そのような歴史家は江戸時代の社会のなかにあった経済・発展を強調しながら、国学の運動が古い思想形式を批判するうえで知識の近代化への道を開いて、中心的な役割を担っていたことを指摘する。

近代化の進展の早さと西洋人の担った役割を明らかにするために外的要素の重要性を説く学者（ここで浮かぶ疑問は西洋と接触した国々が至る所で植民地化され、または監視下に置かれたにもかかわらず、何故日本だけが近代化を果たしたかということである）と、西洋人は歴史を加速させる役割のみを果たしたとし、経済的、文化的な内的要素の重要性を説く学者（このなかには日本国民の天分から来るなにか奇跡的なものがあったと主張する者もいる）の間に交わされている議論が二十世紀の後半よく行われた。

この議論のなかでは中国の果たした役割が全く現れてこない。ところで、江戸時代が日本の歴史のなかで古典的中国思想そして朱子学という中国思想が日本の社会的、精神的構造に深く浸透した時期であることは明らかである。西洋人の到来の時代ほど日本が、「中国化」されていた時代はない。このような中国思想、または少なくとも中国思想のいくつかの形態の受容は、逆説的ではあるが蘭学や国学と同様古い秩序の打倒に貢献した。
明治維新の発端を担った日本の指導者は、確固たる政治的・宗教的確信をもった思想家ではなかった。彼らはどちらかと言えば実用主義者であった。明確な思想ほとんどはもっていなかったが、全くもっていなかったというわけではない。国学の運動や西洋からの影響にもかかわらず、明治の人間の大多数は儒教の伝統のなかで育まれ、多くの者が儒教を部分的に棄却したとしても、知的観点においては儒教の伝統のもとに育て上げられていたと言える。儒教の伝統は彼らの政治的見解において重要な役割を担っていた。そしてその見解は過小評価されるべきではない。そして十九世紀に日本のエリートのメンバーが共有していた歴史に対するある見解は広く認められている。以下ではその見解を簡潔に説明していきたい。

中国の思想家は中国の歴史があるサイクルをもって展開されているようだということに昔から注目した。中国の歴史においては、中央集権化した政府が官僚制度のトップであり、国が司令官、知事や地方公務員などによって統治される郡や県に分割されていたいくつかの時代があったのである。

このような体制を指すのに、中国では、郡と県に国が分割される体制を意味する郡県制という言葉を用いた。紀元前二世紀に始まる漢朝と七、八世紀にわたる唐朝はこのような郡県時代であったと見られている。その他の時代においては、皇帝は自分の領地の管理を、地方を統治していた権力者あるいは領主に封地という形をとって委ねていた。このような体制を中国では封建と呼んでいた。紀元前十、十一世紀ごろの周の時代、また戦国時代が封建時代とされている。当時から見て二〇〇〇年近く前からこれらの中国的概念は中国の古典的文学に現れていた。かのヘーゲルも、東洋の専制主義の構想を組み立てるためにこれらの概念を用いた。そしてこれらの概念は、中国の歴史において歴史と言うものは繰り返されるサイクルに則って展開するという見解にもとづくものであった。後にカール・マルクスによってこの見解は踏襲された。

日本ではこれらの中国の概念は既知のものとなり、とくに江戸時代中期に再利用された。日本の思想家は日本の歴史は中国の歴史に類似したものでなくてはならないという考えに取り付かれていることが多かった。例えば新井白石は、一七一二年に著作『読史余論』で武家の世は日本の歴史上の封建時代に相当し、貴族がその最盛期にあった公家の時代は郡県制に相当するだろうと述べている。六四六年の大化改新から平安末期まで、日本は古代と呼ばれる時代にあった。十二世紀末の鎌倉での武家政権の創始と共に、日本は封建時代に入った。つまり、国家の権限が在地領主に委ねられたのである。天皇は将軍にその名のもとでの軍事力の行使を認め、領主は領地の地主となり、政権は分権化された。

十九世紀初頭頼山陽は著作『日本外史』のなかで、日本は源頼朝が各地で自分の臣下や家臣を守護や地頭に任命した一一八五年に日本は封建時代に入ったと主張した。このようにして中央集権時代が地方分権時代、つまり武家政権の時代に取って代わられたのである。

二

しかし、日本人は、拠り所としていた中国の概念から徐々に遠ざかっていった。中国における郡県や封建制という表現には道徳的意味は全く含まれていなかった。中国人はこれらの時代を道徳的な観点から評価しようとすることはなかった。中国の古典文献によれば、君主とその臣下達の道徳的長所が政体の理想的長所を定義し得るための唯一の根拠であった。権力のある君主であっても地方の領主であっても、統治者は賢明さと美徳をもって優秀な政権の理想像の着想を得なくてはならなかったのである。したがって、統治者が暴君であった場合、郡県制の性質をもつ政体は容赦ない専制政治に至り得たのである。その例としては始皇帝の第一秦朝が挙げられる。その反対に、封建政体は、権力のある家系間または敵対する領主間の内乱によって中央権力が全て消失した場合に無政府状態、無秩序状態に陥る可能性があった。

日本では、中国と異なった伝統を継承する歴史家が、道徳的価値の概念を導入することによって中国的概念を徐々に歪めていった。後に明治時代の指導者に及ぼした影響が良く知られている頼山陽が説明した通り、封建時代は、失われた正当性、つまり郡県時代のように天皇が実際に権力を行使していた時代の正当性を模索するあまり、権力が失われていた衰弱した政体の時代とみなされている。道徳の面から言えば、郡県制度の方が正当性を持ち合わせていた。なぜなら天皇はより権力をもち、尊重されていたからである。このことから、徳川時代のような分権封建体制の性質は古代の郡県体制のそれよりも劣っていたと言える。

さらに、中国の思想家達は自国の歴史を理解するために郡県、封建の概念に言及した。彼らはこのような物事の捉え方が他の国の現実を説明し得るとは思ってもみなかったに違いない。しかし、一八四〇年代以降、日本でこれらの概念が世界の歴史一般に適用し得るという新しい見解が生まれた。ローマ帝国時代は郡県時代であり、西洋の中世は封建時代であり、近代絶対君主制は郡県体制であるという具合である。西洋世界は権力の中央集権化により郡県時代に突入したとも言える。伊藤博文は長州藩出身の反徳川そして尊皇攘夷の活動家であり、一八六〇年代の初め、藩の命によりロンドンに留学した。日本に帰国した時、彼はイギリスで非常に有効な郡県制度を見て来たという確信に満ちていた。伊藤博文は尊王穣夷を放棄し、日本を封建制度から郡県制度に変わらせるために身を投じた。

天皇の政治的権力を復興させた人物にとって、新体制とその政治的有効性の正当性は非常に重要な争点であった。彼らにとっては郡県制度、または中央集権制度の枠組みにおける天皇の政治的復権と開国は矛盾するものではなかった。開化とは徳川によって実現された封建、または分権制度の根絶を意味していたのである。

一八七二年、徴兵制の創始にあたって、明治の指導者は徴兵の詔を出した。この勅令は新政体創始の声明であると捉えることができる。以下が若年の新天皇が宣言した文章である。

朕惟ルニ、古昔郡県ノ制、全国ノ丁壮ヲ募リ軍団ヲ設ケ以テ国家ヲ保護ス。固ヨリ兵農ノ分離ナシ。中世以降兵権武門ニ帰シ、平農始テ分レ遂ニ封建ノ治ヲ成ス。戊辰ノ一新実ハ二千有余年来ノ一大変革ナリ。此際ニ当リ、海陸兵制モ亦時ニ従ヒ宜ヲ制セザルベカラズ。今本邦古昔ノ制ニ基キ海外各国ノ式ヲ斟酌シ、全国募兵ノ法ヲ設ケ国家保護ノ基ヲ立ント欲ス。

この文章を読むと、なぜ新政体が復古の外観を呈するのかが理解できる。復古であるとするこの見解は明らかにその理論上の機能において天皇の復権という考えに身を捧げた、国学者達から来ている。しかしながら、右の文章は中国の歴史的思想から神話化された天皇中央集権体制を取り入れている。上級官吏の管理による行政区画に取って代わられた藩の廃止、文民による行政に支えられた政府の誕生、そして徴兵による軍隊は、今日当然のように近代国家の成立に向かう改良主義の措置だとみなされている。しかし、この変革を実施した人物たちにとっては、それは既に消失してしまった理想的な古い規範への回帰であった。このことから、明治は何よりもまず復古の時代であったと言えるのであり、それは天皇の権限の復古というだけではなく日本人が当時思い描いていた通りの古い秩序の復古を意味する。

明治の指導者は本当に奈良、平安時代を支配していたような古い体制を復興させたという確信があったのだろうか。その答えを出すことは困難である。しかし、十八世紀末のフランス人革命家は自らの運動をローマ共和国の美徳への回帰であるとみなしていたし、ロシアのボルシェヴィキは、一九一七年にフランス革命を再現したと確信していたということを指摘することができる。日本の場合、封建制度の廃止は失われていた自由への回帰であるとみなされていた。それは恐らく封建政体の構造と思想にけりをつけるために不可欠なものだったのであろう。

三

次に、一九〇五年の日本海の海戦後の対露戦勝に続く時期に注目しよう。若き歴史家原勝郎は一九〇六年に著作『日本中世史』を出版した。その一〇年前、原は東京帝国大学を史学専攻で卒業し、一九〇八年には京都帝国大学の教員に任命された。次は『日本中世史』の序文からの引用である。

一は王朝において致せる文物の発達は、武家時代に至りていったん衰運に向かいたりと考うるがためにして、換言すれば、鎌倉時代より足利時代を経て徳川時代の初期における文教復興に至までの歴史は、本邦史中における暗黒時代にして、多く言を費やすを要せざるものなりと思惟するによる。

余窃かに考うるにしからず。かくのごとき断定はこれ上代における支那渡来の文物の価値を過大視せるより来れるものにして、その実当時に於ける輸入の文明は、決して充分に、同化利用せられたるものにあらず。……すなわちこの時代（鎌倉時代）が本邦文明の発達をしてその健全な発起点に帰著せしめたる点において、皮相的文明を打破してこれをして摯実なる径路によらしめたる点において、日本人が独立の国民たるを自覚せる点において、本邦史上の一大進歩を現わしたる時代なることは、疑うべからざるの事実なりとす。

その著作で原勝郎は、自身が文明の発達の指標であるとみなす文物の発達と呼ぶものについて力説している。文化的様式は歴史を通して発達するものであると言う見解は一八七七年に著書『日本開化小史』のなかで田口卯吉によって提言されている。この見解は後に異なる知的潮流に属する思想家たちに継承されることとなった。例えば、大正昭和年代、国家主義的見解を持つ津田左右吉の『文学に現はれたる我が国民思想の研究』において、そして戦後にはマルクス主義に通じた思想家加藤周一の発言にも、上に述べたような見解を見出すことができる。なお、加藤周一はこの見解を一九七五年出版の著書『日本文学史序説』において展開させている。この見解が二十世紀全般にわたり全ての政治的立場を超越したことは明らかである。

原勝郎にとって、中世に生まれた新たな文明は中国文明の模倣的再現ではなく、新しく創造された文化であった。それ以降日本は単なる中国文化の模造であるとはみなされなくなったということである。原は日本の中世を独立、そして文化の「日本化」の時代とみなし、その名誉の回復を図った。原によれば、中世、より詳しくは鎌倉時代は新生日本の誕生を確固としたものにした。ここには二重の意味でパラダイムの移転が見られる。つまり、歴史上で重要性をもつ時代はもはや古代ではなく明らかに中世であり、また、時代の重要さを測る基準は郡県、封建のような国家のあり方ではなく文化の伝播であるということになった。ここで言う重要性とは中国文明からの独立という考えに結び付いたもので、健全な中間社会、つまり堅実な中間階級すなわち武士に支えられたものである。中国文化によって歪められた古代は洗練されてはいるが皮相的であり、また貴族に支配されていたとみなされる。それに反して、中世は粗野ではあるが健全であつた日本文化が武士達の間から生まれた時代であった。以上のように、原勝郎によって提示された歴史の解釈は前述の一八七二年に発布された徴兵の詔によるそれとは全く異なっている。武士政権は原によって、もはや群雄割拠を引き起こす社会の停滞の要素としてではなく、その反対に前進の要素として提示されているのである。

確かに、その間に政治的背景全般は大きく変化した。日本軍は一八九五年に中国を打ち負かした。一八九九年以来不平等条約が廃止されるようになり、一九〇五年にはロシアを破った。一〇年余りで日本の国際的地位は完全に変わったのである。明らかに新たな国の土台が必要になっていた。原勝郎は日本の伝統的思想は、中国の儒教によって歪められた正当性という概念を崇拝しすぎていると述べた。平安文化は皮相的であり、さらに女性の影響下にあったことを認めながらも、原は日中間の重要な結び付きを捨てようとする歴史の認識を発展させた。ここではこのような主張がどれだけ大きな衝撃を与えたかをうかがい知ることができる。日本が中国文化から独立したものとして徐々に自らを形成したとし、またその中国文化自体が女々しくて皮相的であると主張することによって、後にこのような反中発言が国家主義発言において反響を巻き起こしたことは予期し得ることである。

武士によって構成される中間階級の果たす役割を強調する一方で、原勝郎は国家の歴史に関する発言の核心部が社会というものにあると見方を変える。封建という側面が文化を多様な場所に分散、そして伝播させ、つまり前進の源として機能するということである。この時代になって封建という日本語の表現が西洋の言語紐におけるfeodalite　feudalism　Lehnwesonなどの表現と同じ意味をもつようになった。封建という言葉はそれまでと違った地位を得たのである。権力の分散化の古くからの概念は封建杜会という考えに取って代わられた。封建制度という概念は、洗練されているが孤立した宮中の文化と文明から離れたところにあった地方を結び付ける武装した中級階級の出現を意味する。

さらに、原勝郎は別の発言のなかで関西と関東、つまり日本の西と東の対立について強調する。明治の政権奪回の指導者がほぼ全員西南部出身の侍であったのは、「真の日本」が生まれたのは東、つまり関東にある鎌倉付近であったからであろう。ここで、原自身が、東北の最後の藩の一つであり、新生天皇制に対抗し徳川幕府への忠誠を貫いた盛岡出身であることに言及しておこう。原の言うこの地方間の対立という考え方は当時日本では主流であったドイツ流のある史料編纂法と関係がある。それは、フランス流の歴史学と異なり、廃退、衰弱したローマ帝国を侵略していたゲルマン民族に再生と進歩の役割を与えるものであった。原は明らかにローマ帝国と奈良平安時代に類似点を見出し、また中国と朝鮮半島の文化がヨーロッパでギリシア・ローマ文化が担った役割と同様の役割を果たしたと考えていた。それと同時に、原はまたゲルマン民族と東日本に類似点を見出していた。つまり、両者において封建的国家にもとづき武装階級に率いられた社会が生まれたという点においてである。また、原はヨーロッパの諸国家の誕生において封建社会がどれだけ重要な役割を果たしたかということを強調する。日本でも武士の社会的台頭と鎌倉幕府の指揮下において十八世紀に国が統一された国家として誕生したのである。

四

二〇年ほど時をさかのぼってみよう。一八八五年、福沢諭吉は、脱亜論といわれる論説を出版する。そのなかで、福沢は日本の開国以来国家としての価値は徐々に西洋の価値と結び付けられるようになり、アジアのそれと切り離されるようになっていると述べている。原勝郎はある意味で福沢に相反する見解を提示している。日本はアジアの国ではないのだから、アジアから離れる必要はないということである。日本のアジア的文化は単に表面的なもので、ついにはギリシア、ローマの影響から離れ得たヨーロッパのように、日本には固有で純粋な文化があるからである。

奇妙なことに、原はその少し前にフレデリック・ジャクソン・ターナーがアメリカで確立した理論に類似する一種の「フロンティア説」を展開した。ターナーは、一八九三年に出版され、この若手歴史家を有名にした『アメリカ史におけるフロンティアの意義』においてアメリカと言う国家が作られる過程における国境の重要性を力説した。ターナーはアメリカの精神と成功は西への拡張と関連付けられなくてはならず、また野蛮性との対決において毅然とした個人主義の国民を作り上げながらアメリカは自らを形成したと述べている。この見解は別の形でドイツ国民がスラブ人の野蛮さに直面しつつ東側に拡張しながら自らを確立したドイツ国家主義の「Drangzach Osten（東方進出）」に見出される。原はこの見解を踏襲したのである。（現時点では原がターナーの理論を知っていたかどうかは分かっていないが、十九世紀から二十世紀の転換期においてこの見解は広まっていたことは分かっている）。原は、日本の東部そして北部に行けば行くほど中国化され過ぎている西部から自立した未開の地方があり、「真の日本」を見出せば見出すほど、それは文化的に中国や朝鮮に反して形成されたものであると述べている。このようにして原勝郎は北部と東部地方の役割の名誉を回復させた始めての歴史家となった（このような見解を京都で貫くにはかなりの熱意、さらに挑発の才能が必要であっただろう。しかし、日本が明治維新以来西南部出身の幹部の手に握られていたことを考えるとこの見解は一層重要なものであると言える)。

原勝郎も歴史のなかには反復する周期というものがあり、それはヨーロッパのものと同様であると言う見解をもっていた。日本そして西洋における中世は両者ともその文化的な面にもとづいて確立する近代国家の発端となった。ヨーロッパと日本の発展という点での類似、ほぼ同時期に起こった封建時代への移行、そして武家特権階級の優勢は確かに日本がアジアの国ではないことを明らかにする。また、この考えは多くの原の同時代人にも支持された。例えば、中田薫や福田徳三は異なった方法を取りながらも原の見解とかなり近い立場を取っていた。

原自身、そして二十世紀になり原の見解を守った歴史家達は明治以降三十年にわたり武士階級の名誉回復に尽力した。しかしそれは古い規範への回帰の必要を説いた反動的発言とは全く関係がなかった。それはむしろ中級階級、日本の文化的独立、「古くからの」中国の影響との対立への賛歌であり、西洋と共有するかも知れぬ共通の歴史という見解と呼ぶにふさわしいものであった。このような視点に立って、原勝郎は明治創立の発言を否定し、二十世紀における歴史の表象の大部分を構築することになる新しいパラダイムを生み出し、そして、究めていった。

武士階級の名誉回復は当然一八六八年のそれとは異なった新たな文化的背景において進められた。別々のやり方で岡倉天心と新渡戸稲造は同時期に近代国家主義発言の一環として日本の独創的な文化的伝統像を再建した。自国の政治的矛盾と権力のなかで身動きの取れなくなった中国に直面して、中国と根本的に異なる日本という考え方は当然日本の国家主義的理想を助長することになった。一般的な機能の仕方と言う意味で西洋の封建制と類似する日本の封建制という考え方は、当然マルクス主義に通じた歴史家達に踏襲されることになる。最後に、日本がアジアの国であるだけにいっそう純粋であるという見解は当時の藩閥政治に対する戦いのなかに組み込まれる。しかしながら、西部と東部における歴史的周期の相違という考えを導入すると同時に、原勝郎は日本の歴史的不均質性という考え、つまり、戦後になって却下されることになるのだが、日本の歴史的発展における複合性を導入する考えを提示した。

逸話的ではあるが、歴史の進展を理解する上で全く有用でないと言う理由から「郡県期」という中国の概念が二十世紀初頭には完全に消失したことに注目することができる。この概念にとどめの一撃を与えたのは恐らく原勝郎であろう。それに反して、封建という概念は保持され、分権化状態ではなく封建制度の西洋観念を表す学術用語になった。

五

結論として、いくつかの点について指摘しておこう。

まず本論で例として引用した二つの文章は同じ立場に立つものではないことを指摘しなくてはならない。一つ目の文章は公式のもので、明治時代の幹部による歴史に関する多くの表象の優れた要約になる一種の知的妥協であると言える。二つ目は本職の歴史家の手による文章である。しかし、この原勝郎の文章は二十世紀初めに広く読まれ、頻繁に論評され、そして全国に広まり遂には新たな歴史の描写を生み出す一種の「歴史物語」を創出することになった。明治時代末期になされた原の発言は長い間歴史に関する描写に絶大な影響を与えた。それは司馬遼太郎のような「国民的作家」の作品中にも大きな変化はなく見出される。

明治維新頃に中国の影響がどれだけ強いものであったかは上記の通りである。今日、中国の影響は、むしろ、西洋の近代主義的発言の重要性を力説する傾向にある歴史家達によって過小評価されているようである。しかし、一八六八年の時点では、優位に立ち新政体にある意味で正当性を与えたのは確かに中国流の見解、または少なくとも日本人が思い描いていた中国流の見解であった。

「中国流の」歴史に対する見解によって提示された諸問題と原勝郎によって提示された問題点の間に立って、我々は、政治的争点が明らかに進歩したことから、方針の変化と新たなパラダイムの出現を目撃することになる。一八六八年には、古い徳川政権を終結させなければならなかった。一九〇五年以降には、日本は西洋の国々に対して対等（または競争相手）として自らを確立する必要があった。ここで我々は明らかにフランソワ・テルトークが観点の完全転換の実行を伴う歴史性の体制の変化と呼ぶものを認めることができる。その時点で封建制度の概念は、西ヨーロッパと日本間を比較する発言を出現させ得るという意味で、重要なものとなった。その概念はユーラシア大陸の両端における歴史の類似という観点を弁護しうるものでもある。後に、それによってマルクス主義者達は歴史と言うものは段階を経てゆくものであり、また明るい未来に向かって進むものだと言うこと示し得た。事実、封建制度は日本で成功を収めた資本主義の萌芽をもち合わせていたのである。この点も日本と西洋の比較の有効性の基盤になり得るだろう。

歴史家が、原勝郎によって初めて明確にされたパラダイムを離れ、地域史、空間の複数性、時間性そして社会や人間の多様性などの観念を用いて新たなパラダイムを構築し、また国家というものにもとづいた歴史を解体するためには一九八〇年から九〇年代の新しい世代の歴史家の出現を待たねばならなかった。

参考文献

原　勝郎『日本中世史』講談社学術文庫、一九七八年。
永原慶二『歴史学叙説』東京大学出版会、一九七八年。
永原慶二『二〇世紀日本の歴史学』吉川弘文館、二〇〇三年。
鹿野政直『近代日本思想案内』岩波文庫別冊、一九九九年。

「南北の塔」をめぐって

中野栄夫

はじめに

一昔前の沖縄旅行は南部の戦跡廻りが定番だったといえるが、最近はその内容も、国際通り散策、首里城をはじめとする世界遺産めぐり、玉泉洞見学、あるいは離島めぐり、などと多様化しているようである。それでも、ひめゆりの塔や、平和祈念資料館を中心とする沖縄県立平和祈念公園は、高校生の修学旅行では今でも欠かせないポイントとなっている。ひめゆりの塔は、そのもととなる話が小説化さらには映画化されて慰霊塔として有名な存在であるが、慰霊塔はその他にも多数存在する。それらの建設主体はさまざまであり、また慰霊されている所属も県別のもの、部隊別のものなど、さまざまである。

そんな数多い慰霊塔の中で、アイヌの人たちが特別の思いを寄せているのが「南北の塔」である。たとえば、「そのことを川村カネトアイヌ記念館の川村兼一さんに話したことがあって、今年（二〇〇五年）五月、沖縄の真栄平《まえひら》に行きますけど一緒に行きませんかと誘ってくれた。川村兼一さんが沖縄本島南部の激戦地跡に建立された慰霊碑、「南北の塔」

でイチャルパ（慰霊祭）を行っていることは知っていたし、さしつかえなければぜひ同行させてほしいとお願いした。」[1]との体験も紹介されており、また平成十七年度（二〇〇五）アイヌ文化奨励賞（個人）を受賞した志気フミさんの事蹟として「昭和四一年　現沖縄県真栄平に建つ「南北の塔」建立に協力する」[2]と記されているなど、アイヌの方々が南北の塔に対する深い思い入れを持っていることが知られる事例は数多い。しかし、そのような南北の塔に対するアイヌの思い入れに対して、地元の方が反発を感じていることも事実のようである。ここでは、南北の塔をめぐっての問題について、考えてみることとしたい。なお、この塔に関しては、以下に述べる如く、文章のニュアンスが問題となっているので、原文のままの引用が多くなることをあらかじめお断りしておく。

一

南北の塔は、あとで詳しくみるように、大分前に造られたものであったが、造られてからすぐさまにアイヌの人たちの間でシンボル的存在になったわけではなかった。それには、「発見」が必要であった。「アイヌの墓」として有名になったのは、以下に紹介するような経緯があったからである。

一九七八年（昭和五十三）に教育研究会全国大会（全国教研）[3]が沖縄で開催されたが、それに参加した鷲谷サトさん（当時浦河町在住）は、夜ホテルに沖縄国際大学の講師の安仁屋政昭氏が講演に来たので、この際にと、講演が終わった後、あとを追いかけてつぎのように思いを語った。[4]「北海道の歴史の中でアイヌの受けて来た差別、言葉で表現出来ない程の屈辱をうけ乍ら生きて来た。そして成人した時、紙切れ一枚で応召されて此の沖縄迄連れて来られて殺されても、ひとかけらの骨も帰らなかった。沖縄戦で一番多く兵隊さんの殺された場所を知り度い。教えて下さい。従兄の血のにじんでいるであろう土をひとにぎり持って帰りたい。」と。安仁屋氏はアイヌの話で思い出した、といって話したのは、沖縄に「アイヌの墓」のあること、住民と交流のあったアイヌ兵士の話などであった。(5)鷲谷さんが飛びつくように「地名を教えて下さい、場所を教えて下さい。」といったところ、安仁屋氏は、三十日に案内してあげましょうと約束したのであった。

三十日の戦跡めぐりの日、安仁屋氏と沖縄戦を考える会の知念聰氏（カメラマン）が案内役をつとめた。鷲谷さんは南北の塔の前でムックリを奉納演奏し、つづけてウポポを歌ったが、それにあわせて同行の城野口百合子は踊り出したという。(6)

この話から知れるように、全国教研に参加した際、鷲谷さんは安仁屋氏から「アイヌの墓」があると知らされ、南北の塔に案内されたというのである。のちの行論のために確認しておくと、鷲谷さんたちは「アイヌの墓」として紹介され、案内されたのである。この記述が正しいとするなら、「アイヌの墓」と決めつけたのは、鷲谷さんたちではないということとなる。

さて、この話が広まったのは、この情報によるものだけではなかった。それがある本に取り上げられたからであった。ある本とは、橋本進『南北の塔　アイヌ兵士と沖縄戦の物語』（草土文化、一九八一年。以下単に『南北の塔』）である。この本によって南北の塔が造られた経緯や、また鷲谷さんたちの経験も広く紹介されたのであった。じつは、この本の著者橋本進氏もこの全国教研に参加し、鷲谷さんたちとともに安仁屋氏の案内で、この時も南北の塔に同行していたのである。(7)

二

『南北の塔』には、南北の塔建立の経緯がつぎのように記されている。

一九六五年（昭和四十）、この物語の主人公とでもいうべき弟子《てし》豊治氏は、帯広のお坊さんから、沖縄の子どもにアイヌの舞踊や歌を披露してほしい、という八重山教育委員会の依頼を伝えられた。弟子氏は一族の人たちを中心に一三名のグループをつくり、三カ月間、竹富島、宮古島など六島を巡回した。弟子氏は沖縄本島に着くと、まっさきに真栄平部落を訪れたのであった。沖縄戦からちょうど二十年目であった。弟子氏が、そのように真栄平に直行したのは、弟子氏も沖縄戦に参加したが、弟子氏の属した第二四師団の「山三四七六部隊」は、このあたりに展開していたからである。(8)

ちなみに、「山三四七六部隊　故将兵之霊」を祀る「捜索二十四聯隊慰霊之碑」が、南北の塔の左隣にある。

弟子氏が訪れたとき、周辺の遺骨は南北の塔の横の自然壕の中に集められて、その数は約四五〇〇体分あったといい、奥深い壕の中から入口まで累々たる白骨の山であったという。以下、『南北の塔』から引用する。

「このままにはしておけない。何とかしましょう」―弟子さんは、仲吉家の人びとや部落の人びとと相談し、「来年必ずくるから」といい残して、帰りました。

翌一九六六年、弟子さんは「アイヌ物産展」をもって再び沖縄を訪れ、真栄平部落をたずねました。ちょうどそのころ、自然壕の白骨の山を、那覇の識名墓地へ移葬する計画が、琉球政府から示されていました。弟子さんは、これに反対しました。みんなここで亡くなった人たちじゃないか。この中には土地の人もいれば、他県から連れてこられた人もいる。死んでからまでトラックで運ばれて、関係のない土地へ埋められるのはおかしいじゃないか―と。当時の区長・金城善清さん（現糸満市議）をはじめ、部落の人びとも賛成しました。

こうして部落の人びとが五円ずつくらい（当時のお金）を出しあって納骨堂を、弟子さんたちの拠出でその上の塔を建てることになったのです。

「ここには、地元の民衆が眠っている。兵士として連れてこられて死んだ北海道の民衆も眠っている」

―という意味で、塔の名は「南北の塔」と名づけられました。そして弟子さんは、その塔の側面に、アイヌである自分の思いをこめて、「キムンウタリ」（山の同胞）と彫りこんだのです。

一九六六年十二月二十二日、除幕式がおこなわれ、住民約六十人が参加し、弟子さんたちに感謝状をおくりました。[9]（中略）「（中略）だから、南北の塔をたてるとき、まつるのはわが部隊の者だけにしようとか、アイヌだけとか、住民だけとかにしようという考えは、まったくなかったね。だって、そこにうず高く積まれているお骨は、地元の方のものでもあるし、山部隊の人のものでもあるし、また、球部隊、石部隊の人たちのものでもあるでしょう。そしてウタリのものでもあるんだからね。だから、南の人も、北の人もという意味で、ごく自然に南北の塔という名前にしたんです。ただ、私がアイヌだし、山部隊にいたから、横にキムンウタリと刻んだわけです」

これを読めば、南北の塔は弟子さんの主導で建立されたと読める。したがって、それが正しいとするならば、南北の塔がのちに「アイヌの墓」と意識されるのも、もっともといわねばならない。しかし、本当に南北の塔は弟子さんの主導で建立されたのであろうか。

三

インターネットで「南北の塔」と打ち込んでサイト検索したら、「書き換えられた碑文に思う～沖縄　南北の塔～」という興味深い文章に遭遇した。その文章の筆者である平井敦子氏に引用許可を願い出たところ、快くお許しくださった。ただし、原文は『歴史地理教育』六五六号（二〇〇三年七月）に掲載されたものであり、そちらから引用したことにして欲しいとのことであったので、そちらの文章「「南北の塔」─書き換えられた碑文に思う」を全文引用させていただく。[10]

二〇〇一年夏、一三年ぶりに沖縄の「南北の塔」を訪れた。「ぜひ見てほしいの」と友人を伴い、真栄平集落に向かった。橋本進氏が草土文化から絵本のような形で『南北の塔』を出版したのは一九八一年、多くの人はこの本によって塔の存在を知ることになったのだろう。私は一九八八年にはじめて沖縄を訪問する機会を得て、一人真栄平に向かった。その時に、碑に刻まれた「キムンウタリ」の文字と、粗末な木製ではあるが解説碑文中にある「アイヌ」の文字が強烈に印象に残った。

だが再訪した塔の前にあの解説板がないのだ。しかし先入観とは怖いモノで、木製と思いこんで探していたから見つからないわけで、周辺整備にあわせて立派な解説が御影石か何かに刻まれしっかり設置されていた。……だが、文章が違う。おかしい、記憶違いか、そんなはずはない、「たしかアイヌっていう文字があったのよ。そうじゃないとこの塔に刻まれているキムンウタリの説明がつかないじゃない。」あわてる私に友人が言う。「書き換えられたの？　何かあったんじゃない？」

「アイヌ」は意図的に消されたのだろうか。

なんともどろどろした気持ちを抱えたまま帰札した私は、さっそく一九八八年のアルバムを開いた。間違いない、記憶違いなどではなかった。新旧二枚の碑文を写真で比べながら、何か起こったのか考えた。

さっそく、歴教協のメーリングリストでも「おかしいんじゃないか」と情報を流したが、その返信中で、橋本版『南北の塔』にはその後いろいろ批判があったことを教えてもらう。簡単にいうと、アイヌ側に肩入れしすぎて事実から離れた美談になっているのではないか、というようなものだ。この塔は本来、住民が六千から八千体といわれる名前もわからぬ遺骨をガマに集め、共同の墓を作ろうとしたことに始まる。その動きに、真栄平に戦時中駐留していた北海道「山」部隊の一員のアイヌ兵弟子氏が共鳴し、民族からカンパを募り碑石代とした、ということだ。地区住民からすれば特にアイヌ民族との友好連帯を願ったわけでも、アイヌを意識したつきあいをしていたわけでもなく、純粋にあの沖縄戦で集落人口約九〇〇人のうち、生存がたったの三四九人という悲劇に、生き残った者たちの使命として戦死者を供養しなければと思った、つまり、行政による慰霊碑とかではなく、住民の住民による住民のための「墓」がメインであり、だけどそこに関わる他県出身兵の死にも思いをよせている、ということだったのだ。このように、真栄平住民の思いや主体的な努力の記述が不足しているという指摘をうけて、橋本氏は一九九四年、草の根出版の「母と子で見る」シリーズで『沖縄戦とアイヌ兵士』を執筆している。

よくよく手元の写真を見ると、木製碑は「昭和六二年六月」、石碑は「平成元年三月」とある。石碑を建てるまでの仮碑としての存在はわずか一年七か月。私はその隙間に訪問したというわけだ。私がこだわった文字はあくまで「仮」のものなのだから世間では記録にとどめられない。だが、それでも私はこだわる。碑文の検討とは、慎重に慎重をかさね、短い文に事実と思いをこめる作業だ。ここに「仮」に立てた碑文があるとして、それを変更するにはそれに対する「意見」がなければならない。どのような意図で消されたのか、それとも弟子氏らが遠慮したのか。いずれにしろ、この碑を訪問する人たちのよりどころは、この解説碑文であり、塔の文字しかない。このままでは「キムンウタリ」の意味はなぞのまま歴史に埋もれてしまう。

毎年五月頃、南北の塔前でアイヌ民族も出席し供養祭が開かれる。主催する「連帯する会」のまよなかしんや氏に電話で碑文について聞いてみた。碑文の変更は知らなかったと言うが、四〜五年前にその場にやってきてビラをまいた人々がいるという。「歴史をねじまげるな」とか「アイヌの墓ではない」とかいう内容だったはずだ、とのこと。ビラは残っていないが、たしかに真栄平にアイヌがかかわることに批判的な人々がいるらしい。気になる話である。

これによると、『南北の塔』によって南北の塔がよく知られるようになっていたようである。平井氏は、アイヌ側に肩入れしすぎて事実から離れた美談になっており、真栄平住民の思いや主体的な努力の記述が不足しているという指摘があったこと、を認めつつも、そうではあっても、古い案内板[11]にあったアイヌにまつわる記述が新しい案内板[12]にはなく、それでは碑に刻まれた「キムンウタリ」の文字の意味が歴史に埋もれてしまう、と主張している。平井氏は最後のところで、「たしかに真栄平にアイヌがかかわることに批判的な人々がいるらしい。気になる話である。」と書いておられる。私もそのことが大分気になった。そしたら糸満市議会で、この南北の塔が取り上げられたことがあることをWEBで知った。どうやら、編纂中であった『糸満市史』で、南北の塔を地元住民の納得のゆくように記述して欲しいという主旨のようである。そこで、糸満市議会事務局にうかがい、南北の塔にかかわる市議会議事録のコピーをいただいた。以下、議事録によって糸満市議会でのやりとりをみておきたいと思う。

四

糸満市議会で、南北の塔について質問がなされたのは二〇〇一年度（平成十三）第五回定例会（九月十四日開催）においてであった。そこで市議会議員喜納正治《きなまさはる》氏が、「市史編集についてお伺いをいたします」として、つぎのように質問した。(13)喜納議員は真栄平出身とのことである。

北海道出身の生き残りの一人の兵士が建設中に二五〇ドルの寄附をして下さいましたことは事実でありますが、塔の名前を南北の塔に決めたのは区民であるそうであります。塔の名称は初めは、北から南までの方々が納骨されているから北南の塔としましたが、石材屋さんに行きそのことを告げると、石材屋さんが、南北の塔の方が読みやすい、言いやすいということで、南北の塔に決めたということであります。しかし、帰道後に、南北の塔は自分が呼びかけてつくらせたとか、戦時中に真栄平区民を日本軍から守ってあげたとか、塔の名称は自分が考えたとか、いろいろな作り話をして、「アイヌ兵士と沖縄戦の物語」をつくらせたため、全国民が誤解をし、学者や指導者、平和ガイドも誤った南北の塔の紹介がされているのが現状であります。現在では、アイヌの塔と呼ぶのもいる始末であります。真心で行った真栄平区民の心を踏みにじる行為と言わざるを得ないのであります。

この際、糸満市が公の記録として戦時資料の上巻が発行される予定でありますが、この件について事実を書き残す必要があると思います。市史の編集に当たっては、地区外の学者を入れるのではなく、記載については市内でそれを証明できる生き証人を活用して事実を記してほしいのであります。多くの本に記されているアイヌ兵士が塔をつくったとか、遺骨収集を指導したとかは捏造であったということを、具体的に解説してほしいのであります。そこで質問をいたします。

南北の塔について調査をしたことがあるのか。

関係する本や資料を調査したことはあるのか。

アイヌ兵士の書かせた内容についてどう思うのか。

改正すべき点があると思うがどうか。一つ目には、アイヌ兵士が呼びかけたとか、共同でつくったとか、アイヌ兵士が名づけたとか、中央納骨堂に移すことの反対を区民に呼びかけたとか、区の人々と相談をしたとか。とりわけ真栄平区民を日本軍から守ったとか、虐げられた真栄平区民をアイヌ兵士が連帯したとかあるが、事実はどうか答弁を求めます。

これについての教育長（金城政安氏）の答弁はつぎのようなものであった。

本件については、平成一三年八月二九日付で、元南北の塔を考える会会長より、南北の塔の記述に関する陳情が提出されており、内容についてはある程度掌握しております。

一点目の南北の塔について調査をしたことがあるかについて、現地調査と地元の聞き取り調査を実施しております。

二点目の関係する本や資料を調査したことがあるかについては、関係資料の収集に努めており、また、真栄平区民からも文献資料等、多くの資料提供がありました。

三点目のアイヌ兵士の書かせた内容についてどう思うか。四点目の訂正すべき点があると思うがどうか。この三点目、四点目については、地元住民からの証言とは食い違いがあるようですが、事実確認を十分に行い、正しい歴史を後世へ伝える必要があると思います。なお、南北の塔に関し、市の刊行物、糸満市史資料編七、戦時資料下巻の中で、「真栄平の字民が昭和二二年ごろに自分の部落に戻り、遺骨収集を行い、最初はアバタガマに集めていたが、その後納骨堂を造って納めた。昭和四一年には改築して南北の塔を建立している」と記載してあります。

この教育長の答弁を受けて、喜納議員は、さらにつぎのように発言した。

実はこの本を書かせた張本人と言いますのは、弟子さんという北海道の方であります。そして、それが戦時中真栄平のある人、金城照雄さんという方にお世話になったということで、真栄平のために何かできないかということで話があって、たまたま建設中だった南北の塔に「キムンウタリ」と書かせてもらいたいという話があったそうであります。しかしそれ以前にただの棒にこの敷地内にキムンウタリという棒はあったんですけれども、まあいいんじゃないかと。同じように犠牲になっている皆さんですからという簡単な気持ちで、真栄平の区民は答えたそうであります。

しかし、キムンウタリとは、山の同胞というアイヌ語の意味だそうでありますけれども、それを刻ませても何でもないんだと思っていましたら、何かそれが一人歩きして、北海道に帰って行って、その後、真栄平の区民が、戦時中日本軍に切られていく中を、自分が真栄平の区民を救ってあげたんだと。こんな本を書かせて、そして戦後も真栄平に行って遺骨収集をしてあげた。真栄平の人たちがわからなかったのも、自分が教えてあげたというような本を書かせて、いかにも真栄平区民が無知であったかのような方向になっているわけであります。そして最後には映画化までされて、それがまた本になって、真栄平の人の威厳を取り戻すために今ここで申し上げております。

これに対して教育長はつぎのように答弁した。

この市史の編集につきましては、十分なる調査をして事実を記していくのが当然だと思っております。そのようにしていきたいと思います。以上です。

教育長の発言にみられた「南北の塔の記述に関する陳情」（元南北の塔を考える会会長大城藤六名義、平成一三年八月二九日付）[14]は、九月二十八日の議会で全議員二七名（内一名は議長）中、二四名の賛成で採択された、と議会事務局でうかがった。

五

さて、喜納議員は二〇〇三年度（平成十五）第一回市議会定例会でも、つぎのような発言を行っている。

南北の塔の件で市史編集を進めていると思いますが、聞き取り調査を行ったかどうかお聞きします。そしてその意見も尊重したのかあわせてお聞きいたしたいと思います。

これについて、教育委員会総務部長（慶留間清栄氏）はつぎのように答えている。

南北の塔の件での市史編集についてでありますが、平成一三年第五回市議会定例会の喜納議員の一般質問に対してお答えをいたしましたとおり、住民への聞き取り調査に基づいて記載しておりまして、現在、発刊に向けた校正の段階であり、特に、南北の塔の記載事項については、元南北の塔を考える会会長とも記載内容について調整を進めているところであります。市史は、後世まで貴重な資料として残るわけでありますので、今後も事実に基づく資料の発刊を心がけてまいります。

これを受けて、喜納議員はさらにつぎのように再質問している。

発刊される見通しになっておりますけれども、もっともっと地域の人たちにですね、ちょっとコピーをもらったんですけれども、私から見て、まだまだおかしい点があるわけです。ですからそういうものも、真栄平の人たちと、証言する人たちが亡くなった場合にはだれも証言してくれる人はいないんですよ、今だったらいるんですよ。だからそうやっていただきたいということを強く要望しておきます。そうしますでしょうか、再度答弁を求めます。

総務部長の答弁はつぎのようなものである。

南北の塔のことについてでございますが、主に、南北の塔を建立するときのアイヌの方々と地元の方々との関係でございますが、これも原稿についてでございますが、編集員の方々が地元に降りてじかに聞き取り調査をしておりまして、そしてまた、考える会の会長とも何回となく原稿のすり合わせをしながらやっているところでありますので、今後とも沿って発刊したいと思います。

以上でお分かりいただけたかと思うが、地元真栄平の方々は、南北の塔がアイヌと結びつけられて理解されることに対して非常に反感を持っているようなのである。このような経緯を経て記述された『糸満市史』には、南北の塔はつぎのように説明されている。肝心な点であるので、全文を引用させていただく(15)。

南北之塔

「南北之塔」は真栄平集落の北約五〇〇メートル、耕地整理の進んだ畑地の一角にある。この塔の建立の経緯は、一九八九（平成元）年に真栄平自治会の名で掲げた碑文から知ることができる。

糸満市字宇江城・真栄平・新垣は南部戦線の最後の戦場であった。米軍包囲の中で第二四師団（山部隊）が六月下旬まで抵抗していた。激しい砲爆撃の下、退路を断たれた敗残兵たちによって避難壕から追い出されたり、殺害された住民もいた。「糸満市戦災調査」による真栄平の県内所在者の戦没者は五五三人、戦没率は五五・五％である。

一九四六（昭和二一）年、米軍の収容所から解放され真栄平にもどった区民は、屋敷内や道路、田畑、山野に散在する遺骨の収集を始めた。戦禍に倒れた区民、中南部からの避難民、軍人等の身元不明のこれらの遺骨は、集落後方のアバタガマ、現在「南北之塔」が建っている場所に納められた。人々はここを「真栄平納骨堂」と呼んだ。遺骨収集はその後も続けられ、その数は数千体にのぼったといわれる。納骨堂に収容しきれなくなった遺骨は隣接する北側のガマに仮安置され、納骨堂の修復もたびたび行われた。

一九五八（昭和三三）年、那覇市識名に「戦没者中央納骨所」が完成。琉球政府は各自治会の管理する納骨所の遺骨を識名に移す計画を立て、市町村を通じて事業を推し進めた。これにより多くの納骨所の遺骨は識名に移されたが、真栄平区民は常会で遺骨を移すことに反対を決議。真栄平納骨堂には多くの肉親の遺骨があり、遠い識名に移すことは情としてしのびない、などが理由であった。

たび重なる遺骨の移送要請に対して、仮安置した遺骨を放置できず、一九六五（昭和四〇）年、区民常会で恒久的な慰霊塔を建てることを決定した。建設資金は各世帯の分担金と内外からの寄付金を充てた。敷地を購入し、字内の業者に建設工事を請け負わせ、翌年一二月二一日「南北之塔」は完成した。「ここには、沖縄戦で亡くなった北は北海道から南は沖縄まで全国の将兵と沖縄の住民が眠っている。懇《ねんご》ろに弔《とむら》ってあげたい」という地元の人々の思いが込められ、塔名を「南北之塔」にした。塔柱の側面に「キムンウタリ」（アイヌ語で「山の仲間たち」の意）とあるのは沖縄戦に参加したアイヌ人篤志家が塔名を刻む石碑を寄贈したことによる。

この塔については、「アイヌ人を祀る塔」、「アイヌ兵士が建てた」、「南北之塔と命名したのはアイヌ兵だ」、など誤り伝えられているところがあり、真栄平の有志らが塔建立の経緯を正しく伝えていこうと「南北之塔を考える会」を組織した。しかし、なお誤解を招くような内容の出版物が刊行されており、二〇〇一（平成一三）年八月、同会から糸満市議会と糸満市教育委員会に対して、正しい歴史の継承を求める陳情書が提出された経緯がある。

さて、これまで特に明示的に記さなかったが、橋本氏は旧著『南北の塔』では、かなり「アイヌ寄り」の記述であったが、地元の方からの抗議もあり、新著『母と子で見る　沖縄戦とアイヌ兵士』（草の根出版会、一九九四年）では大分その点をただしている。喜納議員の発言にもあるように、地元の方はその新著の記述も不満足なようであるが、ともかく、旧著での「アイヌ寄り」の記述が不正確であることは認めており、新著はその反省の上に立って書かれたものである。[16]

『糸満市史』の記述は、「キムンウタリ」の銘のことにも触れており、かなり客観的かつ良心的なものといえよう。しかし、問題がある。それは、南北の塔を訪れる人が『糸満市史』を読んできたならよい。しかし、『糸満市史』を読んで南北の塔を訪れる人など稀なのではあるまいか。というより、私以外に『糸満市史』を読んで訪れる沖縄県外者はおられないように思うがいかがであろうか。南北の塔を訪れた人は「キムンウタリ」という銘をみて、その意味を説明板に求めても、答は得られないのである。[17] 少なくとも、『糸満市史』での説明ぐらいは、訪れる方に提供する必要があろうというのは、以下のようなことも考え合わせる必要があるからである。

六

沖縄戦で、多くの方が戦火の犠牲となったが、先に引用した『糸満市史』の説明では、「真栄平の県内所在者の戦没者は五五三人、戦没率は五五・五％」という。しかし先にも指摘したが、南北の塔に納められた遺骨は「その数は数千体にのぼったといわれる」とされている。ということは、南北の塔に納められている多くは真栄平の方ではないということである。このことを言うのは、地元の方の被った悲劇、そして南北の塔にかける情熱とご努力を低くみているからではない。南北の塔の名にふさわしいということを言いたいからである。

沖縄戦で亡くなった方の出身地別数字は、沖縄県立平和祈念館の集計によれば、表1の如くである。当然という言い方は相応しくないかも知れないが、地元沖縄の方が圧倒的に多いことは、数字の表からもはっきりしている。それに次

表1　「平和の礎」刻銘者数（2007.6.23現在）

都道府県	人数	都道府県	人数
北海道	10,798	鳥　取	553
青　森	564	島　根	741
岩　手	684	岡　山	1,836
宮　城	636	広　島	1,349
秋　田	483	山　口	1,206
山　形	861	徳　島	1,056
福　島	1,011	香　川	1,348
茨　城	753	愛　媛	2,084
栃　木	693	高　知	1,002
群　馬	880	福　岡	4,027
埼　玉	1,135	佐　賀	979
千　葉	1,620	長　崎	1,598
東　京	3,512	熊　本	1,962
神奈川	1,333	大　分	1,482
新　潟	1,219	宮　崎	1,854
富　山	877	鹿児島	2,955
石　川	1,072	小計	76,961
福　井	1,184		
山　梨	550	沖　縄	149,091
長　野	1,367		
岐　阜	1,022	日本人計	226,052
静　岡	1,713		
愛　知	2,974	外国	14,557
三　重	2,727	アメリカ	14,008
滋　賀	1,691	イギリス	82
京　都	2,542	大韓民国	351
大　阪	2,335	北朝鮮	82
兵　庫	3,201	台　湾	34
奈　良	589		
和歌山	903	合　計	240,609

「平和の礎」リーフレットより

ぐ都道府県はみればお分かりのように北海道なのである。それに次ぐのが福岡県であり、そして東京都である。人数で言えば、北海道一万七九八人、福岡県四〇二七人、東京都三五一二人である。北海道の犠牲者数は福岡県の倍以上、東京都の約三倍である。都道府県別人口から言えば、北海道の人数は飛び抜けていると言わねばならない。そこで具体的な事例をみよう。ここでは、道南日高地方の浦河町・旧静内町（現在は新ひだか町）を例としてみたい。

浦河町戦没者は『新浦河町史』（二〇〇二年）[18]によると三四九名であるが、明らかに明治・大正期（日清・日露戦争・シベリア出兵等）戦没者と判明する四名を除くと三四五名となり、これが太平洋戦争での戦没者と見られる。そのうち三二名は戦没地が不明で、戦没地が判明するのは三一三名である。ただし二名は戦没年不記載であるが戦没地からほぼ戦没年は推定できる。そこで以下、戦没地が判っている三一三名を考察の対象としたいが、同姓同名が八組一六名いる。このうち七名は階級・戦没日時・戦没地が同じなので同一人物と考えられる。もう一名は戦没日時が半月程ずれ、戦没地が同定できないが、階級が同一であるので、これも重複とみなしておく。結局三〇五名が実数と考えられる。[19]

『新浦河町史』の記載から沖縄での戦没者を抜き出すと四六名であるが、一名は重複記載なので実数は四五名となる。

またその内の一名の戦没日時は一九四四年（昭和十九）九月三十日となっているが、その時点での沖縄での戦死は考え

表2　浦河町地域別戦没者数（昭和期のみ）

	戦　没　地	人数
1	アリューシャン・千島・サハリン（樺太）	30
2	シベリア（含むノモンハン・蒙古）	8
3	中国（含む満州）	50
4	東南アジア（含むインド）	14
5	台湾・フィリピン・ルソン・ミンダナオ・ボルネオ・ジャワ周辺（含む南洋群島）	44
6	ニューギニア・ソロモン諸島周辺（含むハルマヘラ・モルッカ）	24
7	マリアナ諸島周辺（含むパラオ諸島・太平洋方面）	30
8	沖縄	44
9	日本近海	9
0	国内（病院等）	46

『新浦河町史』より（重複は減じてある）

られず、同姓同名の者が同月日にマリアナ諸島で戦死しているので、その人物が何かの事情で重複掲載されていると考えられる。結局沖縄での戦没者は四四名となる。三〇五名中の四四名であるので、浦河町出身者で沖縄で戦没した者は一四・四％となり、戦没者のおよそ七人に一人は沖縄でなくなったわけである。

同様に、旧静内町の事例を『静内町史』（一九七五年）[20]からみると、戦没者は二三四名となっているが、うち明治・大正期戦没者が七名いるので、残り二二七名が太平洋戦争の戦没者とみられる。そのうち沖縄での戦没者は三七名である。これは全戦没者の一六・三％にあたる。静内町では、戦没者の約六名に一名は沖縄での戦没者ということとなる。

以上、浦河町・旧静内町の事例からみると、両町合わせて戦没者五三二名の内、沖縄での戦没者は八一名で、全体の一五・二％にのぼることとなる。言い換えれば、約六・六人に一人は沖縄で犠牲となったわけである。わずかな例であるが、北海道出身者がいかに多く沖縄で亡くなって行ったかを垣間見ることができる。

ちなみに、浦河町戦没者の戦没地を私なりに分類してみた。それが表2である。これをみると中国大陸が一番多いが、台湾・フィリピン・ルソン・ミンダナオ・ボルネオ・ジャワ周辺とともに、沖縄はそれにつぐ数となっている。さらにいえば、それについでマリアナ諸島周辺も多いのに気づく。その理由について、詳細に述べる用意はないが、つぎのように考えている。

まず、北海道の兵隊は、北方とシベリヤ方面を含めて中国大陸方面に多く送られたようである。これは寒さへの対応といった点が考慮されたものと考えられよう。それでは何故に沖縄や太平洋南洋諸島が多いのであろうか。その理由についてはいくつかの実例からうかがうことができるようである。たとえば、『南北の塔』の主人公ともいえる弟子豊治氏は一九四四年（昭和十九）二月八日に旭川第二四師団第八九連隊に入隊するが、入隊一週間で満州に送られた。しかし、その七月、アメリカ軍がサイパン島を占領、日本本土爆撃の基地を確保した。そのため、第二四師団は陸海軍大本営直属となり、沖縄ほか南西諸島の守備を任務とする第三二軍（司令官・牛島満中将）に編入され、満州を出発し、八月のはじめに沖縄に到着したという。また、富村順一著『皇軍とアイヌ兵―沖縄戦に消えたアイヌ兵の生涯―』（JCA出版、一九八一年）の主人公塚本健一上等兵もほぼ同様の経緯を伝えている。塚本氏はアイヌへの差別がない地を求めて満州に渡るが、そこでもやはり差別から遁れられなかった。それでも満鉄警備隊の軍属となり、親切な鬼伍長に気にいられた。しかし、その部隊は南方方面に行くこととなり、塚本氏も南方に行かないかと勧められたが、「内地」に帰ったのだという。その後旭川の部隊に入隊したが、部隊の移動を告げられ、一九四四年（昭和十九）八月三十一日の未明、沖縄に上陸したという。

同様なことは、沖縄以外でもみられた。B表では7の地域に含めたが、浦河町からも戦没者を出しているメレヨン島から生還した大浦庸生氏の体験[21]はつぎのようなものである。大浦氏は一九四二年（昭和十七）一月十日に西部第三三部隊（徳島）に入隊した。ところが一九四四年（昭和十九）一月に、南洋第五支隊へ転属命令が出たと説明を受け、一月二十日に徳島を出発、宇品に送られた。そこで第六十五独立歩兵団福山駐屯部隊の全主力といえる将兵で編成された南洋第五支隊に加わった。南洋第五支隊はそれより以前の一月四日に宇品を出て一月九日佐伯港に入港し、十一日早朝護衛艦に守られて出港したのであるが襲撃を受け、その結果欠員が生じ、四国の部隊から補充されることとなって宇品に引き返したのであった。宇品から日本郵船所属の松江丸（約七〇〇〇トン）に乗り、釜山港に着くと関東軍の兵隊が乗ってきた。そして三月十五日高雄港に入港、さらに三月二十七日パラオ島マラカル港に入港した。左舷側に戦艦武蔵がいたという。そこで任地がメレヨン島であることが知らされたという。ここでも中国大陸の軍隊が移動してきたことが知られる。ちなみに、浦河町では七人がメレヨン島で戦没している。その人たちは、おそらく満州（中国大陸）から移動してきたものと考えてよいであろう[21]。このように、満州（中国大陸）に送られていた北海道の兵隊が沖縄ないし、太平洋南洋の諸島に送られ、多くの人々が亡くなったと考えられる。

七

以上、原文引用が多くなったが、南北の塔をめぐっての問題を取り上げた。これでお分かりのように、地元の方は、「アイヌの墓」とされることを嫌っているようであり、そのことから、「キムンウタリ」の銘の意味が現地では判らないという状況になってしまっている。しかし、南北の塔の左隣には、アイヌ民族である弟子豊治さんの属した「山三四七八部隊」の慰霊碑があるが、その銘には同じくアイヌ民族である浦川玉治氏（浦河町出身。鷲谷サトさんの従兄。母親は浦川タレさん）の名が刻み込まれている。この地でアイヌの人たちが戦い、亡くなったのも事実といわねばならない。前に記したように、南北の塔に納められた遺骨は数千体にのぼっているということは、南北の塔に納められている多くは真栄平の方ではないということでもある。もう一度念のためにいえば、地元の方の被った悲劇、南北の塔にかける情熱とご努力を低く評価しているわけではない。その名の通り南北の塔の名にふさわしい慰霊塔であることをいいたいのである。したがって、アイヌの方々がここをよりどころとしているのも無理はないと思われる。その点について、再考したいというのが小考の第一の意図である。少なくとも、「キムンウタリ」と刻まれた銘文の意味ぐらい判るようにする方策はないものであろうか。そして、第二に、沖縄戦での戦没者についてみれば北海道出身の方が沖縄県に次いで多いことに目を向け、その具体例を浦河町・旧静内町（現新ひだか町）の事例に求め、このようになった事情の説明を試みた。

アイヌの問題を取り上げると、直ちに直面するのが偏見・差別といった問題である。沖縄についてもかつて同様のことがあった。この南北の塔の問題に、そういった問題がからんでいなければよいがと危惧している。考えすぎであればよいのであるが。

註

(1) 金倉義慧『旭川・アイヌ民族の近現代史』(高文研、二〇〇六年)「あとがき」より。

(2) 財団法人アイヌ文化振興・研究推進機構「平成17年度 アイヌ文化賞・文化奨励賞」プログラムより。志気フミさんは「阿寒町で生まれ、幼少の頃からアイヌ文化に触れてこられた。昭和30年に阿寒湖畔アイヌコタンに住まわれ、以後、同地におけるアイヌ古式舞踊披露の一員としてアイヌ文化の普及に携わるとともに、青少年の文化伝承・保存活動の指導者として三十数年にわたって尽力されてきた。」(同プログラム)と紹介されている。

(3) 教育研究会全国大会(全国教研)は、当時の日教組(日本教職員組合)と、日高組(日本高等学校教職員組合)が年に一度開いていた。父母も参加できた。

(4) 以下、鷲谷サト「南北の塔に眠るウタルに」(『北海道高教組情報号外』〔一九七八年四月一五日発行〕)による。

(5) 橋本進『南北の塔 アイヌ兵士と沖縄戦の物語』(草土文化、一九八一年)によると、安仁屋氏は、「……従兄の方はマエダ……とかで戦死されたというのですね。それは真栄平《まえひら》(〝まえだいら〟ともいう。前は〝めーでーら〟)のことでしょう。あそこは、沖縄戦最後の激戦地の一つですが、そこにはアイヌの人が建てた塔があります。」といったと書かれている。この従兄とは、浦川玉治氏(後述)である。

(6) 鷲谷さんは前掲「南北の塔に眠るウタルに」に、その時のことをつぎのように記している。

その塔、「南北之塔」に近づいた時、何人かの先生方が路傍の草花をつみとるのを手伝って下さった。北海道から持って行ったお酒とお菓子を供えようとした時、ナイロンのよごれた肥料袋が塔の前に置きざりになっていました。誰かがゴミを集めておいたものと思いよけようとした時、ずしりと重みを感じましたので中をのぞいて一瞬息のつまるほど驚きました。白骨が頭蓋骨から手足まで袋にはいっていたのです。御案内の先生方のお話では「沖縄では毎日どこかで一体や、二体は出て来るのです。農家の人でも持って来たのでしょう。」そして年に一回納骨をしてくれるそうです。供物をすませて両手を合せた私は言葉も出なくて、肝心な時に言葉が出なくて涙の出る私。まごまごと時間のかかる事を気にして知念さんに「すみません私のために貴重な時間を」と言うと、知念さんは「こう言う時こそ時間をかけるものだよ」と言って下さいました。また、同行した城野口百合子さんは、城野口百合子「ウポポにあわせて」（『北海道高教組情報号外』〔一九七八年四月一五日発行〕）に、つぎのように記している。

戦跡めぐりの時「南北の塔」の前で塔の建てられた意義の深さを思いまた親せきのおじさんが死んで居るのになにも持たずに来た事に気づきました。そのおじさんの奥さんは、三十年あまりも夫が生きて帰って来る事を信じて待っていたのです。しかし沖縄海洋博の時沖縄に来て戦争のきずあとの恐ろしさを知り、これなら夫は生きているはずもないと泣くだけ泣いて帰って来たと、話してくれたおばさんの事を思い出しました。ここにアイヌの塔がある事を、あのおばさんが知ったならどんなによかっただろうと思い、私は涙でむせびながら鷲谷さんと大脇氏が歌うウポポにあわせて咄嗟に踊ってしまいました。あのような感動は沖縄の人にめぐり逢ったおかげでしょう。このたびの教研と戦跡めぐりは、私にとって一生忘れ得ぬ深い思い出になる事と思います。

（7）なお、この時は、『ゲンダーヌ―ある北方少数民族のドラマ―』（現代出版会、一九七八年）の著者である田中了氏（当時、網走・南ヶ丘高校教諭）とダーヒンニェニ・ゲンダーヌ氏も参加している。ゲンダーヌ氏はサハリン出身ウィルタ民族の日本人で、日本語名を北川源太郎といい、網走のジャッカ・ドフニの初代館長。田中了氏は『サハリン北緯50度線　続・ゲンダーヌ』（草の根出版会、一九九三年）も著している。橋本氏は、この田中了／D・ゲンダーヌ『ゲンダーヌ―ある北方少数民族のドラマ』、田中了『サハリン北緯50度線　続・ゲンダーヌ』の出版にかかわったという経緯があるという。

（8）真栄平周辺での沖縄戦状況・戦災状況・体験談などは『糸満市史　資料編七　戦時資料下』（糸満市、一九九八年）に詳しい。なお、第二四師団司令部は真栄平にほど近い宇江城にあった。

（9）感謝状の文面はつぎのごとくであったという（『南北の塔』より）。

感　謝　状

弟子　豊治
外、アイヌ民芸使節団一行　殿

大東亜戦争の沖縄上陸作戦中、最後の決戦場として戦火を交え、軍民の死体山積し、山形改まり、一家全滅の家庭数うるに暇なく、すべて灰燼に帰し、疎開先より帰郷し、部落民による集骨作業で、部落後方の自然壕にねんごろに納骨し、政府と町当局に塔建設方を強く要請したが実現を見ず、残念に思っている矢先、弟子豊治氏外使節団一行の皆様がいたく心痛されて、巨費を投じ、ここに南北の塔を建設することができ、故人の冥福と永遠の平和を念願し、除幕式の吉日を卜し、記念品を贈呈し、部落民一同に代り、感謝の意を表します。

一九六六年十二月二十二日

糸満町字真栄平区長　金城善清

(10) 平井敦子「「南北の塔」―書き換えられた碑文に思う」(『歴史地理教育』六五六号、二〇〇三年七月)五六―五七頁。WEB(北海道歴史教育者協議会ホーム・ページ)で公開されているものと若干文面が異なる。WEBのものはまえがき的なものがあるが、本文は若干省略されている。内容を考慮して『歴史地理教育』の方を引用させていただいた。なお、WEB上では文章のみであるが、『歴史地理教育』には、後に示す新旧説明板の写真が掲載されている。その写真でも文面は読める。

(11) 古い案内板の文面はつぎのごとくであった(「　」は行替わりを示す)。

南北の塔

沖縄戦終えんの地真栄平は、もっとも激」戦地で、当時、およそ九百人の区民の中」激しい戦火の中を生きぬいてきた生存者は」三百四十九人であった。

この塔には、真栄平区の犠牲者と日本」全国から沖縄戦に参加して亡くなられた」人たちの御霊を祀り、人類の恒久平和の」願いをこめ、昭和21年に真栄平納骨堂と」して建立された。

昭和40年、区民の総意によって改築計」画がすすめられ、区民、区遺族会、篤志」家のご芳志により昭和41年現慰霊塔が」完成した。改築の際、アイヌ民芸使節団」一行から塔名の石碑の寄贈を受けるなど、」県外の方々からのご援助も多かった。

毎年六月二三日の慰霊の日には、真栄」平区主催の慰霊祭が行われている。

昭和62年6月

(12) 新しい案内板の文面はつぎのごとくである（「」は行替わりを示す）。

字真栄平区自治会

南北の塔

沖縄戦終えんの地、ここ真栄平は最も悲惨な戦場と」化し、多くの犠牲者を出した所である。当時の人口九」百人の中、生存者はわずかに三百人余りであった。

沖縄の戦後は遺骨収集から始まったと言われ、収容」所から半年ぶりに帰った区民も直ちに屋敷内や道路、」田畑、山野に散らばっていた遺骨の収集をはじめた。

この塔には、真栄平周辺で戦禍にたおれた区民をは」じめ、中南部からの避難民、軍人等、数千柱の身元不」明者の遺骨が納められ、その御霊が祀られている。

この塔は、戦後間もない昭和二十一年、真栄平納骨堂」として、世界の恒久平和の願いをこめ、真栄平区民に」よって建立された。昭和四十一年、真栄平遺族会や篤」志家のご芳志を受けて改築を行い、現在の南北の塔が」完成された。

毎年六月二十三日には、戦没者のご冥福をお祈りす」るとともに、平和の尊さを子々孫々に伝える行事とし」て慰霊祭が行われている。

平成元年　三月

真栄平自治会

(13) 以下、糸満市議会議事録より。私は同議会事務局でコピーをいただいたが、インターネットで議事録をみられるようである。

(14) 「糸満市史（戦時資料編）上巻の出版に際し、南北の塔の記述に関する陳情」（「元南北の塔を考える会会長大城藤六」名義、平成一三年八月二九日付）はつぎのようなものであった（糸満市議会議事録添付資料）。

要旨

南北の塔は、真栄平区民によって、全人類の恒久平和を願って、建立されたものであるが、ある兵士の捏造によって、その真の姿が伝えられず、全国民、全県民に誤解されています。

この際、公の記録として出版される糸満市史に真実を記述し、子々孫々に正しく語り継がれるように、格別のご配慮を賜りたく陳情致します。

理由

これまで真栄平区としても、昭和六二年に「南北の塔を考える会」を結成し、詳細に調査を行い、その結論に基づいて関係者に訂正方を、申し入れたところでありますが、その効果が見られません。いまだに学者やマスコミ等の報道が従来通りで、更に別の方向にすり替えられるところも見受けられます。先にも書いたとおり、市の著作物の中で正しく訂正することで、県民からも正しく受け入れられ、これまで訂正を聞き入れなかった関係者へも大きな効果が期待できるものと考えられます。

真に急でありますが、下記資料を添えて、陳情いたします。（以下略）

(15)『糸満市史　資料編七　戦時資料上』（糸満市、二〇〇三年）四四五―四四六頁。

(16)新著『母と子でみる　沖縄戦とアイヌ兵士』（草の根出版会、一九九四年）のあとがき冒頭につぎのように記されている。

本書は拙著『南北の塔』（一九八一年、草土文化）の改訂要約版である。前著には、南北の塔建設経緯につき、真栄平区民の願いと主体的努力のつみ重ねがほとんど描かれないという誤りがあった。地元からのご指摘もあり、前著の該当ページ（一二一、一二五ページ）を削除し、新たに「真栄平納骨堂と区民の心」の項を書き加えた。

(17)また、つぎのこともこのこととかかわりがあるのであろうか。真栄平集落を貫く県道のバス停から南北の塔に入る入口近くの屏に、かつては「南北の塔　← 250 m　山三四七八部隊慰霊碑」と記された案内板が掲げられてあったが（橋本進『母と子でみる　沖縄戦とアイヌ兵士』一九頁に写真あり）、私が訪れたときには見あたらなかった。

(18)『新浦河町史　下巻』（浦河町、二〇〇二年）二三三―二四〇頁の表による。

(19)このように重複がみられるのは、調査は遺族を対象としたようであり、浦河町内で別に所帯を構える複数の遺族があった場合、それぞれの所帯の居住地に戦没者名が記録されたためとみられる。

(20)『静内町史』（静内町、一九七五年）一二〇五―一二一五頁の表による。

(21)大浦庸生『飢餓の島メレヨンからの生還』（大浦庸生、一九九三年）参照。

〔附記〕小稿を成すについては、つぎの方々のお世話になった。厚くお礼を申し上げたい。引用許可をいただき、「南北の塔」の古い案内板の写真を提供してくださった平井敦子氏（札幌市立石山中学校教諭）、『北海道高教組情報号外』入手について労をとってくださった桜井拓郎氏（函館稜北高等学校教諭）、浦河町についての調査に協力していただいた向井竹夫氏（浦河ウタリ文化保存会前会長）。また、糸満市議会事務局は同議会議事録を検索・コピーしてくださった。なお、大野徹人氏（北海道ウタリ協会様似支部生活相談員）が熱っぽく「南北の塔」について語ってくださったことが小稿執筆のきっかけとなっている。

平泉澄と網野善彦
―歴史学における「個人」と「社会」―

夏目琢史

はじめに

本稿は皇国史観の主唱者として著名な平泉澄と、戦後歴史学の泰斗であり独自の中世史像を次々と展開させた網野善彦との歴史観および研究視点の共通点について検討することで、とくに歴史叙述の方法について考察することを目的としている。両者はいずれも大変有名な歴史家であるが、平泉は国粋主義者であるし、一方の網野は自ら「マルクス主義歴史家」だと称するほどの人物であって[1]、この二人に共通性など考えらないように思われる。しかし、その歴史観の根底まで分け入ってみると、両者には意外な共通点があり、今日の歴史学を考える上でも欠くことのできない重要な論点が存在していた。

なお本稿のように平泉澄とマルクス主義者を弁証法的に理解しようとする研究はこれまでにも多く紹介されてきている[2]。たとえば、羽仁五郎との比較を意識した研究[3]や丸山真男との比較を行なったもの[4]、あるいは原勝郎の「中世」観と平泉のそれとを比較した研究[5]などが知られている。とりわけ一九九〇年代、精力的に平泉澄について研究を行なった今谷明も「双方（＝戦中の皇国史観と戦後のマルクス主義史観）は犬猿の仲か不倶戴天の如く罵倒し合っているが、特定の政治的立場に密着する歴史学という点では全く軌を一にしていると言わざるを得ないのである。」と述べ、「政治に奉仕する歴史学」に対し実証主義の重要性を説いている。[6] なおこのような見方は家永教科書裁判などの際にも議論になったことであるが、[7] 本稿の視点はそれらとは全く違い、「社会」と「個人」という純粋な研究対象の問題を中心に比較検討していきたい。

一　戦前歴史学と平泉澄

(1) 平泉澄研究の軌跡

平泉澄に関する研究は、近年盛んに行なわれている。とりわけその動向として指摘できるのは「皇国史観の主唱者」という単純で固定的な見方ではなく、[8]「歴史神学者」として平泉を捉えたり、[9] 江戸時代以来の国学の系譜から彼の皇国史観を論じるなど、[10] 様々な立場からの多角的な分析が目立つことである。それら研究の論点を整理してみると、次のように分類できる。

A. 平泉澄の歴史観が外遊によって変説したとみるか、生涯一貫して右翼思想をもっていたとみるかという点。戦後の研究者（とりわけ平泉の教えを受けた門下生）の多くは欧米留学によって平泉が思想を大きく転換したことを回顧しており、それが通説となっていたが、近年今谷は平泉の思想が生涯変わらなかったことを指摘した。[11] なお、網野も同様に平泉の初期の研究『中世に於ける社寺と社會との関係』[12]（以下『社会』）の中にすでに後の皇国史観につながる思想があることを指摘している。

B. 戦中期の平泉が二・二六事件など政治的な活動に深く関わっていたことを指摘する研究。[13]

C．平泉澄の皇国史観について注目する研究。国学の系譜でとらえたり、丸山真男との比較からその特徴を指摘する研究が行なわれている。このような視点は平泉皇国史観の相対化にもつながっている。[14]

D．平泉澄の初期の業績に注目し、クローチェやマイネッケなど海外の歴史家の影響について考察する研究。[15]

E．平泉の「中世」観に注目する研究。これらは近年、若井敏明や昆野伸幸などによって検討されている問題であり、特に中世＝暗黒時代とみる見方が平泉のアジール論の結論を決定づけたことが実証されてきている。

以上、平泉澄をめぐる主な研究動向を五つ指摘してみたが、これらの研究の中で、平泉以外の皇国史観主唱者に注目する視点が欠落していた点には注意する必要があろう。[16]さて本稿では、これらの視点についてその全てを検討することは勿論できない。ここでは平泉の初期の著作に注目し、その特質を浮き彫りにすることを課題としたい。すなわち以下の点に着目する。

①平泉の初期の研究は、戦前歴史学界にどのような影響を与えたのか。

②平泉の研究は大正期とそれ以後でどのような変化があるのか。

③大正期の平泉の研究視点にみられる西洋史家の影響。

①についてはすでに若井・昆野の研究がある。[17]両者は平泉の「中世」観に注目し、彼の歴史観の根底に、現代社会と中世に共通の要素を見出す視点と中世を「闇黒の時代」として捉える視点があることを明らかにした。しかし、これらの先行研究では『社会』や『中世に於ける精神生活』（以下、『精神』）に示された平泉澄の歴史観・中世観のみが注目され、それらが戦前（戦後も）どのように評価され、学界に浸透されていったかについての検討が不足しているように思われる。本稿ではこの研究史上の欠落を埋めることにより、平泉の研究を更に相対化させていきたい（（2）で詳述）。

②については、主にAの論点に関わる問題であるが、結論から述べると筆者は平泉の歴史観・研究視点は大正期から戦中期にかけて大きく転換したと考える。つまり平泉の門下生の回想を重視する立場をとるが、このことについては

（3）で詳述していきたい。

③については、従来からクローチェやマイネッケ、トレルチなどの歴史家の影響について注目され、多くの成果が報告されてきている。[18] しかし、本稿ではランプレヒトなど初期の著作に多く引用されている歴史家に焦点をあて検討してみたい（（3）で詳述）。

（2）戦前歴史学における平泉史学の位置

平泉の『社会』・『精神』は、以前より様々な研究者によって高い評価を得ている。それは、北山茂夫[19]・大久保利謙[20]・林健太郎[21]・村田正志[22]・井上光貞[23]ら門下生たちの回想からも分かるが、これらの回想が網野の『無縁・公界・楽』が公刊されて以降に書かれたものであることに注意したい。つまりこれらの記述は網野による平泉（アジール）の再評価を受けて書かれたものであり、当然、アジールに注目したものとなっている。しかし、これ以前に書かれた北山の記述にはアジールについては触れられてなく、むしろ「経済問題」を扱った書物として『社会』を評価している。平泉の『社会』が当時の学界にどのような影響を与えたのかについては同時代史料をもとに検討しなくてはならない。

なお戦前の段階で『社会』のアジールについて触れたものは、学位論文の審査記事[24]や細川亀市[25]・田中久夫[26]の論稿がある。とくに田中は「走入など、いへば耳なれぬ言葉であらう。しかしアジールといへば周知の問題である。アジールに就いては平泉澄博士が『中世に於ける社寺と社会との関係』第三章社会組織に詳しく述べられ、西欧、対馬及び『中世に入つて初めてアジールの権が認められ、中世の末戦国時代に入つて大に発達伸張し、而して近世の初め厳重に之を禁止』した事情を説いてゐられる。」とし、アジールが当時の学界でよく知られていたことを示唆している。細川も、平泉の時代区分論に対して批判を展開しているものの、「アジールに関する欧文論著もまた少くない。この間にありて邦文論著は極めて鮮少であるが、幸ひにも吾々は平泉澄博士の研究に接して居る。」と高い評価を与えている。[27] ここからアジールが戦前の中世史学界においてはよく知られたものであったことが分かるが、ここで注意しなくてはならないのは、平泉のアジール論を引用する論文はいくつか出されているにもかかわらず、それを批判・検証する研究がほとんど無かったことである。つまり、極言してしまえば、網野の『無縁・公界・楽』が提唱されるまで、日本中世史において平泉のアジール論批判はほとんどなされてこなかった[28]。一体、これはどうしてなのか。

ここで注目したいのが先に挙げた細川と田中のアジールに対する評価である。細川が「アジールは謂はゆる寺入りであつて、犯科人にして一たび寺院に入るならば守護の権限及ばずして追捕処罰を免がれ、寺院の庇護の下に其の安全を保ち得るのである。」としてアジールを寺入りと同等のものと理解しているのに対し[29]、田中が「元来原始社会やギリシャの場合などについてアジールと呼ばれるのであつて、戦国時代の事実をそれとたゞちに同じものと考へることはできない。」と、アジールと走入りを厳密に区別していることに注意したい。細川の方は平泉のアジール論をほぼそのまま踏襲しているように見られるが、田中は（直接は述べていないが）「中世の末戦国時代に入つて大に発達伸張」するという平泉のアジールに対する結論をここで認めることを躊躇しているように読める。おそらくこの理由はこれが書かれた一九四〇年という時代状況にあるだろうが[30]（田中が実証的に示す根拠は、どれもアジールが戦国時代に発達していたことを示している）、西洋の概念を用いて日本社会を分析しようという明治以来の伝統的な学風がこの時代になると薄れてしまったことがアジール研究不振の一つの要因なのではないだろうか[31]。

言うまでもなく、日本の歴史学はその草創期において、たとえば原勝郎や内田銀蔵が「日本中世史」「日本近世史」という言葉を用いたように、日本と西洋の共通性を導き出す強い要求が生じていた。福田徳三が早くから発展段階説を日本に適用させ[32]、法学者の中田薫もドイツ法制史の概念の日本への適用をめざしていたのもこの流れにもとづくといえよう[33]。そしてこれらの背景には日清・日露戦争の戦勝ムードによるアジアの中で唯一近代化に成功した国だという強い認識があり、歴史学もこの時代的な雰囲気を受けたことは想像に難くない。ところが一九二〇年代になると、これとは別の動きが生まれてくる。それが中村直勝の『日本文化史（南北朝時代）』などにみられる動向である。中村は「すべての社会現象が、それが産業組織であるにもせよ、文芸芸術にもせよ、近世的色彩を帯びてきたのは、此の五十七年の試験管を出てからである。」として、南北朝時代を近世への出発点と考えたのだが、これは西洋とは独自の方向へと進む日本社会の特徴を描いたものであったといえよう。(34)

このように西洋との類似性を主張しようという見方が薄れたことが、アジールの問題が中世史の領域であまり議論されなくなったことにつながったと考えられる。この後ナショナリズムの高揚にもとづき日本の特殊性を論じることが先決となってしまったことは周知の通りである。（また庶民生活の研究に成果を挙げてきた柳田国男を中心とする民俗学が日本史の本流からは軽視され、(35)「民衆史」「生活史」「世相史」「風俗史」などがあまり注目されてこなかったこともアジールの再評価の時期を大きく遅らせることになった。(36)）

なお、このような潮流の中で平泉自身もいち早く次のような宣言をしている。

かくて歴史は、自国の歴史に於いて、我れ自らその歴史の中より生れたる祖国の歴史に於いて、初めて真の歴史となり得るものである事は、今や明らかであらう。我が意志によりて組織し、我が全人格に於いて之を認識し、我が行を通して把捉するが如きは、祖国の歴史にあらずんば、即ち不可能である。(37)

以上、一九三〇年代以降西洋の概念を尺度に日本社会を分析する視点が軽薄化し、(38)新しい歴史思想が登場してきたことを確認してきたが、ここで平泉の『社会』におけるアジール研究が明らかに日本＝西洋という立場で行なわれたものであることに注目する必要がある。それは『社会』に「かのローマのキリスト教会のアジールに比すべき我国中世に於ける寺入」（一五五頁）、「この点に於ても西洋の中世は、我国のそれと著しき類似を示してゐる」（二〇九頁）とあることからも容易に知られるが、『社会』も『精神』も共に社会心理に注目した歴史叙述であることに注意すべきではないだろうか。この点、明らかに後年の皇国史観とは大きく異なっていた。門下生の一人石井孝は次のように述懐している。

日本史関係のものにとって、とくに印象に残るのは、一九三一年、満州事変の勃発前後の頃、平泉澄氏が洋行を中途で切りあげて帰ってきたことだった。本郷三丁目の交叉点の東大寄りにあった明治製菓で帰朝歓迎会がもたれた。席上、彼はこう宣言した。「日本人は外国で非常に馬鹿にされている。それに対抗する道は一つしかない。〝大和魂を磨け〟この一語につきる」と。これは平泉氏が皇国史観へ転換する明確な宣言であったといえよう。(39)

まさにこれこそが当時の平泉門下の人々が共通にもった感覚であった。

(3) 平泉澄と西洋史家

平泉が生涯一貫して国粋主義的な思想をもち、大正期の実証的な研究の背後にも後の皇国史観に連続する思想があることについては、今谷の提言以来、(40)様々な視点から実証されてきている。(41)しかし、そもそもの前提であるこの「一貫説」自体が平泉の晩年の述懐や自伝をもとにした立論であり、(42)そのまま鵜呑みにするわけにはいかない。むしろこのように平泉の歴史観を生涯一貫したものと考えることが逆に研究の幅を狭めてしまうのではないだろうか。(43)平泉が中学生時代から右翼思想を有していたことは事実であろうが、それならばなぜ大正期の門下生たちは彼が変説したと感じたのか。筆者はすでにその理由の一端を示してきたが、ここで更に平泉が海外の歴史家の思想をどのように摂取していったのか、時系列に注意しながらみていくことにする。

『社会』には多くの西洋史家の学説が取り入れられているが、ここではとくにランプレヒトの引用に注目したい。カール・ランプレヒト（一八五六―一九一五）は経済史から出発し、社会心理学に根ざした普遍史（全体史）を構想し、通称ランプレヒト論争の中心となった歴史家である。彼は「ドイツの歴史家なかではアウトサイダーに属している。」と言われているが、(44)フランスやアメリカ、ポーランド、そして日本に与えた影響はきわめて大きい。(45)日本でランプレヒトが注目された理由は、彼が普遍史的見解の中で「日独両国民史の平行的発達」に注目したこと、それから先述した通り、日本の研究者たちも日本と西洋の類似性に着目していたことが挙げられよう。[46]なお、ランプレヒトの歴史観についてであるが、（勿論、政治史に対して文化史の重要性を指摘する点にその特徴がみられるが）その最大の特徴は、旧来の歴史学が個人の行動に注目する（個人主義史観individualistische Geschichtsauffassung）のに対し、集団的な現象に着目する点（集団主義史観kollektivistische Geschichtsauffassung）にあった。[47]彼は歴史の展開をマルクス主義のように経済にもとづくものと捉えず、「社会心理」がその根底にあることを説いたのだが、[48]平泉は『社会』において次のように述べる。

かの社会心理学の基礎の上に、勇敢に新史学を建設しようとした故Lammprechtは、古代史と野蛮人の現状と、並に人の幼年時代とはparallelだといつたといふが（中略）実にアジールは人類発達の或る段階に於て、一般に経験する所の風習又は制度である。それ故に今我が国の歴史に現はれたるアジールを研究せんとするに当って、世界各国のそれと比較考量する事は（中略）実に必要にして意義深き事といはなければならない。かくて本論文に於ては、専ら世界的知識を以て、我国のアジールを考察し、而してその考察の結果を以て、中世に於ける社寺の社会組織上の位置を論定したい。（五八頁）

ここに『社会』の問題意識を読み取ることができるが、注目すべきは、その前提としてランプレヒトの概念が用いられていることである。但し、松尾章一がすでに指摘している通り、平泉は歴史の「法則」ではなく「特殊性」（芸術性、信仰性）に重点を置く考えを一貫して持ち合わせており、[49]必ずしもランプレヒトの歴史観に素直に同調したわけではなかったが、明らかにこの『社会』そして『精神』においては、ランプレヒトの歴史観の影響を読み取ることができる。

平泉は大正九年『史学雑誌』の新著紹介においても、「正直に言へば我等はラムプレヒトの史学に全く共鳴することは出来ない。勿論その言ふ所は了解され、その強調するやうな観察法も可能であり必要であるとは思ふけれども、彼の社会心理学的歴史学を史学の本宗正統として、ランケ其他の学派を蹂躙しようとするのには賛成し得ない。」としながらも、同書を「名著」「優れた芸術家の、傑れたる作品」と評し、「本邦史学界の現状は、これらの学説によつて打破せられて、一大飛躍を試むべき時ではあるまいか」と指摘している。[50] この他にも平泉は昭和六年十一月に行なわれた講演の中でも、ランプレヒトを「偉大な歴史家」として高く評価しているが、[51] 一方で『我が歴史観』（大正十四年）の中で次のような評価を下していることも見逃せない。

かのランプレヒトの研究法はその代表的なものである。而してこの種の歴史観に於ては、集団現象及び状態が過重視せられ、歴史的進程の原動力は一に社会状態に在つて、決して個人の手にあるものではないとせられた。[52]

平泉はいわゆるマルクス主義史観に対しては反対の立場を示していたが、その批判の上に立つランプレヒトの歴史観に対しても違和感を覚えていた。その違和感こそ、ランプレヒトが「個人」ではなく「集団」（社会）を重視しようとした点にあった。なお同様の視点からランプレヒトの歴史観に違和感を示した人物として和辻哲郎が挙げられる。和辻はランプレヒトのModerne Geschichtswissenschaftを「近代歴史学界の名著」として高く評価しながらも、次のように指摘している。

しかし訳者（＝和辻）はこの歴史学（ランプレヒト歴史学）が歴史の理解や記述の仕事の全部を覆うているとは思わない。歴史の理解は種々なる個人や時代の心生活の直観的な把握をも必要とする。[53]（括弧筆者）

ここでも歴史における「個人」の重要性が述べられており、その点、平泉との共通性がみられる。平泉の『社会』はまさに自身も「研究の出発点を常に社会に置き、国民生活の各方面に交渉深き社寺をとった」と言っている通り、[54]「社会」に焦点を当てた研究であり、その点で彼の一連の研究とは様相を異にしていた。なお戦前において「社会」に焦点を当てた研究を活発に生み出した歴史家として三浦周行が挙げられる。三浦は、「従来の史家は余りに政治や軍事に重きを置き過ぎていた傾きがある。」として、「国史の上に一時期を画するほどの大なる事変の裏面には必ず大なる社会問題が潜んで居る」と主張する。[55] つまり「社会の進歩も退歩も」「大政治家や大軍人の一言一行」で決定するわけではないことを指摘しているのだが、この問題について三浦は『歴史と人物』の中で次のように語っている。

かくて論じて来ると、歴史上の人物は皆時代の力に依って大をなしたもので、その一々の個性は取り立てていうほどのものではないかというに、勿論個人々々を解剖して見たならば、中にはその周囲の事情や時運の廻り合せでせり上げて来ただけで、個人として世に伝えられているほど大した人物と思われぬものもあろうけれども、しかしそれまでになるには多くの修練を歴て、たいていは個性においても何か知らん勝れて変わったところのある人が多い。(56)

まさしく、平泉に限らず「社会」と「個人」という問題は歴史家の主要な関心ごとであり、避けては通れない重大な検討課題であった。西洋史の大類伸も戦前に刊行された概説書の中で次のように示している。

……一個の人間の単独的存在は、歴史に於ては取り扱われない、人間は社会なる集団生活の内に入って、始めて歴史的として認められるのである。従って集団生活は歴史の演ぜられる舞台に外ならない、其の舞台の広狭の問題も亦歴史の意義に差違を生ざしめること、なる。かくして歴史に於ける多数者（又は民衆、群集等）の問題は、重要な意義をもたなければならない。(57)

大類はヘーゲルやランプレヒトの歴史観を、「個人の意義を軽視して」「民衆的なるものが歴史を支配するのであって、個人は其の手段たるに過ぎない観がある」と評し、「併し我等は両者の相互的関係を信じたいのである。」としているが、やはり戦前における歴史学（歴史叙述）の中に「社会」と「個人」のどちらに重点を置くかという大きな論点の相違があったのだと結論してよさそうである。また「偉大なる個人」を重要視する平泉はこの点においてはランプレヒトの歴史観に反発するものの、社会心理学を基盤とするその普遍史的理解については賛同していたように考えられる。それは、『社会』におけるアジールの分析を見れば明らかであるが、西田直二郎の平泉に対する次の批判からもそれが分かる。

文化史であるからとて直ちに文化時期例へばランプレヒトが五つ六つの時期に凡ての歴史を区切らんとしたことのごときが必然に来るとしてはならない。歴史の全経過を五色の紙を置きならべた如くに排列しあざやかな手際を喜ぶことはあまりに単純な子供らしさでありランプレヒトが非難を蒙ったところでもある。(58)

少なくとも文化史の区分をもって、政治史の区分をも考えようと試みる平泉の見方にはランプレヒトの影響が多分にあったのであり、その背後には普遍史的関心があった[59]。そしてこれこそが、平泉の初期の業績と後年の皇国史観を主唱する段階との決定的な違いであったといえるのではないだろうか。

二　戦後歴史学と網野善彦

(1) 網野善彦の平泉批判―なぜ網野はアジールに注目したのか?―

戦後の代表的な歴史家である網野善彦の中世史像が、その無縁論に特徴づけられることは衆目の一致するところである。そしてその無縁論が平泉の注目したアジールと深く関わっていることもよく知られていることであるが、一方で網野の平泉批判は厳しく『無縁・公界・楽』(平凡社、一九七八年。以下『無縁』)の中では次のように述べられている。

平泉氏の日本に関する研究は、アジール法の前提として、敵討などの自力救済・私刑の盛行におき、国家権力の確立によって、「一切の罪は国家によって正当に審判せられる所にはアジールは起るべきものでは」ないという視点―石井進氏がいうように、一応の問題の所在をついているとしても、後年の氏の国家至上主義に十分に連続する偏った視点に立ち、罪人・下人の走入りの場としてのアジール=避難所のみに限定されている[60]。

また網野は『無縁』以外の著書でも平泉澄(とりわけその皇国史観)に対して激しく糾弾しており、中沢新一も平泉のアジール論と網野のそれとは根本的に性格が異なることを指摘している[61]。なお網野の関心は次第に戦後歴史学そのものへと向けられるようになる。

近代歴史学の鬼子ともいうべき平泉澄氏の「皇国史観」に対する根本的な批判をめざして敗戦後に出発した「戦後歴史学」は、西尾幹二氏の『国民の歴史』(扶桑社、一九九九年)という新たな「鬼子」の出現を許した自らの根源

的な自己批判に、いまようやく立ち向いつつある。(62)

ここで網野が問題とするのは、戦後歴史学が根ざした発展段階論であり、その点では大正期に唯物史観を批判していた平泉との共通性を見出すことができる。しかし、冒頭でも述べた通り網野は自他ともに認める「マルキシスト」であって、直ちに平泉の問題関心と網野のそれとを一致させるわけにはいかない。少し慎重にみていくことにしよう。

網野は戦後歴史学のどのような点を批判したのであろうか。それを知るには一九七八年以降のいわゆる〝網野史学〟の特徴を掴む必要がある。網野はなぜ『無縁』において（かつて平泉が『社会』で取り上げた）アジールに注目したのであろうか。それを知るには『無縁』に先立って出された石井進の「中世社会論」が鍵となる。石井はこの論文で「最近のわが中世史学界での主潮が、もっぱら日本中世が西欧型でない所以を論ずる時、そこには『領主制説』的西欧中心像のみが前提とされているのではないか、と疑われないでもない。」「ついでにいえば、ともに文明の辺境地帯に位置しており、後進的であったという点で日本中世と西欧中世に共通の地盤を見出すことも十分に可能なはずである。」(63)とし、「平泉が社寺を中心として中世社会の諸側面を描き、とくにアジールの問題を重要視したことなど、今日においても再評価すべき視点といえよう。」（同前、三二二頁）と述べている。

これは網野の批判を受けることになるが、戦後歴史学に対する反省点については石井・網野両者は共通の認識を示していた。いわゆる「社会史」流行の風潮の中で、網野と盛んに議論を展開させた阿部謹也は網野について次のように述懐している。

しかしこの頃から私と網野さんの間で歴史の解釈の問題をめぐって考えが違ってきていた。一例を挙げれば私はヨーロッパ史と日本史の違いを強く意識していたが、網野さんはヨーロッパ史と日本史との共通性を見ようとしておられた。(64)

但し、ここで網野の研究視点が、ただ単に西洋の概念を用いて日本社会を分析するというものではなかったことについて確認しておく必要があろう。周知の通り、無縁論は全人類史的構想の中から導き出されたものであり、これは先に見てきた平泉のランプレヒトの概念を前提とした問題関心とも重なるものであった。『無縁』と『社会』は〝普遍史的構想の中で叙述された歴史書〟という点で、きわめて性格が類似していたのである。

（2）戦後歴史学における網野善彦―『中世荘園の様相』から『無縁・公界・楽』へ―

戦後歴史学における網野の評価は実に多様である。一般に「中世史ブーム」の火付け役として高く評価する研究者も多いが、(65)一方で安良城、永原、峰岸などのように厳しい批判・検証を浴びせる研究者も少なくない。(66)とくに安良城は網野の『無縁』について「この書物ほど非論理的・非実証的で論理の飛躍と短絡的な主張を繰りかえす歴史書も珍しい」（一〇四頁）とし、「網野氏のすぐれた実証的研究『中世東寺と東寺領荘園』（一九七八年・東京大学出版会）の存在故に、『無縁・公界・楽』も実証的であろうと即断するわけにはゆかない」（一一三頁）と断言している。(67)

ここで注目したいのは網野の問題関心が時代によって少しずつ変化していることである。稲葉伸道は網野の研究を次のような三つの段階に区分している。(68)

第一期　一九四五～一九五五年

第二期　一九五五～（一九七八）年

第三期　（一九七八）～

ここで示された第三期がいわゆる「無縁の原理」などを主張し始める段階であるが、網野の研究は一体どのような変遷を辿ったのであろうか。網野の処女作として名高い『中世荘園の様相』(69)（以下『様相』）との比較から論証していきたい。『様相』において最も印象的なのは人物の心情にまで入り込んだ描写がきわめて多いことだ。たとえば次のようなものがある。

その上前にものべたように、百姓たちは雲厳に対して格別親しみを感じていなかった。と同時に、雲厳自身にも、百姓たちとたやすく同化できぬ気持があったに相違ない。だとすれば、すべての所領を失った彼に残された道は、一人、祖先の伝統を負い、過去の栄光を胸に、この谷の片隅で孤独な余生を過す以外にはなかった。（二一五頁）

これは、老後没落していった出羽房雲厳の様子について叙述されたものであるが、雲厳個人の心情が実に詳細に描写されている。この他にも「乾嘉のような人よりも、朝賢・栄賢のような人の方が頼りになる面が、百姓たちにとっても、あったのであろう。」（二三九頁）など人物評価、心情把握の描写がこの著書には散りばめられている。勿論、この『様相』が石母田正の『中世的世界の形成』(70)を多分に意識して書かれたものであることを考えなくてはならないが、網野が太良荘をもとに描いたのはまさにそこで暮らす人々（個人）であったことは紛れもない事実であった。

一方、『無縁』についても考察していこう。『無縁』が人類全体に通用する「無縁の原理」を導き出したものであり、しかもその根底に無縁＝（原始の）自由という発想があることは周知のことであるが、果たしてこれを主張した網野の中にどのような問題関心があったのだろうか。筆者は次の言葉にその答えが的確に示されていると考える。

さまざまな徴証からみて、「無縁」の原理は、未開、文明を問わず、世界の諸民族のすべてに共通して存在し、作用しつづけてきた、と私は考える。その意味で、これは人間の本質に深く関連しており、この原理そのものの現象形態、作用の仕方の変遷を辿ることによって、これまでいわれてきた「世界史の基本法則」とは、異なる次元で、人類史・世界史の基本法則をとらえることが可能となる。（『無縁』、二四二頁）

この点において、『無縁』は『様相』よりも「社会」（広く人類社会）を描くことに強い意欲が注がれていることが分かる。

以上、『様相』から『無縁』へと至る網野史学の展開、とくに「個人」から「社会」への関心の転換を見てきたが、ここで網野の有力な批判者であった永原慶二の歴史観にも注目してみたい。永原が「個人」ではなく「社会」を主対象とした歴史家であることはその著書のタイトルを並べただけでも分かる。[71] 永原は概説書を書くにあたっても次のような認識を示している。

歴史叙述についての私（＝永原）の考えでは、特定の人物を主題にとりこむと、どうしても叙述がそれに拘束されやすく、社会の客観的構造の問題までが特定の人物の思想や行動に引きずられたりそれに解消されるおそれがあると思い、本書（＝『下剋上の時代』）でもそうした考えを念頭において筆を進めた。[72]

この点、網野と永原の間には大きな歴史叙述に関する認識の相違があったといえよう。少なくとも永原は「個人」の積み重ねから「社会」を論じることの限界を感じており、その点が網野の歴史叙述の方法との根本的な差異を生んでいた。義江彰夫は網野史学の特徴の一つに「個別研究と巨視的提言の間の有機的連関」を挙げておられるが、[73] これも「個人」と「社会」の連関に対して網野が他の歴史家たちとは異質な見方をしていたことを示す一つの例証であったように筆者は考える。

(3) 網野史学と「社会史」

網野史学については一般に「社会史」として捉えられることが多く、没後出された追悼記事の多くも網野を「社会史家」として評している。しかし網野自身はこの評価に対して不服であったらしく、自らの研究を「社会史」だと意識的に考えたことは一度もない、と繰り返す。一体、なぜ網野は自らの仕事を「社会史」として論じることに抵抗を感じていたのだろうか。彼は次のように説明している。

ただ、日本史の分野で「社会史」という言葉は随分前からあるわけで、『社会史研究』という雑誌も、戦前すでに喜田貞吉さんが個人雑誌みたいな形で出されていたことがありますし、瀧川政次郎氏の『日本社会史』という本もあり、中村吉治さんの『社会史』もある。ですから使い古されてきたということもあって、日本史の専門家は、私も含めて最近の歴史学の一つの動向を社会史としてまとめることには多少の違和感を持っていますし、ある場合には拒否的な傾向もあると思います。(74)

先述してきた通り、戦前においても「社会問題」に注目する視点は多かった。(75) ただここで、戦前の日本の歴史家たちが「社会」や「個人」に注目する背景にランプレヒト論争など欧米での歴史学の大きな論戦が繰り広げられた事実については目を向けておく必要があろう。とりわけ佐野学が次のように述べていることは、今日の社会史にもつながる見方であったといえよう。

真の社会史が編まれる為には被治者群の歴史が明らかとならねばならぬ。埋没された人民の歴史を発掘し、現代への連鎖を辿ることは、現代社会の性質を正しく理解する所以であると共に、従来の社会進化の方向を知る上に多くの貢献をするであらう。(76)

さて、ここで近年流行している「社会史」についても少し触れておきたい。ホブズボームはこれまでの社会史が、①貧しい者たち、つまり下層階級の歴史を指し、またもっと具体的には、貧しい者たちの運動（いわゆる「社会運動」）の歴史、②「作法や慣習や日常生活」として分類しなければ分類するのが困難なようなさまざまな活動に関する研究、③「社会」という語が「経済史」と結びつけられて使われている研究、の三つの意味で使われることが多かったことを指摘した上で、「社会史は、経済史や他の形容のついた歴史のような、専門分野を研究する歴史の一つではない。」とし、それが「トータル」（「グローバル」）な歴史であることを論じている。(77) つまり近年の社会史では、「全体史」を構想する動きが強い。もともと社会史には、「個別領域の歴史としての社会史」(Sozialgeschichite) として捉えるか、「全体史としての社会史」(Gesellschaftsgeschichite) としてみるか、という二つの考え方が存在していた。(78) これは網野の研究に対して、安良城盛昭が社会史は「部分史的研究次元と同列の歴史研究の一つのジャンルに過ぎ」ず、社会構成体史がそれらの「部分史的歴史を総括する全体的な歴史把握」をするものだと批判していることによく示されていよう。(79) ちなみに永原は、社会史について次のように述べている。

社会史は「社会」という側面を主題とする歴史研究というものではなく、「新しい歴史学」としての全体史を志向するものだといわれる。（中略）それだけに社会史にとって支配—被支配の問題や、社会・国家の統合という高度に政治的な問題を守備範囲外とするわけにはゆかないのである。民俗学を起点とした網野の社会史は、日本の歴史学の発展に大きく寄与したが、同時にこのような点で、一定の傾向性・限定性を内包しているように思われる。[80]

ここで述べられている社会史こそが、フランスで流行し、阿部謹也などを媒介として日本にも広く影響を与えたものである。阿部は「個別的なもののなかに、個人の一生のなかにも世界史をみることは出来る。」（八三頁）と述べており、常に「社会」と「個人」に関する問題意識を有していた。またこのような新しい社会史研究では、「偉大なる個人」に注目するのではなく、一般の人々（個人）に焦点をあてるものになっていることも確認しておきたい。たとえばアラン・コルバンは「日記も自伝も書簡も残していない、ごく普通の人々について」注目し、「これからは、社会史は、英雄化の拒否を基礎として築いていかなければなりません。」と指摘しているが、[82]このような見方は現在の日本中世史にも大きな影響を与えているといえる。しかし、個人の心性まで入り込む研究が果たして本当に可能なのか、更に永原が述べているように社会史の成果と支配—被支配の関係とをどのようにつなぎ合わせていくのかなど、今後検討していかなくてはならない問題は山積みであるといえよう。

さて、これらの事情を考えてきた場合、なぜ網野が自身の研究を社会史として括られることに違和感を覚えていたのか分かってくるであろう。おそらく網野の中にも社会史は部分史の領域であるという認識が強く存在していたのだ。それは次の言葉からも分かる。

ただ、前に述べた第一の課題は間違いなく社会史の分野だと思いますが、もっぱら、もう一度、天皇とか国家権力、民族を照らし直してみたいという気持ちを持っているものですから、当然、政治史や制度史、国家史を、この立場から考え直してみたいということを究極の目標に置いているので、社会史と言う表現だけでは自分の気持ちがおさまらないところがあるのです。（『列島の歴史を語る』一二四頁）

だとすれば、逆説的に網野が『無縁』以降、目指していたものは、やはり社会構成史、さらにいえば普遍史的なものであったのであり、また同時に筆者はここに戦前と戦後の歴史学（とくに社会史）に横たわる大きな溝を感じざるをえない。

三　平泉澄と網野善彦――歴史学における「個人」と「社会」――

（1）「社会」と「個人」

社会学の古典的なパラダイムの対立として社会名目論と社会実在論があることは周知のことである。一般に前者では「社会は個々人のたんなる寄せ集めであって名目的なものにすぎず、個人のみが実在すると見なされ」、後者では「社会が諸個人からなるにせよ、社会は諸個人から自立し諸個人には還元されえない独自な性質をもつ一つの実在物」であると考えるが[83]、このような見方は歴史学においても十分に検討していく余地があろう。ちなみに社会実在論の代表的な論者はデュルケムであるが、彼の『社会学年報』でランプレヒトの『ドイツ史』（一八九一―一九〇九）が「好意的に書評された」ことも偶然ではなかろう[84]（社会唯名論の代表的論者M・ウェーバーは批判的）。なおこれと関連して社会へのアプローチ方法についてもミクロ・アプローチとマクロ・アプローチが存在する。やはり前者が「全体は基本的個体から構成される複合体」であり「社会事象を単位要素に分割して考察する方法」であり、後者が「集合体全体の状態や運動をそのまま全体として把握しようとするもの」である。これについては富永健一が「マクロ社会」「ミクロ社会」として「社会」を定義していることも注目されるが[85]、本章ではこれらの概念を念頭におきつつ平泉・網野両者の諸研究を分析していきたい。

先に見てきた通り、網野の『様相』は「個人」に重点を置いた研究であった。では、一体、「社会」についてはどのような見方をしていたのであろうか。網野は『様相』の「まえがき」に次のように記している。

しかし、この人たちもまた、それぞれなりの課題を担って生きていた。そして、その解決のための格闘は、小さいながら社会を動かす力となり、日本の中世史の一こまをつくりあげていったはずである。その課題がどのようなものであったか。様々な課題は相互にどのように関係していたのか。その解決のために彼等がいかに闘い、その結果、彼等はいかなる社会をつくり上げていったか。私ができるだけ明らかにしたく思うのはその点である。（一頁）

つまりここでは「社会」は「個人」によってつくり上げられるものだ、という理解が示されている。先述した通り『様相』には「個人」（人間）の心情にまで入り込んだ描写がいくつも見られるが、もう一つここで注目してみたいのは「時代」という言葉の使われ方である。

だがそこにも、彼の意志をこえた時代の移りかわりがあったのだ。（一一三頁）

まさにここにこそ、時代が新たに生み出しつつある人間の一典型が見出しうる。（一一九頁）

停滞が破れるとともに、時代は再び―否、以前よりも一段としぶとい人間を生み出しつつあった（三四五頁）

これらを見ると『様相』には人々を超越した「時代」という概念が多用されていることが分かるが、明らかにこれは「社会」と同じ意味で用いられているといえよう。たとえば「いよいよ激しさを増しつつある社会の動揺は、彼等の前進のために、好都合な跳躍台になった。」（一五七頁）という言葉からも分かる通り、網野は「社会」と「個人」を切り離した見方をしている。このことは「まえがき」で示された「社会」を作り出す主体としての「個人」（人間）という視点と明らかに矛盾しているといえよう。ちなみに網野は次のようにも記している。

それは、単に末武名の争をいたずらに長びかせたというだけでなく、悲境におかれた人々――藤原氏女や西念に所を与え、やがては定宴をもこえてすすむ新たな時代の流れに、意図せずして突破口をひらいたのだった。どんな小さなものであれ、正当な怒りは、歴史をおしすすめる力になりうるという一つの真実を、ここに見出すことはできぬであろうか。（一〇八頁・下線筆者）

ここで重要なのは、網野が「どんな小さなものであれ」社会を進める力になりうることを主張していることである。彼がこの後、非農業民研究など「忘れられた人々」に対する積極的な分析を進めていくことは周知のことであるが、その研究の土台となる観念はこのあたりに見出すことができるであろう。なおここで網野が「社会」（「時代」）と個人を切り離した分析方法をとったことは少なからず、後年の『無縁』にも影響を与えたことは先述のとおりである。網野の歴史学に対する問題関心は「個人」から「社会」へ、更にいえば、「社会名目論」から「社会実在論」へと次第に傾斜していったといえるのではなかろうか。

一方、平泉の『社会』についてもこの視点から考察していこう。すでに見てきたとおり、『社会』は彼の一連の論文の中では異例である「社会」に焦点を当てた研究であった。後年、平泉は若い頃に書いた『社会』と『生活』について「先づ時代の特色、流転の相を明らかにするを主として、いまだ古今を貫く道義、国家存立の基本を開明して、当代の風潮を批判するに至らず、批判に先立つて深く力を養ふに努めてゐたからであります。」と語っているが、[86]これらはいずれも「社会」に焦点を当てた「大正デモクラシーの洗礼」を受けたものであったと評価できよう。[87]

なお先に見てきたとおり、平泉はランプレヒトが分析の対象とした「社会」について批判を行なっていくわけだが、[88]これは当時の西洋史界の中で一般的な理解であったことについても付言しておく必要がある。たとえば周知のごとく、リッカートは歴史における「人格」を重視し、歴史における「偉大なる個人」の活躍に焦点を当てたが、このような発想は特殊的なるものに注目することであり、それは極言すれば一つの芸術としての歴史であった。マルクスやランプレヒトはこれに対し、歴史の科学性を重視しようとする立場を示したわけだが、平泉は歴史の芸術性を主張する前者の流れへと次第に入り込んでいくことになる[89]。つまり平泉は少なくとも表面上は、網野とは逆に「社会」から「個人」[90]、「社会実在論」から「社会名目論」へと流れていったといえる[91]。

戦後の平泉澄研究においては、彼の「百姓（豚）に歴史がありますか」という発言が注目され[92]、これこそが皇国史観への傾斜を招いたことが指摘されてきたが、このような考え方の背後にある西洋史学界の動向についても考慮していかなくてはならないだろう。ちなみに「維新の原理」において平泉は次のように述べている。

歴史と云ひますものは、個人に於いて考へて見ますれば、人格として立って始めて歴史が出るのでありまして、人格の認められない人間には、歴史が無いと云ふことを私共は考へるのであります。（三五三頁）

平泉は欧米の歴史学界の動向に対して非常に深い見識を持ち続け、ランプレヒトや唯物史観論者の考え方よりも旧来の歴史学の系譜を守る立場に傾斜したわけであるが、但し、上の引用に続く次の言葉にランプレヒト的なパラダイムを見ることができる。

……人格と云ふことが考へられますと、変化、発展と云ふことは、……一つの人格の向上であって、前の人格の全然の否定と云ふのではないのであります。従って、其の場合に於ける革命に相当するものは、発狂であります。（三五四頁）

平泉の歴史観は、個人（偉大な個人）の人格に焦点を当てつつ、しかし一方で歴史の「発展」を人間心理の成長のように捉えている点は、まさに西洋史学の論戦の影響を受けて生成されていったものであるといえよう。そしてここに皇国史観が決して平泉個人の問題では解決されえない所以がある。

（2）平泉澄と網野善彦

以上で論じてきたことを結論すると、平泉澄の『社会』と網野善彦の『無縁』の中には次のような共通点があったと考えられる。

1　発展段階論（唯物史観）への批判を意識しながら叙述されたものであること。
2　普遍史的構想の下に分析された著書であること。
3　ともにマクロ・レベルの分析を重要視した著書であること。

なお中沢新一は網野が平泉の研究について次のように述べていたことを記している。

……平泉澄はアジールの主体のことを考えていないからさ。根源的な自由を求める心というのが、人間の本質をつくっている。だから人類はそれぞれ社会的条件にあわせながら、さまざまな形態のアジールをつくり出すんだ。[93]

先述したとおり、平泉の研究は「社会」に焦点を当てたものであったためこのような批判が出されるのは必然であるが、網野の『無縁』も「社会」に焦点を当てたものであったことは先述の通りである。にもかかわらず、網野が平泉をこのように批判する理由には、網野の根底に常に人間に注目する視点があったことを物語っているといえよう。但し、それは初期にみられたような個人としての人間に注目する視点ではなく、集団としての人間（人類史）への視点であった。小路田泰道も網野の学問が「人間とは何か」に注目したものであることを示唆しているが、[94] まさに「網野史学」の最大の特徴はその点にあったように考えられる。

なお周知のごとく網野の「無縁＝自由」論は、日本中世に存在した「無縁」の人々や戦国大名などが寺社に不入権を与える際に用いた「無縁所」という言葉に注目し、それが日本の中世のみならず人類史に共通してみられる思想であったことを指摘したものであったが、この論理的な思考法にランプレヒトとの共通項が見出されることは最早言うまでもなかろう。つまり、網野善彦とランプレヒトの歴史観の間には〝奇妙な一致〟が見られるのである。それは網野の次の言葉からも分かる。

……われわれは現代のような社会のあり方のみが、人間社会の唯一のあり方ではないことを知っておかなくてはならない。がむしゃらに自然を開発することによって、自らを発展させてきた人類の「青年時代」は、いまや確実に過去のものとなろうとしている。自らの中に自らを滅しうる巨大な力を生み出した人類は、すでにその「壮年時代」にさしかかりつつあるといってよい。(95)

「無縁＝自由」の思想は、寺社や遁世僧などが有していたものであり、それは日本中世の社会通念・常識であったとは到底考えられない。それはかつて「あまりに単純な子供らしさでありラムプレヒトが非難を蒙ったところでもある」と平泉が批判されたことと同じ問題を抱えていたことになろう。そしてこのような歴史叙述の混乱の背後には「個人」と「社会」をいかに捉えるかといった問題の欠如があったと筆者は考える。以下でまとめていこう。

(3) 歴史学における「個人」と「社会」

さて、平泉・網野両者の研究について、「個人」と「社会」という視点から考察してきたが、このような見方の妥当性について少し付言しておきたい。そもそも「社会と個人」という問題は歴史学の中で古くから議論となってきた。とくにE・H・カーが「社会が先か、個人が先か、という問題は、鶏と卵の問題と同じこと」で、そもそも「社会と個人は不可分のもの」であり、これらを分けて考えること自体が「私たちの思考を混乱させるための陥穽」に過ぎないと主張したことは周知のことである。(96)このような考え方にもとづき戦後歴史学においては、個人よりも社会に焦点を合わせた研究が隆盛をきわめた。ところが、戦後歴史学も亀井勝一郎の発言により、一時期「個人」と「社会」の問題を考えざるをえない局面を迎えていた。これがいわゆる「昭和史論争」であった。きっかけは亀井の『昭和史』に対する次のような発言による。

歴史とは人間の歴史だ。あたりまえの話である。様々な人生の厖大な累積であって、歴史に入りこむとは、人間性の微妙さに直接触れることである。そこには善人もおり、悪人もいる。どちらにも判別出来ないえたいの知れない人間もいる。この意味で歴史家とは人間の研究家であり、人生探求家でなければならぬ。人間を知らない歴史家など存在する筈はない。(97)

この発言に対しては、たとえば大門正克が、亀井の考え方には「個あるいは私（自己）に徹底して寄り添う」視点があり、「時間軸が否定され、戦争も戦争一般へと解消」されている点を批判しているが、(98)この言葉が同時代の歴史研究者に与えた影響はきわめて大きかった。とりわけ『昭和史』の作者の一人である遠山茂樹の次の言葉は論争の切実さを物語っている。

歴史学も文学も、歴史＝人間の真実をつきとめる、その目的は一つである。しかし文学は、人間およびその生活が、いかに個性的なもの、偶然的なもの、かけがえのない特殊において存在するかをえがくことを通して、前記の目的にせまるものである。ところが歴史学はそうでない。個性の差をふくみこみながら、人間が階級として存在すること、偶然を貫きながら必然性が実現されてゆくことをこそ、あきらかにする。(99)

遠山は「個人」と「社会」の問題に対し、歴史学が法則性を求める科学であることを根拠に、その打開策を講じており、彼なりのこの問題に対する克服を試みている。しかし「個性の差をふくみながら」どのように歴史を描くのかという問題が、現在の史学において克服しえたかどうかについては疑問視されよう。

また、常に人間と人間との関係性から「社会」について論じてきた和歌森太郎(100)の反応も注目すべきである。和歌森は「極端にいえば、人物固有名詞を全くいれない日本歴史を叙述するのが理想だ」と述べ、「文字の世界にも余り縁をもたない無名の民衆の、不断の努力、生活意慾なくして今日の時勢はもたらされなかった」とした上で、「昭和史論争」に対して次のように説く。

歴史に人間を回復せよ、という論がある。これは私も同感だ。要は人間の生活境遇をつかむことであって、そのことと、歴史における個人の役割を重視することと混同してはならない。(101)

和歌森は「偉大なる個人」の重要性を否定し、逆に大衆一般の「過去の個人個人をみつめること」の大切さを指摘するわけであるが（一九五頁参照）、しかし、このような考え方が戦後歴史学の主流に乗ったかといえば必ずしもそうは言い切れない。網野の記す歴史書が、学界では少し異質なものと認識されながらも、一般には物凄く浸透された理由もこの辺りにあった。但し、このように「過去の個人個人」に注目し、その関係性により歴史を叙述する和歌森の示した方法で、果たして日本社会の全体像を把握できるのか、という問題はまだ残されている。たとえばこのような視点が、研究の分散化を生み出してしまうことは今日、多くの研究者が問題視している通りである。[102]「個人」と「社会」をいかに捉えるかは、今日でも歴史家にとって重大な問題であるはずだ。かつて石母田正は、名著『中世的世界の形成』を書くに際し、「庄園の歴史は私にとって何よりもまず人間が生き、闘い、かくして歴史を形成してきた一箇の世界でなければならなかった。」と記したが、現在の荘園史研究においては過去に生きる人々がどのような「しがらみ」の中で生きてきたのか、という問題意識は薄れてしまっている。[103]歴史学における「個人」と「社会」の連関をどのように捉えていくべきなのかについて、今後更に検討していかなくてはならない。

おわりに

以上、論じてきたことは全て筆者の歴史研究に対する経験不足と不勉強による浅薄な知識ゆえに結論できたことであり、このような単純な理解がそのまま通用しないことは明らかである。しかし戦後歴史学が戦前のそれと比べ、「個人」と「社会」という問題についてあまりにも無批判すぎたということは事実ではなかろうか。網野の『無縁』は言うまでもなく「名著」に相違ないが、それでも少数の「個人」の集積によって「社会」全体を論じてしまったために、おそらく当時の社会としては少数派であったであろう「無縁」の人々やその観念をあたかも中世社会全体に通用する概念のように論じてしまった。それはかつてランプレヒトが主張し、多くの批判を招いたものと〝奇妙な一致〟があったことを本文で繰り返し論じてきた。但し、注目すべきは平泉と網野の現代社会に対する問題関心が、科学絶対主義への懐疑という点で共通していることである。網野の無縁論の根底にマルクス・エンゲルスにもつながる近代批判があったことは保立道久も注目しているが(104)、この点をどのように把握していくのかが今後の課題といえよう。とりわけ「個人」に焦点を絞ると歴史学は芸術化し、「社会」に注目しすぎると極端な科学性をもつ傾向があることは、洋の東西を限らず従来の歴史学の論戦が示してきたところである。

註

（1）『朝日新聞』一九八四年七月九日夕刊。
（2）この点、若井敏明は「どうも、日本史の学界では、平泉と共通性があると指摘することが、一種の偶像破壊の作用をもっているようである。」と指摘しているが（「書評　植村和秀『丸山真男と平泉澄』」『ヒストリア』二〇四号、一四一頁）、本稿の問題意識はこれとは異なる。
（3）大隅和雄「日本の歴史学に於ける『学』」『中世思想史への構想』名著出版会、一九八四年、初出は一九五九年。斉藤孝「異常な風景―平泉澄」『昭和史学史ノート』小学館創造選書、一九八四年など。とくにクローチェの思想の影響を両者の共通点とする。
（4）植村和秀『丸山真男と平泉澄―昭和期日本の政治主義』柏書房、二〇〇四年。
（5）小堀桂一郎「国史上の中世について―平泉澄と原勝郎―」『新日本学』第一号、二〇〇六年。
（6）今谷明「平泉澄」『二〇世紀の歴史家たち（1）日本編 上』刀水書房、一九九七年、一七〇頁。なおこのような今谷の立論には「平泉と戦後歴史学の双方をあまりにも並列的に処理し過ぎて」いるという批判もある（今井修「『戦争と歴史家』をめぐる最近の研究について」『年報日本現代史七』現代史料出版、二〇〇一年、三三九頁）。
（7）松尾章一「教科書検定をささえる歴史観―戦前・戦後の『平泉史学』―」歴史学研究会編『現代歴史学と教科書裁判』青木書

店、一九七三年。

（8）井上章一・今谷明・秦郁彦・山折哲雄「〈シンポジウム〉日本歴史学の反省」『創造の世界』第九五号、小学館、一九九五年など。

（9）植村前掲『丸山真男と平泉澄―昭和期日本の政治主義』。

（10）田尻祐一郎「村岡典嗣と平泉澄―垂下神道の理解をめぐって―」『東海大学紀要 文学部七四』二〇〇〇年。小島毅『靖国史観』筑摩書房、二〇〇七年。

（11）今谷明「平泉澄の変説について」『横浜市立大学論叢　人文科学系列140』一九八九年。なお外遊によって平泉が変説したことを否定する見解も戦後早い段階からあったが（大隅など）、今谷は中学生時代からの「不変説」を主張している（「皇国史観と革命論」『横浜市立大学論叢　人文科学系列143』一九九二年）。

（12）平泉澄『中世に於ける社寺と社會との關係』至文堂、一九二六年。なお「本書は、大正十一年六月、平泉澄博士が東京帝国大学大学院での研究成果を起稿し、翌春大学へ提出した文学博士申請論文である」（藤本元啓「『中世に於ける社寺と社会との関係』」田中卓編『平泉澄博士全著作紹介』勉誠出版、二〇〇四年参照）。

（13）保阪正康『秩父宮と昭和天皇』文芸春秋、一九八九年。立花隆『天皇と東大（下）』文芸春秋、二〇〇六年など。

（14）この点でとりわけ注目されるのが長谷川亮一の一連の研究である。長谷川は「皇国史観」という用語の意味の変遷に着目し、戦時下のそれが「正史」（国家が正統なものとして定めた歴史観）として政府（文部省当局）によって確立されたことを重視する。このような見方は、「皇国史観」の相対化が進展する今日の研究の一つの到達点といえよう（長谷川亮一『「皇国史観」という問題』白澤社、二〇〇八年）。

（15）大隅前掲「日本の歴史学における『学』」、植村和秀「平泉澄とフルードリヒ・マイネッケ（1）」『産大法学』三三、二〇〇〇年。

（16）「戦争責任論で特徴的と思われるのは、軍部の責任を東条英機に負わせ、文学者のそれは高村光太郎に、そして歴史家の責任は平泉澄に負わせる、つまりスケープゴートをつくりあげることによって、他の責任を曖昧にする手法であった」とする阿部猛の問題提起について考慮していく必要がある（『太平洋戦争と歴史学』吉川弘文館、一九九九年、三頁）。

（17）若井敏明『平泉澄』ミネルヴァ書房、二〇〇六年。

(18) 平泉がマイネッケ、トレルチに親近感をもっていたことは、平泉澄「不易の道」『万物流転』(至文堂、一九三六年)などに詳しい。なお平泉がそれらの歴史家に惹かれた理由は、彼らが歴史を「哲学と一致し、政治と表裏するに至らしめた」ことによる。
(19) 北山茂夫「日本近代史学の発展」『岩波講座 日本歴史22 別巻1』一九六八年、一二六頁。
(20) 大久保利謙「私の近代史研究」『日本歴史』四〇三号、一九八一年、七二頁。
(21) 林健太郎「国史学界の今昔(36) 国史学界傍観」『日本歴史』五五九号、一九九四年、四五頁。
(22) 村田正志「南北朝時代史の研究と懐旧談 下」『日本歴史』五七三号、一九九六年、四〇頁。
(23) 井上光貞『わたくしの古代史学』文芸出版、一九八二年、一三頁。
(24) アジール研究を「未開拓の領域に踏み込んだ」ものと評価している(「平泉澄『中世に於ける社寺と社会との関係』審査報告」『史学雑誌』三七―八号)。
(25) 細川亀市『日本寺院経済史論』啓明社、一九三〇年。
(26) 田中久夫「戦国時代に於ける科人及び下人の社寺への走入」『歴史地理』七六巻二号、一九四〇年。
(27) 細川前掲『日本寺院経済史論』二三五頁。なお時代区分論については中世の成立を「武士武門の興起」に求める平泉の説に対し、細川は封建制度と庄園組織との混同であると批判している。(同前、二一―一六頁)なお若井も平泉が中世を結局のところ武士の時代だとみている(中世の始まりを保元の乱に設定するなど)のに、中世の「闇黒の世界」を克服する存在として「武士」を挙げているのは矛盾であると指摘しており、注目される(若井前掲『平泉澄』)。
(28) 拙稿「戦後アジール論の再発見」『日本社会史研究』第六六号、二〇〇六年。
(29) 細川前掲『日本寺院経済史論』二三四頁。
(30) 日本の中世・近世にアジールの存在を認めることは、そのまま日本が西洋よりも遅れた社会であることを示すことにつながる。
(31) 中田薫「王朝時代の庄園に関する研究」『法制史論集 第二巻』岩波書店、一九〇六年(一九三八所収)。内田銀蔵『日本近世史』冨山房、一九〇三年。原勝郎『日本中世史』冨山房、一九〇六年、平凡社、一九六九年所収。
(32) 『日本経済史論』宝文館、一九〇〇年。福田は日本の〝封建時代〟を九三一～一六〇二年までとし、今日の中世を「封建時代」と規定した(今谷明「三浦周行」『二〇世紀の歴史家たち(1)』参照)。
(33) 「王朝時代の庄園に関する研究」『国家学会雑誌』、一九〇六年、「知行論」『庄園の研究』所収(彰考書院、一九四八年)など。

日本の法制史の諸現象を西欧法制史学の諸概念にもとづき分析する。

(34) 中村直勝「日本文化史（南北朝時代）」『中村直勝著作集 第三巻 社会文化史』淡交社、一九七八年（初出は一九二二年）、三二九頁。

(35) 阿部猛『歴史の見方 考え方』東京堂出版、一九九六年。

(36) 和歌森太郎「柳田国男と歴史学」『和歌森太郎著作集11』弘文堂、一九八一年（初出は日本放送出版協会、一九七五年）参照。

(37) 平泉澄「国史学の骨髄」『史学雑誌』三八編八号、一九二七年。なお植村はこの言葉を「日本歴史の意味を論じつつ、実は日本国家の歴史的意味を説き、同時代の読者を、日本国体の危機と可能性の自覚へと誘う呼びかけ」として捉えている（「丸山真男と平泉澄の歴史的位置」『年報 日本思想史』第六号、二〇〇七年、五頁）。

(38) 但し、平泉は十五年戦争期においても常に西洋史との比較の中から、日本史の優位性を導き出す歴史叙述を行なっていた。それは〝普遍史的関心からの歴史〟ではなく、〝日本史のための歴史〟であったといえよう。『武士道の復活』（至文堂、一九三三年）に所収の「サボナロラと日蓮」（昭和六年、二八四頁）、「維新の原理」（昭和八年、三五五―三五六頁）などを参照のこと。

(39) 石井孝「第三巻解題―皇国史観への抵抗―」『歴史学研究　復刻版』一九七四年、一頁。

(40) 今谷明「平泉澄の変説について」『横浜市立大学論叢　人文科学系列１４０』一九八九年。なお『社会』『精神』の中に後の「皇国史観」につながる見方があったことは、すでに松尾前掲「教科書検定をささえる歴史観―戦前・戦後の『平泉史学』―」にて詳述されている。

(41) 若井前掲『平泉澄』などを参照。なお昆野も「大正十二年執筆の『関係』から、『生活』を経て、『日本歴史物語（中）』へと至る平泉の中世論は、彼の一貫した問題意識（現代「更正」）が強く反映された一連のものとして理解されねばならず、昭和初期における彼の中世観は、「偉大なる個人」が活躍する、「大和魂のみがかれた」時代として帰着する。」（昆野伸幸「平泉澄の中世史研究」『歴史』一〇三号、二〇〇四年）。なお昆野の一連の平泉澄や皇国史観をめぐる研究は、『近代日本の国体論』ぺりかん社、二〇〇八年にまとめられている。

(42) 今谷前掲「平泉澄の変説について」参照のこと。

(43) このような「一貫説」は、今谷以前にも、大隅前掲「日本の歴史学における『学』」や松尾前掲「教科書検定をささえる歴史観―戦前・戦後の『平泉史学』―」によって説かれていたものであるが、やはり戦後の平泉澄バッシングの中でいわれてきた見解であることに注意する必要があろう。

(44) ハンス・ヨーゼフ・シュタインベルク「カール・ランプレヒト」H・U・ヴェーラー編ドイツ現代史研究会訳『ドイツの歴史家 第3巻』未来社、一九八三年（原典一九七一―一九七二年）、五七頁。

(45) 牧健二「日本史西欧史平行発達説」『近代に於ける西洋人の日本歴史観』弘文堂、一九五〇年参照。ランプレヒトは一般史を主張するにあたって日本史に対して深い興味を抱いていた（一九一〇年には自ら日本史の講義を試みている）。

(46) 牧はランプレヒトの比較史的方法について「拙著『日本封建制度成立史論』の如きも、今から思えば此の意味（＝日本の封建制度との比較研究が一般史研究の為に効果的であるという点）に於て何か貢献しようとする意図を含んだものであった。」（前掲『近代に於ける西洋人の日本歴史観』一八七頁、括弧は筆者）。

(47) 奥田隆男「リッカートとランプレヒト論争」『経済論叢』一三六巻四号、一三六頁など。

(48) ランプレヒト／宮島肇訳『近代歴史学』培風館、一九四六年（原典一九〇四年）参照。

(49) 「いふまでもなく学としての歴史は、一般化的法則を求むるものにあらずして、個別的のもの特殊的のものを叙述すべきである。」（『社会』三頁）但し、『社会』には「アジールの盛衰は実に政府の統括力のそれに反比例する」（一五六頁）などという言葉に象徴されるように、一般的な法則を導き出す歴史叙述が行なわれている。

(50) 平泉澄「[紹介]和辻哲郎氏訳「ラムプレヒト『近代歴史学』」『史学雑誌』三一―二、大正九年。

(51) 平泉澄「国史家として欧米を観る」昭和六年十一月 講演速記録「有終」所載、田中卓編『平泉博士論抄』青々企画、一九九八年参照。

(52) 平泉澄『我が歴史観』至文堂、一九二六年、五頁。

(53) 和辻哲郎「[ランプレヒト『近代歴史学』訳者序]」『和辻哲郎全集22』初出は一九一九年。

(54) 平泉『社会』参照。

(55) 三浦周行『国史上の社会問題』岩波文庫、一九九〇年（初出は大正九年）。

(56) 三浦周行「史的人物の批判」『新編 歴史と人物』岩波文庫、一九九〇年（初出は大正七年）。

(57) 大類伸「多数と個人」『史学概論[第六版]』共立社、一九四一年、一六五頁。なおこの著書の書き出しは、「歴史家は理論に短である、或は全く理論を持ってゐない。併し此くあることが歴史家の誇りであるとさへ考えられてゐた時代があった」（一頁）

とされていることは、ランプレヒトの考え方が当時、いかに異質なものとして受け入れられたのかを物語っているといえよう。

(58)「拙著『日本文化史序説』に就ての平泉博士の批評を読みて（下）」『京都帝国大学新聞』第一六三巻、昭和七年六月五日。ちなみに平泉は西田がフランスのコンドルセーの影響を受けていたことに触れた上で「コンドルセーは個人よりも団体に重きを置き、自然科学的方法によつて団体を考察しようとしたもの、個人の精神、その創造力を重要視してゐない。而してその弊はやはり西田博士の著書にも現れてゐるのである。」と述べていることが注目される。（「思想史」田中卓編『平泉博士論抄』青々企画、一九九八年、二五六頁〔初出は一九三二年〕）。

(59) 平泉の歴史観の根底には、（個別普遍的なるものではなく）特殊絶対的なるものを「本質」とする見方があった（植村和秀「平泉澄とフリードリッヒ・マイネッケ（1）」『産大法学』、五〇—五一頁参照）。ただ『社会』のアジール研究においては、ランプレヒトの歴史観（社会心理学を基盤とする見方）にもとづき、きわめて普遍史的な色彩が強い研究が行なわれていることに注目すべきであろう。

(60) 網野『無縁』。文中の石井の指摘は「中世社会論」『岩波講座 日本歴史』による。なお網野は注文にて更に「石井氏はこの平泉氏の研究を、『見事』とまで高く評価しているが、私はこの評価には全く反対である。」と言い切っている。

(61) 中沢新一『僕の叔父さん 網野善彦』集英社、二〇〇四年、九〇頁。

(62) 網野善彦『「日本」とは何か』講談社、二〇〇〇年、三三四頁。

(63) 石井進「中世社会論」『岩波講座 日本歴史8 中世4』岩波書店、三六一—三六二頁。

(64) 阿部謹也「実証研究と夢の実現と」赤坂憲雄編『追悼記録 網野善彦』洋泉社、二〇〇六年（初出は毎日新聞夕刊二〇〇四年三月一日）。

(65) 五味文彦「歴史学の再生に情熱」『追悼記録 網野善彦』洋泉社、二〇〇六年（初出は日本経済新聞二〇〇四年三月一日）。

(66) 安良城盛昭『天皇・天皇制・百姓・沖縄』吉川弘文館、一九八九年。永原慶二『二〇世紀日本の歴史学』吉川弘文館、二〇〇三年。峰岸純夫『中世 災害・戦乱の社会史』吉川弘文館、二〇〇一年など。

(67) 安良城前掲『天皇・天皇制・百姓・沖縄』。

(68) 稲葉伸道「荘園制研究と網野善彦」『年報 中世史研究』第三二号、二〇〇七年。

(69) 網野善彦『中世荘園の様相』塙書房、一九六六年。

(70) 石母田正『中世的世界の形成』岩波書店、一九四六年。
(71) 永原慶二『日本の中世社会』岩波書店、一九六八年。同『日本中世社会構造の研究』岩波書店、一九七三年。同『日本封建社会論』東京大学出版会、一九五五年など。
(72) 永原慶二「解説」『日本の歴史10 下剋上の時代』(中公文庫、二〇〇五年改版。
(73) 義江彰夫「網野史学の成果と課題」『歴史学研究』第七九五号、二〇〇四年、五六頁参照。
(74) 網野善彦／藤沢・網野さんを囲む会編『列島の歴史を語る』本の森、二〇〇五年、一〇八—一〇九頁。なお阿部謹也も同様の考え方をもっていた(「社会史とはどういう学問か」『阿部謹也著作集9』筑摩書房、二〇〇〇年、三一八頁)。
(75) 戦前の社会史の中で、たとえば佐野学が「生々とした社会現象を冷たい概念に分析し去り、碁石でも並べるやうに叙述する遣り方は私に出来ない。例へば一揆といふやうな現象について細かい定義を与へたり、分類したりして居ては、一揆の行動者の苦痛、懊悩、勇気、理想などは善く表現されまいと思ふ。」と述べていることは、今日この点から再評価していくべきではないか(佐野学『日本社会史序論』同人社書店、一九二二年、二頁)。
(76) 同右、一頁。
(77) Eric Hobsbawm, From Social History to the History of Society, ON HISTORY, (London,1997),pp.71-93。(ホブズボーム著／原剛訳『ホブズボーム歴史論』ミネルヴァ書房、二〇〇一年、一〇二—一〇七頁参照)。
(78) ユルゲン・コッカ(仲内英三ら訳)『社会史とは何か』日本経済評論社、二〇〇〇年(原典一九八六年)参照。たとえばランプレヒトは社会史を「部分領域の歴史」と認識していた。
(79) 安良城前掲『天皇・天皇制・百姓・沖縄』三三二—三三四頁参照。
(80) 永原慶二『二〇世紀日本の歴史学』吉川弘文館、二〇〇三年、二三一頁。
(81) 阿部謹也「社会史とは何か」『阿部謹也著作集8』筑摩書房、二〇〇〇年、八七頁。
(82) アラン・コルバン「民族歴史学と感性の歴史」『神奈川大学評論』第三四号、一九九九年。
(83) 森岡清美他編『新社会学辞典』有斐閣、一九九三年。
(84) ピーター・バーク／佐藤公彦訳『歴史学と社会理論』慶應義塾大学出版会、二〇〇六年、二〇頁。原典一九九二年。
(85) 「個人を超えるものとして、個人の外に実在している」社会を「マクロ社会」と呼び、「『個人レベル』であり、個人の『外』

にではなくて個人の『内』に、すなわち個々人の意識の内部にある」社会を「ミクロ社会」と呼ぶ（富永健一『社会学講義』中公新書、一九九五年、一八―二〇頁）。
(86) 平泉澄「国家観念の動揺」『悲劇縦走』皇學館大學出版部、一九八〇年、三二八頁。
(87) 北山前掲『日本近代史学の発展』一三六頁参照。
(88) ユルゲン・コッカはランプレヒトの「構造史的な考察方法は、当時歴史家たちのあいだで支配的だった理想主義的な人格概念や行為概念とは明らかに一致しなかった」事実について指摘している。（ユルゲン・コッカ／仲内英三・土井美徳訳『社会史とは何か』日本経済評論社、二〇〇〇年、八九頁。原典は一九八六年）この点から平泉が『我が歴史観』の中で「人格」の概念を強調したことを考えていく必要があろう。
(89) 歴史は「科学よりはむしろ芸術であり、更に究竟すれば信仰である。」（平泉澄「歴史に於ける実と真」『我が歴史観』）参照。なお、これが歴史学の科学性を全く否定している言葉ではない点については若井前掲『平泉澄』（六七頁）、長谷川前掲『「皇国史観」という問題』（三二四頁）を参照。
(90) なお平泉の歴史叙述が人物を中心とすることが多かった点については、永原慶二『皇国史観』（岩波書店、一九八三年、二九―三一頁）を参照のこと。
(91) この点について、『社会』のまえがきに書かれた「いふまでもなく学としての歴史は、一般化法則を求むるものにあらずして、個別的のもの特殊的のものを叙述すべきである。」という言葉との矛盾をつく批判が当然考えられるが、『社会』や『精神』が全体としては「個人」ではなく「社会」（集団）を重視したものであることは明らかである。なお平泉自身も『社会』において「当時の人々が異常と感じなかつたその日常生活」に注目したことを示している。
(92) 中村吉治『老閑堂追憶記』刀水書房、一九八八年、二八七頁。
(93) 中沢前掲『僕の叔父さん　網野善彦』八九頁。
(94) 小路田泰直「網野史学に立ち戻る」『追悼記録　網野善彦』洋泉社、二〇〇六年（初出は『図書新聞』二〇〇四年三月一三日）。
(95) 網野善彦「アジールと現代」『日本の歴史26号　楽市と駈込寺』朝日新聞社、二〇〇二年、一九二頁。
(96) E・H・カー／清水幾太郎訳『歴史とは何か』岩波新書、一九六二年。
(97) 亀井勝一郎「現代歴史家への疑問」『文芸春秋』34―3、一九五六年。

(98)　大門正克『昭和史論争を問う』日本経済評論社、二〇〇六年、一五―一六頁。
(99)　遠山茂樹「現代史研究の問題点」『中央公論』七一―六、一九五六年。
(100)　和歌森太郎『中世共同体の研究』弘文堂、一九五〇年など。
(101)　和歌森太郎「歴史のなかの個人」『和歌森太郎著作集11』弘文堂、一九八一年、一九二頁。（初出は『教育大学新聞』第二七六号、一九五六年）。
(102)　桜井英治「『網野史学』と中世国家の理解」『網野史学の越え方』ゆまに書房、二〇〇三年、二二頁など。
(103)　木村茂光「序」『日本中世の権力と地域社会』吉川弘文館、二〇〇七年、三頁（とくに最近の「寄進地系荘園」をめぐる研究に際して）。
(104)　保立道久「網野善彦氏の無縁論と社会構成史研究」『年報中世史研究32』二〇〇七年。

〔付記〕　本稿は、東京学芸大学教育学部日本研究専攻の二〇〇五年度講義「日本民俗研究方法論」（岩田重則先生）での自由課題レポート、および同大学の日本中世史ゼミ（阿部猛先生）で行なった自由報告の内容を大幅に加筆・修正して作成したものである。

あとがき

阿部猛先生は、二〇〇七年八月にめでたく傘寿を迎えられた。先生の傘寿をお祝いして論文集を作る話が出たのは二〇〇五年のことであった。この旨を阿部先生にお話し、坂口勉・田沼睦を代表幹事、鈴木哲雄・鈴木敏弘を幹事として、原稿依頼等編集実務を開始した。

阿部先生は、東京教育大学・北海道教育大学・東京学芸大学・日本女子大学・帝京大学・筑波大学・法政大学など、数多くの大学で教鞭をとられている。この間、荘園史をはじめとして、律令財政史など日本古代・中世史を中心にご研究されているが、研究分野は政治史・近代詩など、多方面に渡り、単著は三〇冊を超え、編著を含めると五〇冊以上ものご著書を刊行されていることは、周知の事柄である。これだけのご業績を有されながら、先生は教育にも力を注がれ、数多くの研究者を育ててこられた。これらの方々の中から、どなたに原稿依頼するかを決めるのは、大変困難なことであった。結局、先生の還暦記念論文集『日本社会における王権と封建』には執筆していない、大学の講義・演習などで先生に直接教えを受けている、日本古代・中世史を中心とする、以上の基準で原稿の依頼を行った。依頼された方々皆さんが、執筆をご承諾してくださった。このことは、先生のお人柄によるものである。

ところが、ご寄稿いただいた論文のなかに日本近代史の論文が多数あり、そのため、中世史関係の論文を『中世の支配と民衆』としてまとめ、それとは別に日本近代史の論文集を刊行することとなった。同時に、北海道教育大学時代の後任でもあり、日本近代史を専門とする後輩の田村に共編者としての依頼があり、帝京大学文学部史学科時代の教え子の竹田に編集実務が依頼された。

すでに刊行された『中世の支配と民衆』同様、本書に寄稿したのは、先生から直接教えを受けた者ばかりである。各分野にわたる先生のご研究の幅広さを実感させるものがある。

つとにご寄稿いただいた方々には刊行の遅れを深謝するとともに、改めて依頼を受け論文を寄せてくださった方々には、短時間での脱稿を感謝したい。

最後に、出版事情が大変困難な状況下、このような日本近代史論文集の刊行を英断してくださった同成社山脇洋亮氏に深謝する次第である。

二〇〇八年八月

田村貞雄
竹田進吾
鈴木敏弘

編者・執筆者一覧（五十音順）

〔編者〕

阿部　猛（あべ　たけし）
一九二七年生
現在、東京学芸大学名誉教授
〔主要著作論文〕
『日本荘園史の研究』同成社、二〇〇五年
『近代日本の戦争と詩人』同成社、二〇〇五年

田村貞雄（たむら　さだを）
一九三七年生
現在、静岡大学名誉教授
〔主要著作論文〕
『ええじゃないか始まる』青木書店、一九八七年
校注『初代山口県令中野悟一日記』マツノ書店、一九九五年
校注『前原一誠年譜』マツノ書店、二〇〇三年
『新編・日本史をみなおす』1・2、青木書店、一九九六、一九九七年

〔執筆者〕

浦井祥子（うらい　さちこ）
一九七〇年生
現在、徳川林政史研究所非常勤研究員
〔主要著作論文〕
『江戸の時刻と時の鐘』岩田書院、二〇〇二年
「江戸の除夜の鐘について」『江戸町人の研究』第六巻、二〇〇六年、ほか

榎本洋介（えのもと　ようすけ）
一九五五年生
現在、札幌市総務局行政部文化資料室
〔主要著作論文〕
『新札幌市史』札幌市刊第二巻、第三巻、第四巻、第五巻上、第五巻下、第八巻Ⅰ、第八巻Ⅱ、一九九一～二〇〇八年（共著）
『開拓使文書の森へ』北海道出版企画センター、二〇〇五年（共著）
『北海道の歴史と文化』北海道出版企画センター、二〇〇六年（共著）、ほか

柏木一朗（かしわぎ　いちろう）
一九五九年生
現在、松戸市立博物館学芸員
〔主要著作論文〕
『徳川昭武幕末滞欧日記』山川出版社、一九九九年（共著）
『東京都清掃事業百年史』東京都、二〇〇〇年（共著）
「明治三〇年前後における台湾の郵便事業と治安問題」『日本統治下台湾の支配と展開』中京大学社会科学研究所、二〇〇四年、ほか

Pierre. F. Souyri（ピエール・フランソワ・スイリ）
一九五二年生
ジュネーブ大学文学部日本学科教授

〔主要著作論文〕
『日本封建制』PUF、一九九七年
『下克上の社会』コロンビア大学出版部、二〇〇二年

菅野則子（すがの　のりこ）
一九三九年生
現在、帝京大学文学部教授
〔主要著作論文〕
『村と改革』三省堂、一九九二年
『江戸時代の孝行者』吉川弘文館、一九九九年
『江戸の村医者』新日本出版社、二〇〇三年

鈴木敏広（すずき　としひろ）
一九六四年生
現在、成城大学民俗学研究所研究員、博士（歴史学）
〔主要著作論文〕
『中世成立期の荘園と都市』東京堂出版、二〇〇五年
「台湾初期統治期の鉄道政策と私設鉄道」台湾史研究部会編『日本統治下台湾の支配と展開』中京大学社会科学研究所、二〇〇四年
「周防国衙領の一形態」阿部猛編『中世の支配と民衆』同成社、二〇〇七年

竹田進吾（たけだ　しんご）
一九六六年生
現在、東北大学大学院教育学研究科博士課程後期
〔主要著作論文〕
「三宅米吉の歴史教育論と金港堂の歴史教科書」『日本教育史研究』第26号、二〇〇七年

中里裕司（なかざと　ひろし）
一九四九年生
現在、東京都日比谷高等学校教諭
〔主要著作論文〕
『近代日本の地域開発』日本経済評論社、二〇〇五年
「町村制成立と町村の行政・財政運営」阿部猛編『日本社会における王権と封建制』東京堂出版、一九九七年
「桂園時代の財政史的前提」宇野俊一編『近代日本の政治と地域社会』国書刊行会、一九九五年

中野栄夫（なかの　ひでお）
一九四三年生
現在、沖縄大学地域研究所特別研究員
〔主要著作論文〕
『律令制社会解体過程の研究』塙書房、一九七九年
『日本中世史入門』雄山閣出版、一九八六年
『荘園の歴史地理的世界』同成社、二〇〇六年

夏目琢史（なつめ　たくみ）
一九八五年
現在、一橋大学大学院社会学研究科修士課程
〔主要著作論文〕
「戦後アジール論の再発見」『日本社会史研究』第66号、二〇〇六年

明治期《めいじき》日本《にほん》の光《ひかり》と影《かげ》

2008年11月30日発行

編　者　阿　部　　　猛
　　　　田　村　貞　雄
発行者　山　脇　洋　亮
印　刷　㈱富士デザイン
　　　　モリモト印刷㈱

発行所　東京都千代田区飯田橋
　　　　4-4-8　東京中央ビル内　　㈱同　成　社
　　　　TEL　03-3239-1467　振替　00140-0-20618

ISBN978-4-88621-461-4 C3021